스크래치와 파이썬으로 풀어보는

컴퓨팅 사고

김성애

성균관대학교 바이오메카트로닉스학과에 입학하여 2000년에 공학사를 받은 후 2002년에 한국교원대학교 대학원에서 수리학적 매커니즘에 대한 연구로 교육학 석사 학위를 취득하였다. 2002년 중·고등학교 교사로 임용되어 2020년 8월까지 로봇 중심의 IT 융합 교육을 선도하며 주니어 공학 교육 활성화에 기여하였다. 영재 교육을 위한 로봇 주제 중심의 TEAMS 통합교육 프로그램 개발 연구로 2015년에 교육학 박사학위를 취득하였으며 2020년 9월부터 덕성여자대학교 차미리사교양대학 조교수로 재직 중이다. '컴퓨팅 사고', '인공지능과 메이커의 세계', '인공지능과 윤리' 교과목을 강의하고 있으며 기술 & 공학교육에 관심을 갖고 로봇교육, 메이커교육, 인공지능융합교육 등 IT융합교육에 대한 연구를 지속하고 있다.

박주연

이화여자대학교 초등교육과를 졸업 후 동대학원에서 창의적 문제해결력에 대한 연구로 석사 학위를 받았다. 이화여자대학교 교육공학 박사 과정에 진학하여 뉴미디어기반 교육을 전공하였고, 프로그래밍 통합수업에서의 학습자의 특성, 학습과정, 학습성과 간 관계로 2015년에 박사학위를 받았다. 2005년부터 2019년까지 초등학교 교사로 근무하였고 SW교육 연구를 선도하였다. 2020년부터 현재까지 덕성여자대학교 차미리사교양대학 교수로 재직 중이며 '컴퓨팅 사고', '인공지능의 이해', '인공지능과 윤리' 교과목을 강의하고 있다. 창의적 문제해결력, 컴퓨팅 사고력, 인공지능융합교육에 관심을 갖고 연구를 지속하고 있다.

박태정

서울대학교 전기전자제어계측공학과군(현재 전기정보공학부)에 입학해서 1996년 공학사를 받은 후 1998년 서울대학교 전기공학부에서 반도체 시뮬레이터 수치해석 알고리즘 연구로 공학석사 학위를 받았다. 그 후 서울대학교 전기컴퓨터공학부 박사 과정에 진학한 이후 B2B 웹포털 개발 스타트업 회사와 게임 개발 스타트업 회사의 창업에 참여하였으며 2006년에 3차원 기하 정보 압축 기술 연구로 공학 박사 학위를 받았다. 박사 졸업 후 2012년까지 고려대학교에서 BK21 연구교수로 재직하였고 2013년에 덕성여자대학교 IT 미디어공학과 조교수로 임용된 이후 2019년부터 2021년까지 융합사고력센터장을 맡아 컴퓨팅 사고 교과목 개발 및 운영을 총괄하였다. 현재는 대학의 IT 교육 강화를 위해 신설된 덕성여자대학교 사이버보안 전공 부교수로 재직 중이다.

스크래치와 파이썬으로 풀어보는

컴퓨팅 사고

인쇄 2022년 3월 3일 초판 1쇄
발행 2022년 3월 10일 초판 1쇄

저자 김성애, 박주연, 박태정
발행인 성희령
발행처 INFINITYBOOKS | **주소** 경기도 고양시 일산동구 하늘마을로 158, 대방트리플라온 C동 209호
대표전화 02)302-8441 | **팩스** 02)6085-0777
출판기획 안성일, 한혜인 | **영업마케팅** 채희만, 한석범, 유효진, 이호준 | **총무회계** 이승희

도서문의 및 A/S지원
홈페이지 www.infinitybooks.co.kr | **이메일** helloworld@infinitybooks.co.kr

ISBN 979-11-85578-99-6 | **등록번호** 제 2021-000018호 | **판매정가** 25,000원

머리말

우리는 지금 제4차 산업 혁명 시대에 필수 조건으로 꼽히고 있는 디지털 전환의 시대를 살아가고 있습니다. 우리나라를 포함한 세계 각국은 인공지능, 빅데이터, 사물인터넷 등의 IT 기술로 사회 전반의 패러다임을 변화시키는 '디지털 전환' 시대에 필요한 인재양성을 위해 다양한 노력을 기울이고 있습니다. 특히 대학들은 앞다투어 '컴퓨팅 사고'를 기반으로 하는 교과목을 전공과 무관하게 모두를 위한 필수 교양으로 편성하면서 디지털 전환을 이끌어갈 인재양성을 위한 기틀을 마련하고 있습니다.

'디지털 전환 시대를 선도할 인재 양성'이라는 거창한 타이틀을 붙이지 않더라도 '컴퓨팅 사고'는 일상 속에서 크고 작은 문제를 해결해나가는 우리에게 필수적으로 요구되는 능력입니다. 오늘 하루만 해도 몇 번씩 컴퓨팅 사고를 동원해 생활 속에서 부딪히는 크고 작은 문제를 해결하기 위해 가장 효과적인 방법을 생각하고 그 방법을 순서대로 실행하면서 문제를 해결해왔을 수도 있습니다. 물론 컴퓨팅 사고인지는 모른채로 말이죠.

크고 복잡한 문제를 만나면 우리의 머리 속이 새하얗게 되면서 잠시 어떻게 해야 할지 모르는 순간이 찾아오기도 합니다. 하지만, 그 순간을 극복하고 자연스럽게 해결 가능한 작은 문제부터 접근해서 비슷한 문제가 있으면 동일한 방법으로 해결하면 된다는 사실을 인식하면서 문제를 처리하는 경우가 대부분입니다. 또한 문제를 해결할 때 꼭 필요한 것과 필요하지 않은 것을 나누어 불필요한 것은 버리고 필요한 것들만 골라서 문제를 해결하는 데 활용하기도 합니다. 그리고 문제를 해결하기 위해 순서를 정해놓고 하나하나 해결해나가기도 합니다.

여러분은 여기까지 읽고,

'지금 무슨 말은 하는거야?'
'나는 그러지 않는 것 같은데?'
'우리가? 내가? 컴퓨팅 사고를 했다고? 말도 안돼! 뭔지도 모르는데?'

라고 생각한다면.... 괜찮습니다. 왜 괜찮냐고요?

여러분이 알게 모르게 활용하였던 컴퓨팅 사고를 알 수 있도록 도와줄 책이 바로 '스크래치와 파이썬으로 풀어보는 컴퓨팅 사고'이기 때문입니다.

이 책은 컴퓨팅 사고를 PART I에서와 같이 문제분해, 패턴인식, 추상화, 알고리즘의 과정별로 설명하고 또한 이러한 사고과정을 연습하는 데 도움을 줍니다.

또한 사고는 하고 나서 밖으로 표현하지 않는다면 다른 사람은 알 수가 없습니다. 이러한 체계적인 생각을 우리나라의 모국어인 한글로 말하거나 쓰면서 표현할 수도 있고, 영어, 불어, 독어, 스페인어, 일어, 중국어 등 외국어로 표현할 수도 있습니다. 그리고 제3의 언어라고 불리는 프로그래밍 언어로도 표현할 수 있습니다. 프로그래밍 언어를 사용하게 되면 생각했던 방법들이 자동화가 가능해집니다.

그래서 우리는 이 책에서 크고 작은 문제를 자동화하기 위해 PART II에서와 같이 프로그래밍 언어를 학습해서 표현해보려고 합니다. 이 책은 프로그래밍 언어에 익숙하기 않은 코린이를 위해 특화되어 있는 스크래치와 초보자부터 전문가에 이르기까지 가장 많이 활용되는 언어로 손꼽히고 있는 파이썬을 사용합니다.

컴퓨팅 사고로 사고를 체계화하고 이를 자동화하기 위해 스크래치 혹은 파이썬을 사용해보는 것, 그래서 실생활에서 당면하는 문제(또는 전공에서의 문제)를 컴퓨팅 사고로 해결하는 방법을 연습해보는 것이 바로 이 책의 목표이자 학습 흐름입니다.

자동화를 위한 기초 교육의 여정에 스크래치냐 파이썬이냐가 중요한 것이 아니라 동일한 매커니즘으로 프로그래밍이 된다는 것을 확인할 수 있을 것입니다. 따라서 스크래치를 배운 학생들은 향후 파이썬을 학습하게 될 때 동일한 내용을 파이썬으로 이렇게 프로그래밍하면 되는구나~ 라며 쉽게 접근할 수 있을 것입니다.

자동화를 위한 프로그래밍 실습을 다루고 있는 PART II에서 여러분은 눈으로만 보는것이 아닌 직접 코딩을 해보는 것을 권장합니다. 어떤 언어든 연습이 중요합니다. 외국어를 배울 때와 마찬가지로 자주 사용해야 합니다. 따라서 절대 눈으로단 보거나 귀로만 듣지 마시고 직접 코딩해보는 습관을 들이시기 바랍니다.

그리고 PART III의 예와 마찬가지로 생활 속 문제를 발굴하여 컴퓨팅 사고로 문제해결 과정을 체계화하고 이를 원하는 프로그래밍 언어를 사용하여 직접 프로그래밍을 해보면서 코딩 실력을 더욱 높여보기를 권장합니다.

이 책이 만들어지기까지 많은 도움이 있었습니다. 이 책을 위해 시작부터 마지막 출간이 되기까지 지원을 아끼지 않으신 채희만 사장님과 안성일 이사님께 감사드립니다. 또한 원고를 편집하느라 수고해주신 인피니티북스 관계자 여러분들께도 감사의 인사를 전합니다. 또한 이 책이 나오기까지 많은 격려와 응원을 아끼지 않은 동료 교수님들, 지인들, 그리고 가족들께도 감사 인사를 전합니다. 무엇보다 이 책을 통하여 크고 작은 실생활의 문제나 전공에서의 문제를 해결하기 위해 학습한 컴퓨팅 사고의 과정에 따라 효과적인 방법을 찾아 체계화시켜보고 이를 프로그래밍 언어로 자동화하면서 "나도 할 수 있다.", "성취감을 느낄 수 있었다"라고 느끼는 학생들이 있다는 사실만으로도 저자들에게는 더없는 행복이 될 것 같습니다.

2022년 2월
자생, 자각, 자립의 정신이 깃든 쌍문 근화캠퍼스에서
저자 일동

추천사

제4차 산업혁명 시대의 핵심 역량인 컴퓨팅 사고력을 학생들이 쉽게 배울 수 있도록 정성스럽게 쓰여진 교재이다. 이 교재를 통해 모든 학생들이 현대인의 기본 소양으로서 컴퓨팅 사고력을 갖출 수 있기를 기대한다.

유견아(덕성여자대학교 컴퓨터공학전공 교수)

우리 시대의 컴퓨팅 사고란 인간이 기계화되는 과정이 아니라 인간성과 인간의 삶을 풍요롭게 하는 생각의 깊이와 넓이를 확장하는 여정을 향해 나아갑니다. 이 책은 그러한 사고의 여정을 쉽고 친절하게 제시하는 안내서가 될 것입니다.

우정민(덕성여자대학교 영어영문학전공 교수)

4차 산업혁명 시대에 이 책은 컴퓨팅 사고력 증진을 목적으로 대학교 학부생들을 위해 쓰여진 교재로서 컴퓨팅 사고로 문제해결을 위한 방법을 구체화하고, 이를 알고리즘으로 표현하는 방법 등에 대해서 매우 쉽게, 그리고, 실제 응용이 가능할 수 있도록 구체적으로 다양한 예시와 함께 설명이 잘 되어 있어서 컴퓨터를 전공하는 학생들은 물론 비전공자인 학생들, 그리고 컴퓨팅 사고에 관심있는 일반인들에게도 강력히 추천드립니다.

이정진(숭실대학교 컴퓨터학부 교수)

우리는 바야흐로 기계도 '인공지능'을 가지게 된 시대에 살고 있습니다. 시시각각 닥쳐오는 수많은 문제들을 어떻게 풀어나가야 하는지에 대해 현대인이 가져야 할 '스마트한 사고능력'을 길러주는 훌륭한 서적이 출간되어 아주 기쁘게 생각합니다. 새로운 문제를 '잘' 해결하고자 하는 분들, 문제해결에 대해 체계적으로 '생각하는 방법'이 필요한 분들에게 강력히 추천합니다.

석윤찬(VisualCamp CEO)

산업화 시대에는 가장 적은 노력으로 단순 반복적인 노동을 수행하는 것이 생산성의 관건이었다. 테일러링 방법론이다. 최근 고객을 얼마나 잘 이해하고 이를 과업에 반영하느냐가 중요했다. 디자인 씽킹이라고 부른다. 미래에는 단순 반복적인 것은 기계에게 맡기고, 이를 얼마나 지혜롭게 조직하느냐가 성공의 지름길이 될 것이다. 컴퓨팅 방법론이다. 독자는 이를 통해 그 어떤 과업이든 탁월하게 수행해 낼 수 있을 것이라고 믿어 의심치 않는다.

신문석(아모레퍼시픽 디지털 서비스개발팀장)

컴퓨터에는 다른 기술분야와는 다른 특별한 점이 있다. 컴퓨터는 세상의 논리 체계를 재구성하고 있다는 점이다. 예컨대 자동차 제작이나 수리는 전문가에게만 맡겨도 관계 없지만, 컴퓨터의 논리 체계를 이해하는 것은 오늘을 사는 모든 사람들이 익혀야 할 필수 지식이다. 이 책은 컴퓨터를 움직이는 데 필요한 사고방식을 연습을 통해 체화하도록 구성되어 있어서, 빠르게 변화하는 시대에 적응하는 길잡이가 되어줄 것이다.

이성호(OnSQUARE CEO)

우리가 그리고 우리 학생들이 앞으로 살아갈 세상에서 소프트웨어는 세상을 움직이는 동력이 될 것입니다. 그래서 학생들은 '수없이 쏟아지는 데이터'를 연료로, '소프트웨어'를 도구로 사용하여 다양한 가치를 창출할 수 있는 능력을 길러야 합니다. 컴퓨터가 문제를 풀어나가는 근본적인 로직을 이해하고 활용할 줄 아는 컴퓨팅 사고력을 키우고 싶은 모든 학생에게 이 책을 추천합니다.

서민혜(덕성여자대학교 사이버보안전공 교수, 융합사고력센터장)

강의 계획

본 교재는 1학기를 15주로 가정하여 다음과 같이 진행할 수 있다. 수업의 진행 상황에 따라 일부 내용을 수정하여도 된다.

주	PART	Chapter	주제	언플러그드 및 플러그드 활동
1주	I	01(1)	• 컴퓨팅 사고 교과목 소개 • 사회변화와 컴퓨팅 사고의 필요성	
2주		01(2)	• 컴퓨팅 사고	• 일상 속 컴퓨팅 사고 • 닷보기 활동
3주		02	• 문제분해	• 문제분해 사고 과정 • 연습을 위한 팀별 활동
4주		03	• 패턴인식	• 패턴인식 사고 과정 • 연습을 위한 팀별 활동
5주		04	• 추상화	• 추상화 사고 과정 • 연습을 위한 팀별 활동
6주		05	• 알고리즘	• 알고리즘 사고 과정 • 연습을 위한 팀별 활동
7주	III	11~12	• 컴퓨팅 사고 적용	• 실생활 문제 발굴하여 컴퓨팅 사고 적용하기
8주	중간고사			
9주	II	06 07	• 자동화를 위한 환경구축 • 변수와 자료형	• 코딩 실습
10주		08	• 연산자와 입출력	
11주		09(1)	• 조건문	
12주		09(2)	• 반복문	
13주		10(1)	• 컨테이너	
14주		10(2)	• 함수	
15주	기말고사			

- 2주차 컴퓨팅 사고 맛보기 활동은 일상 생활에서 흔히 접할 수 있는 주제를 선정하여 소그룹별(4인 1팀 추천)로 문제해결을 위한 절차를 나열해볼 수 있는 활동을 하는 것도 좋다. 예를 들어 주먹밥 만들기, 샌드위치 만들기와 같은 요리 레시피를 만들도록 하는 것도 좋고 4인이 각자의 집에서 학교까지 함께 만나서 올 수 있는 방법을 생각해보도록 하는 것도 좋다. 이를 통해 컴퓨팅 사고를 접해보지 못한 학생들이 일상 생활 속에서 흔히 하는 생각들이 컴퓨팅 사고임을 인식할 수 있도록 하는 것이 이 활동의 목표라고 할 수 있다.
- 7주차 컴퓨팅 사고 적용 활동은 실생활 문제를 발굴하여 이를 2주 ~6주까지 학습한 컴퓨팅 사고의 전 과정에 대입하여 체계화하는 연습을 해볼 수 있다. 이때 PART III의 Chapter 11과 12를 참고자료로 활용할 수 있다.
- PART III의 융합프로젝트를 1학기의 과제로 수행할 수 있다. 이때, 개별프로젝트도 가능하며 2인 1팀의 팀프로젝트도 가능하다. 팀 활동을 하게 된다면 3주~6주까지의 언플러그드 팀별 활동 시 팀을 미리 구성하여 팀별로 활동을 할 수 있도록 하는 것도 효과적이다.
- 만약 16주의 강의를 진행하는 경우, 융합프로젝트 활동을 마지막 15주에 설정하여 학생들이 융합프로젝트를 마무리하는 시간으로 삼고 교수자는 이에 대해 피드백을 줄 수 있다. 또는 융합프로젝트를 발표하는 시간으로 계획하여도 좋다.

차례

01

컴퓨팅 사고

CHAPTER

01 사회변화와 컴퓨팅 사고

학습목차

학습목표

- 사회변화와 컴퓨팅 사고력의 필요성을 이해할 수 있다.
- 컴퓨팅 사고력의 개념과 구성요소를 설명할 수 있다.

01 사회변화와 컴퓨팅 사고의 필요성

기술로 인한 사회변화

글로벌 통신 솔루션 서비스 기업인 에릭슨이 2021년 12월에 공개한 보고서에 따르면 2011년 이후 55억명의 스마트폰 사용자가 추가되었다. 이미 2016년 기준으로 전 세계 모바일 가입자는 73억명을 넘었다. 스마트 혁명을 통해 세계가 움직이고 있다. 오늘날의 사회는 IT 임베디드, ICT의 진화, IT와 BT(Bio technology, 생명공학)의 융합, IT와 NT(nano technology, 나노기술)의 융합이 이루어지고 있다. 이러한 사회는 정보사회에서 강조되었던 지식기반, 네트워크 조직, 정보 혁명, 디지털과 컴퓨터와 같은 개념으로만 설명되어질 수 없는 사회이다.

2016년 다보스 세계경제포럼에서 "4차 산업혁명"이 발표되면서 전 세계는 본격적인 디지털 혁명의 시대로 접어들게 되었다. 정보통신기술의 발달로 우리사회는 정보사회에서 지능정보사회로 전환이 급속도로 이루어지고 있다. **지능정보사회는 고도화된 정보통신기술 인프라를 통해 생성, 수집, 축적된 데이터와 인공지능이 결합한 지능정보기술이 경제, 사회, 삶 모든 분야에 보편적으로 활용됨으로써 새로운 가치가 창출되고 발전하는 사회이다.** 우리의 사회변화는 기술의 발달을 중심으로 발전하고 있으므로, 이를 중심으로 한 사회의 변화와 미래사회의 변화에 대해서 생각해볼 필요가 있다.

아래 그림은 같은 장소에서 2005년도(좌)와 2013년도(우)에 찍은 사람들의 모습이다. 사진에서 확연한 차이를 볼 수 있듯이 이제는 스마트폰을 필두로 사람들이 사용하는 개인용 디지털 기기가 필수품이 되었다. 오늘날 우리 삶에는 매우 자연스럽고 매우 깊숙하게 많은 디지털 기기들이 들어와 있으며 다양한 소프트웨어와 인공지능 기능을 탑재한 도구들을 유용하게 사용하고 있고 그 혜택을 누리고 있다.

그림 1.1 스마트폰이 보편화 되기 이전과 이후

소프트웨어가 온 세상을 먹어치우고 있다는 말이 생길 정도로 산업의 전 분야에서 소프트웨어가 활용되고 있다. 이미 세계 IT시장에서 소프트웨어와 하드웨어의 비중을 생각해 본다면 소프트웨어가 앞질러 가고 있다는 여러 통계들이 나오고 있다. 통신, 산업, 자동차, 국방, 항공, 가전 등의 분야에서 제품 원가 중에서 소프트웨어의 비중이 50%이상을 차지한다고 한다.

2021년 12월말 기준으로 시가총액 기준 10대 기업 리스트를 살펴보면(Largest Companies by Market Cap 제공), 세계 1위 기업은 애플로 나타나고 있다. 애플은 AR/VR에 대한 기대, 디지털 서비스, 웨어러블 등의 사업으로 우위를 점하고 있다. 2위 기업은 마이크로소프트로 특히 클라우드의 성장성을 인정받고 있으며, 3위 기업은 구글, 4위는 아람코, 5위는 이커머스 기업인 아마존, 6위는 테슬라, 7위는 최근 메타로 사명을 변경한 페이스북, 8위는 메타버스 등 미래 성장성을 기반으로 한 엔비디아, 9위는 버크셔 헤서웨이, 10위는 TSMC로 나타났다. 우리나라의 대표적인 기업인 삼성전자는 18위로 나타났다. 이러한 시가총액 10개 기업들을 살펴보면 IT기업, 특히 플랫폼 기업들이 많은 부가가치를 창출하고 있음을 알 수 있다.

Rank	Name	Market Cap	Price	Today	Price (30 days)	Country
1	Apple AAPL	$2.913 T	$17[illegible].57	-0.35%		USA
2	Microsoft MSFT	$2.525 T	$33[illegible].32	-0.88%		USA
3	Alphabet (Google) GOOG	$1.922 T	$2,[illegible]394	-0.91%		USA
4	Saudi Aramco 2222.SR	$1.905 T	$[illegible].53	1.70%		S. Arabia
5	Amazon AMZN	$1.691 T	$3,[illegible]34	-1.14%		USA
6	Tesla TSLA	$1.061 T	$1,[illegible]57	-1.27%		USA
7	Meta (Facebook) FB	$935.64 B	$336[illegible]35	-2.33%		USA
8	NVIDIA NVDA	$732.92 B	$294[illegible]11	-0.59%		USA
9	Berkshire Hathaway BRK-A	$668.63 B	$450,[illegible]52	-0.45%		USA
10	TSMC TSM	$623.93 B	$120[illegible]31	-0.09%		Taiwan

그림 1.2 시가총액 10대 기업리스트

이제 소프트웨어 중심사회를 넘어 인공지능 시대로 들어서면서 기술의 발전으로 인한 사회변화는 빠르게 가속화되고 있다. 자율주행자동차, 3D프린팅, 우주항공, 앱결제, 비트코인, MOOK 등의 강의 공유 플랫폼, 무인 점포 등과 같은 기술 기반 산업들이 이제는 새로운 것이 아니라 익숙해져가고 있는 시점이다.

그림 1.3 인공지능시대와 기술의 발전

자동차 산업은 이제 소프트웨어와 인공지능 기술에 의해 성장 속도가 좌우될 만큼 제조업 이상의 산업이 되었다. 2014년 메르세데스벤츠의 CEO였던 디터 제체가 했던 말로 유명한 "이제 자동차는 기름이 아니라 소프트웨어로 달린다"라는 말 속에서 이미 자동차 한 대에 들어가는 소프트웨어가 수천 개가 된다는 것은 익히 알고 있으며, 이제는 자율주행차 등에 인공지능 기술이 탑재되는 시대이다. 물론 일반화된 자율주행이 가능하기 위해서는 인공지능 기술이 풀어야 할 숙제가 남아있지만, 사람의 개입 없이 스스로 움직이는 완전 자율주행차를 만들기 위한 막강한 자본력과 기술력을 가진 빅테크 기업들이 뛰어들어 연구와 개발에 박차를 가하고 있다. 이러한 자율주행 기술이 하나 개발이 되면 단순히 도로 환경만 바꾸는 것이 아니다. 운전대가 사라지고 실내공간 구성이 달라지며 자동차 이용 형태가 달라질 것이고 라이프 스타일까지도 바꿔놓게 될 것이다. 보험업계, 의료업계, 자동차 정비 업계, 항공 업계 등에 미치는 파급 효과도 대단히 클 것이다.

그림 1.4 자율주행 자동차

현재 자율주행차가 시험운전을 본격적으로 하면서 생겨난 중요한 이슈 중 하나는 인간이 운전하는 것보다 자율주행이 더 안전한가? 만약 사고가 난다면 책임은 누가, 어떻게 지는가? 등과 같은 윤리를 넘어 법과 제도에 대한 문제까지 그 영향이 나타난다. 하나의 기술이 개발이 되고 보급된다면 이는 다른 산업의 변화를 가져오게 된다.

이번에는 영화산업을 살펴보자. 이제는 영화에 컴퓨터 그래픽 기술이 안 들어간 영화가 없을 정도로 많은 영화에서 컴퓨터 그래픽을 사용하고 있고, 그 기술이 날로 발전되어 가고 있다. 2009년 공개된 영화 "아바타"는 신선한 충격을 관람객들에게 제공했던 3D영화로 3D미디어 산업의 활성화에 크게 기여하였다. 그 밖에도 많은 영화들에서 컴퓨터 그래픽 기법과 디지털 영상 장비가 필름 중심의 영화산업을 디지털 체제로 혁신하였다. 영화제작의 핵심기술은 모션캡쳐(Motion Capture), 매치무빙(Match Moving), 모션트래킹(Motion Tracking), 3D 애니메이션 등이 대표적이다.

오늘날 디지털 영화 산업은 인공지능과 머신러닝이 재창조하고 있으며 인공지능 기술은 실제보다 더 사실적인 디지털 캐릭터를 만들고, 오랜 필름을 복원해 영화에 새로운 생명을 불어넣는 효과를 가져오고 있다. 2019년 개봉한 영화 "아이리쉬맨"은 인공지능 기반 시각효과기술인 페이스파인더(Facefinder)를 통해 배우의 외모를 젊은시절로 되돌려 상상을 그대로 구현하였다. 페이스파인더는 주연을 맡은 배우들이 젊은 시절에 출연한 영화를 학습하여 이를 토대로 젊은 시절을 복원하였다. 또한 IBM이 개발한 인공지능 왓슨(Waston)은 영화 예고편에 넣기에 적합한 장면을 선별하여 작업 시간을 단축하는데 기여하였다. 지금은 인공지능을 제작 시간 단축에 활용하고 있으나 미래에는 인공지능이 예고편의 최종 편집까지 하게 될지 모른다.

그림 1.5 디지털 영화 산업

또한 미래 쇼핑몰은 어떤 모습으로 바뀌게 될까? 2016년 12월 미국 시애틀 아마존 본사 건물에 처음 아마존 고(Amazon Go)는 고객이 계산대 앞에 줄을 설 필요도, 계산할 필요도 없다는 점을 강조하였다. 아마존 고는 계산 직원이 없이도 사용자가 물건 값을 자동으로 계산할 수 있는 무인매장이다. 중국의 무인 편의점인 빙고박스의 누적 점포는 이미 5000개를 넘어서고 있고, 우리나라에서도 무인 편의점이 개설되고 있다. 이는 카메라, 선반 센서, 각종 소프트웨어를 갖추고 쇼핑객들이 물건을 고른 뒤 그냥 나가도 자동으로 계산이 처리되는 시스템이다. 그 외에도 가상현실, 증강현실을 활용한 쇼핑 플랫폼이 개발되고 있고 다양한 아이디어를 기반으로 한 쇼핑의 혁명이 이루어지고 있다.

알리바바의 VR쇼핑몰은 기기를 착용하고 가상의 쇼핑몰에 들어가 마음에 드는 상품을 클릭하여 제품의 상세정보를 확인하고 결제할 수 있다. 또한, 배송의 영역에서도 데이터를 기반으로 실시간으로 상품의 위치가 확인이 가능하고 도착까지 체크가 되고 있다. 이러한 기술기반의 쇼핑몰은 당장의 편리함 이상의 의미를 가진다. 오늘날 이미 데이터 기반 시대로 들어섰고, 이러한 빅데이터를 기반으로 한 인공지능 세상에 살고 있다. 무인점포는 쇼핑 정보에 대한 고객의 행동 데이터를 수집하는 기술로도 사용될 수 있으며, 아마존은 이미 쇼핑 정보를 기반으로 고객의 다음 쇼핑 행위를 예상하는 기술 특허를 보유하고 있다. 이는 미래형 쇼핑 방식의 변화 뿐아니라 첨단 기술을 통한 편리함과 효율성 이상의 미래 생활 전체를 바꿀 가능성을 품은 기술이 될 수 있다.

그림 1.6 Amazon go와 VR쇼핑몰

이러한 기술 혁명의 시대는 4차 산업혁명의 시대라고 불린다. 실상 4차 산업 혁명이라는 용어는 2016년 다보스 보럼에서 클라우드 슈밥이 처음 제안한 용어로서 널리 알려지게 되다. 그렇다면 왜 4차 산업혁명인지 한번 살펴보자.

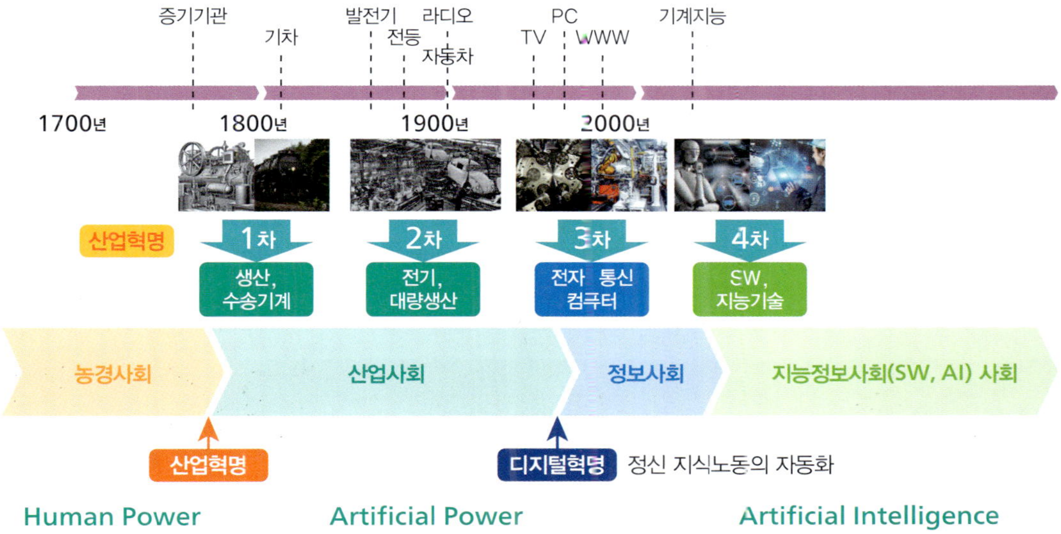

그림 1.7 각 산업혁명의 단계별 발전

인류의 역사를 되돌아볼 때, 1700년 이전의 역사부터 시작을 한다면 산업혁명이 일어나기 전의 시기는 농경사회로 명명된다. 농경사회에서는 힘이 곧, 경제권을 가지는 사회였다. 그 후, 영국의 산업혁명을 시작으로 '1차 산업혁명'은 '생산과 수송 기계의 혁명'으로 일컬어진다. 산업혁명의 특징은 바로 인간이 하고 있던 육체적인 노동을 자동화하는 기계를 만든 것이다. 육체적으로 힘이 들고 반복적인 노동을 자동화된 기계로 대신하면서 이 당시 노동자들은 기계를 부수는 등의 러다이트 운동과 같은 저항을 하기도 했다. 왜냐면 기계로 인해서 자신들의 일자리가 뺏기게 될 것이라는 불안 때문이었다.

본격적인 산업사회에 들어서면서 '2차 산업혁명'은 '전기의 발명과 대량생산'이 가능해진 것이다. 대량생산이 가능해 지면서 엄청난 물량의 폭증과 제조업이 호황기였다. '3차 산업혁명'에서는 '전자, 통신, 컴퓨터'가 발전하면서 개인 컴퓨터인 PC의 개념이 생기기 시작하였다. 이는 정보의 공유를 쉽게 해주었고, 정보를 생산하고 새로운 정보를 창출해 냄으로써 부가가치가 높은 산업들이 성장하게 되었다. 그리고 이제 '4차 산업혁명'은 '소프트웨어와 지능기술 혁명'으로 일컫어지는데 이는 지적인 작업, 정신적인 지식 노동의 자동화를 통해서 더 많은 부가가치를 창출해 낼 수 있는 사회로 진입하게 하였다. 이제는 디지털 인프라를 기반으로 하는 사회가 되었다.

기본 인프라인 디지털, 컴퓨터, 무선 인터넷, 휴대전화들이 다 갖추어진 초석에서 데이터, SW 인공지능, 클라우드, 스마트폰의 사용이 용이해 지고, 그 위해 문화와 교육이 쌓아지고, 우리의 생활, 사회, 산업, 경제, 고용, 정치 체계, 법과 규제가 만들어 지고 있다. 더욱이 이제는 과학기술의 발전 속도가 가속화되면서 소프트웨어 중심사회를 넘어서 지능정보사회, 즉 인공지능 시대로 진입하였다.

2011년 2월 미국 ABC의 인기 퀴즈쇼인 제퍼디 쇼에서 우승한 인공지능 왓슨(Watson)은 사람의 말을 이해하고 사람이 쓰는 언어로 대답하면서 인간만의 고유 능력으로 여겨졌던 지적 판단의 영역까지 컴퓨터가 진입한 것을 보여주었다. 2016년 3월에 열린 알파고와 이세돌의 바둑 대국은 우리나라에 인공지능의 가능성을 보여준 큰 사건이었으며, 2017년 1월에는 바둑에 이어 포커 경기에서도 인공지능이 인간에게 승리하면서 속임수에 능수능란함을 보여주었다. 오늘날의 이러한 지능정보시대를 살아가는 우리는 어떤 역량을 가져야할지 알아보자.

그림 1.8 제퍼디 쇼에 출연한 Watson과 포커 경기

컴퓨팅 사고의 필요성

지능정보사회에서 인터넷과 클라우드를 기반으로 서로 연결이 쉬워지면서, 정보를 서로 연결하여 처리할 수 있는 거대한 디지털 인프라를 기반으로 하는 세상에 우리는 살게 되었다. 이 새로운 디지털 인프라 위에서 사회, 문화, 산업, 경제, 고용 등 모든 것이 새롭게 설계되고 만들어지고 있다. 디지털 인프라 위에서 인지적인 작업이 진행될 수 있도록 하는 논리적인 자동화 기계가 바로 소프트웨어이다. 소프트웨어는 하드웨어와 네트워크에서 동작하므로 일반적으로 네트워크, 소프트웨어를 합쳐서 '컴퓨터' 라고 부르고, 컴퓨터를 사용하여 어떠한 목적 아래 작업을 수행하는 것을 '컴퓨팅' 이라고 부른다. 이러한 지능정보사회에서 컴퓨터는 삶의 필수품이 되었다. 디지털 인프라를 기반으로 살아가는 모든 사람들에게 컴퓨터를 다루는 컴퓨팅 능력은 선택이 아닌 필수가 된 것이다.

인간이 가져야 하는 능력은 그 시대상을 그대로 반영하기 마련인데, 농업사회에서 인간에게 필요한 것은 튼튼한 신체였고, 인간이 가진 노동력이 곧 국가경쟁력의 핵심으로 작용하였다. 그래서 그 당시는 군사력을 가진 중국과 이집트가 세계의 주도권을 가지고 있었다. 산업사회로 들어서면서 인간은 도구를 사용하게 되었고 이 때 인간에게 필요한 핵심능력은 바로 3R(읽고, 쓰고, 셈하기)이었다. 기계를 활용하게 되면서 인간은 더 많은 문명을 발전시킬 수 있었으며 영국은 세계의 주도권을 가졌다. 그 뒤 제 3의 물결이라고 하는 정보혁명을 통해 정보사회가 되면서 인간의 활용 도구는 컴퓨터가 되었으며 정보사회에서는 핵심역량으로 3R에 더해 ICT능력, 바로 정보활용능력이었다. 국력의 척도는 정보를 기반으로 한 경제력에 있었으며 세계의 주도권은 미국이 가지고 있었다. 제 4차 산업혁명인 디지털 혁명의 시대에 들어서면서 지능정보를 통한 부가가치의 창출의 원천은 단순한 정보활용능력을 넘어선 디지털 창조역량에 있으며 컴퓨팅 사고는 가장 기초가 되는 능력이다. 소프트웨어 인재, 인공지능 인재 양성을 위해서 전 세계가 움직이고 있다. 소프트웨어 인재, 인공지능 인재 양성을 위한 목적 중 하나는 소프트웨어 전문가를 육성하기 위한 것이고, 다른 하나는 지능정보사회의 세계시민을 육성하기 위한 것이다. 컴퓨팅 사고는 컴퓨터 과학의 기본 개념과 원리 및 컴퓨팅 시스템을 활용하여 실생활 및 다양한 학문 분야의 문제를 이해하고 창의적 해법을 구현하여 적용할 수 있는 사고로서 추상화 능력, 자동화(프로그래밍)능력을 포함한다.

영국은 이미 2014년 9월부터 만 5세~16세 학생들을 대상으로 컴퓨팅 사고 교육을 필수적으로 시행해오고 있다. 초,중등학교 정규 교과과정에서 소프트웨어교육을 필수로 지정하고 어릴 때부터 컴퓨팅 역량을 갖추도록 하는 것이다. 어릴 때부터 소프트웨어 교육을 하는 목적은 바로 컴퓨팅 사고가 미래 사회에서 요구되는 기초적인 핵심 역량이기 때문이다. 인공지능을 포함하여 이미 우리 일상의 일부가 된 소프트웨어를 다룰 수 있어야 하고, 디지털 인프라를 활용하여 창의적 문제해결력을 갖추기 위해서는 컴퓨팅 사고를 가지는 것이 중요해지는 시점이다.

소프트웨어를 잘 다루고 잘 활용할 수 있는 소프트웨어 소양교육과 함께 절차적인 사고를 하고 효율적인 문제해결자가 되도록 하는 컴퓨팅 사고 교육은 필수가 되었다. 컴퓨팅 사고 교육은 모두를 전문 소프트웨어 개발자로 만드는 것이 아니라, 모두가 일상의 문제를 해결하는데 도움이 되는 컴퓨터 과학의 사고를 배우는 교육이다. 컴퓨터 과학을 학습함으로써 소프트웨어 개발자가 되지 않더라도, 소프트웨어에 더 많은 것을 기대하거나 요구할 수 있고 컴퓨팅을 활용하여 문제해결을 효과적이고 효율적으로 해나갈 수 있다. 소프트웨어 개발자가 되지 않더라도 미래 세대들은 습득한 소프트웨어 지식으로 소프트웨어의 애플리케이션의 구성 요소를 익히고, 자유롭게 코딩하면서 더 편리하고 즐겁고 유익하게 살아갈 수 있다. 더 나아가 디지털 인프라를 기반으로 한 세상에서 해결해야하는 다양한 전공 영역 및 산업의 문제들을 해결하는데 유용하게 활용할 수 있다.

> 천문학이 망원경을 다루는 학문이 아니듯, 컴퓨터과학은 기계를 다루는 학문이 아니다.
> _에츠허르 데이크스트라(Edsger Wybe Dijkstra)

에츠허르 데이크스트라(Edsger W. Dijkstra)는 “천문학이 망원경을 다루는 학문이 아니듯, 컴퓨터 과학은 더 이상 컴퓨터에 관한 것이 아니다”라고 하였다. 물론 컴퓨터 과학에서 컴퓨터는 중요한 도구이지만 더 중요한 것은 “계산 가능한 것은 무엇인가?”하는 생각이다. 컴퓨터 과학자는 어떤 문제를 해결하기 위해 “설계”, “분석”, “실험”의 세 가지 기법을 사용한다. 즉 원하는 결과를 얻기 위한 단계별 처리 방법을 만드는데 이것이 바로 알고리즘이 된다. 이는 컴퓨터 과학을 통한 교육이 컴퓨터 자체에 대한 것을 가르치는 것이라기 보다는 컴퓨터 과학을 통한 사고력 교육임을 의미한다.

컴퓨팅 사고 교육은 컴퓨터를 가르치는 것, 프로그램을 개발하는 코딩교육 뿐만 아니라 미래사회를 살아가는 미래학습자들에게 생각을 깊게 하고, 생각을 효과적으로 하게 만드는 사고력 교육이다. 컴퓨팅 사고 교육은 컴퓨터를 이용하여 문제를 해결하는 능력을 길러주며, 데이터로 세상을 보는 관점을 제공하고, 다양한 알고리즘을 접함으로써 논리적 사고력을, 자신의 생각을 표현하고 문제를 해결하는 과정을 프로그래밍을 통해 경험하게 하는 교육이다. 이는 컴퓨터나 소프트웨어의 사용법에 중점을 두는 것이 아니라 소프트웨어를 설계하는 힘을 길러주며 문제를 해결하게하는 능력이므로, 직업기술교육이 아니라 디지털 시대의 보편적 기본역량교육이라고 하겠다.

컴퓨팅 사고는 다양한 문제해결 방법을 찾기 위해 컴퓨터를 기반으로 자료를 수집, 분석하고, 문제의 효율적인 해결 과정을 창조하는 일련의 사고이다. 따라서 컴퓨팅 사고 교육은 기존의 ICT 활용처럼 한글, 엑셀 등의 응용 프로그램을 활용하는 방법을 배우는 교육과는 다르며, 생각을 설계하는 데 중점을 둔다. 컴퓨팅 사고는 디지털 세상에서 일상생활의 문제를 해결하기 위해서 문제를 인식하고, 이해하고, 분해하여 해결 방법을 찾고 해결 방법을 최적화하여 실제 문제에 적용하여 해결해 나가며, 비슷한 문제에는 응용하여 적용하는 데 필요한 사고이다.

소프트웨어가 어떻게 작용하고 어떻게 의미를 생산하는지, 소프트웨어 산업은 어떻게 조직되고 어떻게 의미를 창출하는지에 대한 이해는 미래역량으로서 유용한 지식이다. 컴퓨팅 사고를 통해 소프트웨어를 직접 만들어 보고, 만드는 과정에서 창조적인 능력을 발달시킬 수 있다. 컴퓨팅 사고를 통해 소프트웨어를 다루는 ‘방법’을 배우는 것이 아니라 소프트웨어와 함께 살아하는 ‘의미’를 이해하도록 도와줄 것이다.

컴퓨팅 사고를 통해

1. 소프트웨어 개발 메커니즘에 대한 이해
2. 컴퓨터 프로그램 제작에 대한 이해
3. 소프트웨어와 함께 즐겁고 유익하게 사는 법을 배울 수 있다.

즉, 컴퓨팅 사고를 통해 우리는 프로그래밍 언어를 습득하여 프로그램을 개발하려는 목적이 아니라 절차적으로 생각하면서 알고리즘을 배우고, 이를 통해 논리적으로 생각하는 방법을 배우고, 창의적으로 사고하고 이를 구체적으로 표현하는 방법을 배우게 된다. 현대 사회에서 발생하는 복잡한 문제들을 해결하기 위해 문제의 특성을 분석하고, 각 요소들을 분해하여 각 요소들 간의 논리적인 상관성을 파악하며, 해결방법을 설계하고 이를 위해 창의성과 문제해결력, 논리력을 키우는 것이 바로 컴퓨팅 사고이다. 이는 문제를 해결하기 위해 일련의 작고 다루기 쉬운 문제로 분해하여 문제를 해결하는 방법을 익힐 수 있게 하며, 거대한 규모에서 작동하는 복잡한 문제들을 해결할 수 있도록 한다. 이것은 추상화 및 모델링을 통해 이루어질 것이다.

컴퓨팅 사고의 필요성을 다음의 네 가지로 정리해 볼 수 있다.

1. 컴퓨팅 사고는 일상생활의 문제에 적용할 수 있다. 현실의 복잡한 문제를 해결하기 위해 컴퓨터 과학의 기초 원리들인 탐색과 정렬, 우선순위, 최소비용알고리즘 등은 매일 매일 부딪히는 현실의 문제에서도 활용할 수 있는 것들이다.
2. 컴퓨팅 사고는 다양한 영역으로 전이가 가능하다. 학습전이는 현재 배운 지식과 방법을 다른 문제해결 과정에서도 사용할 수 있는 것으로 컴퓨팅 사고를 통해 문제를 해결하는 방법을 배운다면 이를 어떤 문제 상황에서도 적용할 수 있다.
3. 컴퓨팅 사고는 통합적 사고를 가능하게 한다. 과학적, 공학적, 수학적 사고에 통합적으로 접근할 수 있다. 프로그래밍은 이론, 설계, 모델링 등의 다양한 방법을 동시에 고려해야 하기 때문에 문제를 통합적으로 접근할 수 있도록 생각이 훈련된다.
4. 컴퓨팅 사고를 통해 미래 기술에 대한 접근방식을 학습할 수 있다. 인공지능을 포함한 미래의 기술에 대한 발전과 변화에 적응할 수 있는 힘을 길러준다. 급변하는 첨단기술시대에서 기기에 대한 단순 사용법이 아닌 원리를 깨우치고 논리적이고 분석적으로 생각하는 힘을 기르게 한다. 이는 인공지능 뿐만 아니라 미래기술을 이해하기 위한 기본이 되는 사고로서 작용할 것이다.

02 컴퓨팅 사고

컴퓨팅 사고의 개념

컴퓨팅 사고는 영어로 computational thinking이다. 이는 국내에서는 계산적 사고, 컴퓨터적 사고, 컴퓨터 사고, 정보과학적 사고, 컴퓨팅 사고 등의 용어로 혼재되어 사용되다가 최근에는 컴퓨팅 사고라는 용어로 통일되었다. 컴퓨팅 사고는 컴퓨터 과학의 기초 이론을 바탕으로 실생활을 비롯한 다양한 학문의 여러 복잡한 문제들을 이해하고 효율적으로 해결하는데 필요한 사고이다.

컴퓨팅 사고는 컴퓨터 과학을 통해 복잡한 문제를 해결하는 절차적 사고력으로 시무어 페퍼트(Seymour Pepert))에 의해 시작하여 2006년 지넷 윙(Jeannette Marie Wing)이 재개념화 하면서 모든 사람들에게 필요한 사고력으로서 주목받게 되었다. 이는 컴퓨팅의 핵심 개념을 기반으로 문제를 해결하고, 시스템을 디자인하고, 인간의 행동 양식을 이해하려는 접근 방법이다. 즉, 컴퓨팅 사고력은 컴퓨터로 할 수 있는 데이터 수집, 순서 표현, 문제 분해, 추상화, 자동화 등을 고도의 인지적 사고능력에 적용시켜서 다양한 분야에서 보다 효율적으로 문제를 해결하는데 사용하는 능력이다.

컴퓨팅 사고란 읽기, 쓰기, 셈하기와 더불어 모든 사람이 학습해야 할 기본적인 것으로 문제해결 과정에서 문제를 추상화시키며 문제의 핵심적인 요소를 뽑아내어 모델링하고 컴퓨팅 기기를 통해 해법을 자동화하는 능력이다. 이는 단순히 컴퓨터 과학이나 프로그래밍에 대한 지식만을 갖고 있다거나 프로그래밍을 실현하는 기술적인 능력만을 갖는 것을 의미하는 것이 아니다. 문제를 인식하고 분석하는 것, 자료를 수집하는 분석하는 것, 문제를 해결하기 위해 다양한 사고를 진행하고 그 과정에서 컴퓨팅 능력을 활용하여 그 해결책을 컴퓨터처럼 논리적으로 구현하는 방법을 설계하는 과정 전반을 의미하는 것이다.

컴퓨팅 사고는 여러 학자들에 의해 조금씩 다르게 정의되고 있다.

표 1.1 각 학자별 컴퓨팅 사고에 대한 정의

학자	Computational thinking의 정의
David Moursund	절차적 사고와 연관된 개념으로 개발(developing), 표현(representing), 시험(testing), 디버깅(debugging)의 순서로 구성되어 있다. 이를 효과적인 절차로 만들기 위해서는 컴퓨터 등의 특별한 장치로 수행이 가능한 형태인 구체적인 단계별 명령이 필요하다.
Peter Lee	두뇌의 작동원리 및 구조와 연관하여 인간의 지능을 확대하여서 실제적으로 적용할 수 있도록 하는 것으로 인간의 두뇌의 복잡한 것들을 관리한다거나 일을 자동적으로 처리할 수 있도록 하는 추상적인 도구를 통해 인간의 능력을 확장하는 것이다.
Bill Wulf	어떤 문제를 해결하는 과정과 그 과정을 진행하여 나타나는 추상적인 현상들로 정의한다.
Don Abrahamson	문제에 대하여 그 형식을 설명하고 객관화하여 이러한 지식을 컴퓨팅적인 형태로 만드는 것으로 이 과정을 컴퓨터의 기초 체계처럼 사용하는 것이다.
Gerale Sussman	일을 처리하는 정확한 방법을 공식화하는 것이다. 특정한 문제를 효율적으로 처리하기 위해 그 문제를 철저하게 분석하고 해결하기 위해 엄밀한 절차를 만드는 과정이다.
Edward Fox	문제해결을 목적으로 눈에 보이지 않는 추상화 된 개념을 다루거나 조작하는 것이다. 이는 인간이 세상에 접근하고 과정을 생각하고 디지털로 표현하는 것들을 다룰 때 하는 일들이다.
Robert Constable	특정한 기술이나 사고 과정들의 집합이 아니라 개방적이고 점점 발전해 가는 기술의 본질에 관련한 개념이다. 지적인 과정을 자동화하는 것과 정보 처리과정을 연구하는 것이다. 우리가 생각하는 컴퓨팅 사고는 컴퓨터라는 도구를 통해 실행이 되어 직접 구현할 수 있다는 것이고 컴퓨터는 단순한 도구가 아닌 우리의 파트너 및 동지가 될 수 있다.

이러한 여러 정의들을 종합해 보면, **컴퓨팅 사고란 컴퓨터 과학의 기본 개념과 원리 및 컴퓨팅 시스템을 활용하여 실생활 및 다양한 학문 분야의 문제를 이해하고 창의적 해법을 구현하여 적용할 수 있는 능력이다.**

지넷 윙은 컴퓨팅 사고에 대해 다음과 같이 설명하였다.

1. 프로그래밍이 아니라 개념화에 관한 것이다.
2. 단순 암기 기술이 아니라 근본적인 기술이다.
3. 컴퓨터가 아니라 인간이 생각하는 방법에 관한 것이다.
4. 수학적 사고와 공학적 사고를 보완하고 결합하는 것이다.
5. 결과물이 아니라 아이디어다.
6. 어디에서나, 누구에게나 필요한 것이다.

컴퓨팅 사고의 개념을 명확하기 이해하기 위해서는 컴퓨팅 리터러시와 컴퓨팅 사고의 개념을 비교 해 볼 수 있다. 우선 리터러시(literacy)의 개념은 19세기 교육의 기반인 3Rs(Reading, Writing, Arthmetics)라 불린 읽고, 쓰고, 셈할 수 있는 문해력에서부터 시작한다. '리터러시'는 글을 읽고 쓸 줄 아는 능력으로 공교육이 대중화되기 전에는 문해력이 특정한 집단이 가지는 특별하고 혜택받는 보유물이었기 때문에 이후에 민주화되는 과정에서 중요한 요인으로 작용하였다.

오늘날 컴퓨터 리터러시, 정보 리터러시, 미디어 리터러시 등의 용어들은 모두 컴퓨터를 다루는 능력과 관련한 것이다. 이는 컴퓨터가 보편화됨에 따라 컴퓨터를 이해하고 효과적으로 활용할 수 있는 능력을 말한다. 컴퓨터 활용능력이 기본적인 생활 능력에 포함되어 감에 따라 필요해진 것으로 하드웨어나 소프트웨어의 구입과 이용에 관한 지식을 포함한 정보 인출, 탐색, 저장을 효율적으로 할 수 있는 능력을 말한다. 고도의 정보화 시대에서는 컴퓨터를 이해하고 활용하는 능력이 글을 쓰고 읽는 능력과 마찬가지로 필수적인 기본 소양이 된다는 뜻으로 생겨난 용어이다. 컴퓨터 리터러시가 없이는 정보를 탐색, 선택, 획득할 수 없고 정보의 처리, 편집, 표현 또는 교환 등을 적절하게 할 수 없기 때문이다. 각 나라에서는 초등학교에서 대학교까지의 교육 기관을 비롯하여 기업 등에서도 컴퓨터 리터러시 교육에 역점을 두고 이를 가르쳐 왔다. 즉, 쉽게 말하면 컴퓨터 리터러시는 컴퓨터를 잘 이용하고 활용할 수 있는 능력을 말하는데, 이는 주로 응용 소프트웨어를 잘 익히는 기능적인 면을 강조해온 것이라고 할 수 있다.

컴퓨터 리터러시가 디지털 매체를 활용할 수 있는 기능적인 면에 대한 능력이라면 컴퓨팅 사고는 컴퓨터 과학의 원리를 바탕으로 하는 생각하는 힘이라고 할 수 있다. 컴퓨팅 사고는 컴퓨터의 활용, 특히 프로그래밍이라는 조작활동을 함으로써 이를 통해 문제해결 행동을 하는데 작동하는 사고이다. 이는 컴퓨터의 기능적인 방법을 알고, 컴퓨터를 기술적인 틀로 활용하고, 유창하게 다루는 컴퓨터 리터러시를 기본으로 컴퓨터 과학의 기초 개념과 원리를 습득하고, 자신의 생각을 프로그래밍으로 표현하는 과정을 통해서 생겨나는 생각하는 힘이다. 컴퓨팅 사고는 복잡한 문제를 구체화하고, 알고리즘적으로 생각하고, 멀티태스킹하고, 반성적인 사고를 통해 오류(error)를 찾아내고 이를 수정하면서 점진적으로 문제를 해결해 나가는 하나의 사고력, 생각할 수 있는 힘이다. 이는 실제적이고 복잡한 문제를 해결함에 있어 기술의 발전과 함께 문제를 해결해 나가는데 필요한 구체적인 사고력의 유형으로 기술을 기반으로 하는 디지털 사회에서 필수적이 되었다.

이러한 컴퓨팅 사고는 정보과학에 기반하여 등장하였으나 정보과학적 문제해결과정과 일상에서 겪는 복잡한 문제해결과정이 유사하기 때문에 일상 생활에서도 필요한 사고력으로 여겨진다. 지넷 윙은 일상적 생활에서 의식하지 못한 채 컴퓨팅 사고가 이루어지고 있으며 컴퓨팅 사고를 증진시킴으로써 제반 영역의 문제해결능력이 향상된다고 하였다. 특히, 복잡한 문제를 해결하기 위한 효과적인 접근의 방법으로 컴퓨팅 사고력이 유용하다고 하였다. 즉, 컴퓨팅 사고력은 컴퓨터 과학이나 공학과 관련된 일을 할 때에만 필요한 사고력이 아니라 오늘날의 일상생활과 관련한 복잡한 문제를 해결해 가는데 필요한 사고이다. 이는 복잡한 문제에 부딪혔을 때 컴퓨터 과학에 기초한 개념을 그려보면서 문제를 해결하고, 시스템을 설계하고, 인간의 행동을 이해하는 하나의 방법이 될 수 있다. 또한, 컴퓨팅 사고는 문제를 더 효과적으로 이해하고 풀어가는 추상화의 다른 수준으로써 사용되어질 수 있고, 알고리즘적으로 사고함으로써 문제를 보다 효율적이고 효과적으로 풀어가는데 도움을 줄 수 있다. 즉, 디지털과 아날로그가 공존하고 기술이 기반이 되는 오늘날의 사회에서 컴퓨팅 사고는 컴퓨터와 관련한 일을 하는 사람에게 뿐 아니라 문제를 효율적이고 효과적으로 해결하는데 기반이 되므로 모두에게 필요한 사고력이라고 할 수 있는 것이다.

지넷 윙은 컴퓨팅 사고가 모든 사람에게 필요한 이유로 다음의 6가지를 들고 있다.

첫째, 문제의 어떤 양상이 컴퓨팅으로 처리할 수 있는지를 이해할 수 있다.
둘째, 컴퓨팅 도구와 기술들과 문제 사이의 대응을 평가할 수 있다.
셋째, 컴퓨팅 도구와 기술의 힘과 한계점을 이해할 수 있다.
넷째, 컴퓨팅 도구와 기술을 새로운 방법으로 적용하거나 조정할 수 있다.
다섯째, 새로운 방식으로 컴퓨터를 사용하는 기회를 인식할 수 있다.
여섯째, 어떤 영역에서도 분할과 정복(divide and conquer)의 컴퓨터 전략을 적용할 수 있다.

정리하면, 컴퓨터 리터러시는 컴퓨터를 활용하는 방법을 배우는 것이라면, 컴퓨팅 사고는 컴퓨터라는 도구를 사용하여 문제 체계를 세우고 추상화를 통해 데이터를 처리하고, 알고리즘을 개발하여 문제를 효율적으로 해결해 가는 능력을 말한다.

지금까지 살펴본 컴퓨팅 사고력의 특징을 정리하면,

1. 컴퓨터 과학에 바탕을 둔 문제해결방법이다.
2. 문제해결의 논리적이면서도 구체적, 계산적 형태의 명확한 표현방법이다.
3. 문제해결을 효율적으로 실행하기 위한 절차적 사고의 과정이면서도 인간의 지적 능력을 확장할 수 있는 추론의 과정이다.
4. 문제해결을 위해 하드웨어와 소프트웨어를 인지적인 도구로 사용한다.
5. 기술과 사고 과정의 한정된 집합이 아닌 기술과 학습의 역동적 성격을 반영하는 개방적이며 발전하는 개념이다.
6. 명확한 절차를 반복하여 적용하고, 탐색, 패턴을 적용하며 반복적인 정교화, 무작위적인 기법, 모델링, 시뮬레이션, 시각화 등을 핵심 개념으로 한다.

컴퓨팅 사고의 구성요소

지넷 윙은 컴퓨팅 사고력을 크게 **추상화(Abstraction)와 자동화(Automation)**로 구분하였다. 추상화는 실제 세계의 문제를 해결 가능한 형태로 표현하기 위한 사고과정이라고 할 수 있으며, 문제를 해결하기 위하여 필요한 자료를 수집 및 분석하고, 필요한 표현 방법(도표, 그래프 등)을 활용하여 눈으로 보기 쉽게 나타내고, 복잡한 요소를 작은 단위로 분해하고, 해결에 필요한 변수들을 추출하여 적절한 해결 모델을 설계하는 과정이다. 이러한 추상화 과정에서 만들어진 해결 모델을 컴퓨터가 이해할 수 있는 프로그래밍 언어로 표현하여 인간이 처리하기 어려운 많은 양의 반복된 작업이나 시뮬레이션을 실시하는 것이 자동화이다.

그림 1.9 지넷 윙

이렇듯 컴퓨팅 사고는 방대한 양의 자료를 포함하는 복잡한 문제를 해결 할 때 컴퓨팅 시스템이 가진 능력을 활용하여 인간의 사고력으로 처리하기에는 힘들거나 오래 걸리는 작업을 수행할 수 있도록 지원함으로써 인간의 문제해결 능력을 확장시키는 역할을 한다. 다시 말하면, 컴퓨팅 사고는 컴퓨팅 시스템이 인간의 파트너 역할을 하도록 하여 인간이 가진 인지 능력의 수준과 범위를 확대시킬 수 있도록 하는 능력이다. 컴퓨팅 사고를 통해 인간은 문제해결 과정을 절차적인 알고리즘으로 표현하고, 각 문제 단계별로 적절한 컴퓨팅 능력을 활용하여, 사고의 범위를 확장할 수 있다. 컴퓨팅을 기반으로 융합이 이루어지는 현대 시대에서 컴퓨팅 사고는 혁신적인 아이디어를 제공해주며 이 아이디어를 바탕으로 문제해결이 가능하도록 한다.

미국의 국제교육기술협회(International Society for Technology in Education(ISTE)와 컴퓨터과학 교사협회(Computer Science Teachers Association(CSTA)는 컴퓨팅 사고력을 자료수집, 자료 분석, 자료 표현, 문제 분해, 추상화, 알고리즘과 절차, 자동화, 시뮬레이션, 병렬화의 아홉 가지의 세부요소로 나누어 제시하였다. 각 구성 요소에 대한 정의는 다음 표와 같다(ISTE&CSTA, 2011).

여기서 유의할 점은 컴퓨팅 사고의 큰 축으로서 지넷 윙이 제시한 추상화와 컴퓨팅 사고의 세부 구성 요소에 포함된 추상화를 구별해야 한다는 것이다. 지넷 윙이 제시한 추상화는 인간이 문제해결을 위해 사고하는 과정 전반을 의미하지만 세부 구성 요소에 포함되는 추상화는 문제해결에 필요한 핵심 요소를 선정하고 복잡함을 줄이는 좁은 의미의 추상화이다.

표 1.2 ISTE가 제시한 컴퓨팅 사고의 9가지 세부요소

자료수집	해결해야 하는 문제와 관련된 알맞은 자료를 모으는 과정
자료분석	자료를 이해하고, 패턴을 찾아 결론을 도출
자료표현	적절한 그래프,차트, 글, 그림 등으로 자료 정리
문제분해	문제를 해결가능한 수준의 작은 문제로 나누기
추상화	문제해결을 위해 반드시 필요한 핵심 요소를 파악하고, 복잡함을 단순화
알고리즘&절차	문제를 해결하거나 어떤 목표를 달성하기 위해 수행되는 일련의 단계
자동화	컴퓨팅 시스템이 수행할 수 있는 형태로 해결책 나타내기
시뮬레이션	자동화의 결과이며 ,문제를 해결하기 위하여 만든 모델을 실행시켜 결과 파악하기
병렬화	목표를 달성하기 위한 작업을 동시에 수행하도록 자원을 구성

자동화 또한 마찬가지이다. 큰 의미로 컴퓨팅 시스템이 갖는 능력을 의미하는 자동화와는 달리 세부 구성 요소의 자동화는 컴퓨터나 정보기기가 이해할 수 있는 언어로 해결 방법을 표현하는 것을 의미한다.

마지막으로 MIT 미디어랩에서는 스크래치라는 교육용 프로그래밍 언어를 개발하면서 컴퓨팅 사고력의 구성요소로 3개 차원을 제시하였다. 이는 컴퓨팅 개념, 컴퓨팅 실행, 컴퓨팅 관점이다. 컴퓨팅 개념은 프로그래밍을 위한 기초 개념으로서 순서, 고리, 평행적 관계, 사건, 조건문, 작동, 자료 등에 대한 것이다.

표 1.3 MIT 미디어랩이 제시한 3개 차원의 컴퓨팅 사고

차원	세부 항목	의미
컴퓨팅 개념	순서	과제를 위한 단계를 정의하는 것
	고리	같은 순서를 여러 번 실행하는 것
	평행적 관계	한 번에 여러 개의 일을 만드는 것
	사건	한 개의 일이 다른 일의 원인이 되는 것
	조건문	조건에 기초하여 의사결정을 하는 것
	작동	수학적이고 논리적인 표현을 지원하는 것
	자료	저장하고, 검색하고, 가치를 업데이트하는 것
컴퓨팅 실행	반복적, 증가적 작동	작은 단위로 개발하고 테스트하고 더 큰 단위를 개발하는 것
	오류 수정	작동하는지를 확인하고 오류를 찾고 고치는 것
	재사용, 재조합	해온 것을 다시 세우고 무언가를 만드는 것
	추상화, 모듈화	작은 파트들을 모아 큰 것들을 세우는 것
컴퓨팅 관점	표현하기	컴퓨팅이 창조의 과정임을 깨닫는 것
	연결하기	다른 사람들과 함께 만드는 것의 힘을 알아가는 것
	의문갖기	컴퓨팅을 통해 세계에 대한 질문을 하는 것

컴퓨팅 실천은 반복적, 증가적 작동, 오류 수정, 재사용, 재조합, 추상, 모듈화에 대한 것이고, 컴퓨팅 관점은 표현하기, 연결하기, 의문갖기와 관련된다.

Google에서는 좀 더 구체적인 컴퓨팅 사고의 과정으로 문제분해, 패턴인식, 추상화, 알고리즘, 자동화의 개념을 포함하였다. 문제분해는 복잡한 문제를 해결가능한 부분 문제들로 나누는 것이고, 패턴인식은 부분 문제들의 규칙이나 패턴을 찾는 것이다. 추상화는 문제해결에 핵심이 되는 핵심 속성을 추출하여 단순하게 표현하는 것이고, 알고리즘은 문제해결과정을 프로그래밍 구조와 의해 구조적으로 표현하는 것이다. 이러한 과정이 지넷 윙이 말한 추상화에 속한다. 설계된 알고리즘을 바탕으로 프로그래밍 언어로 구현하는 것이 바로 자동화이다.

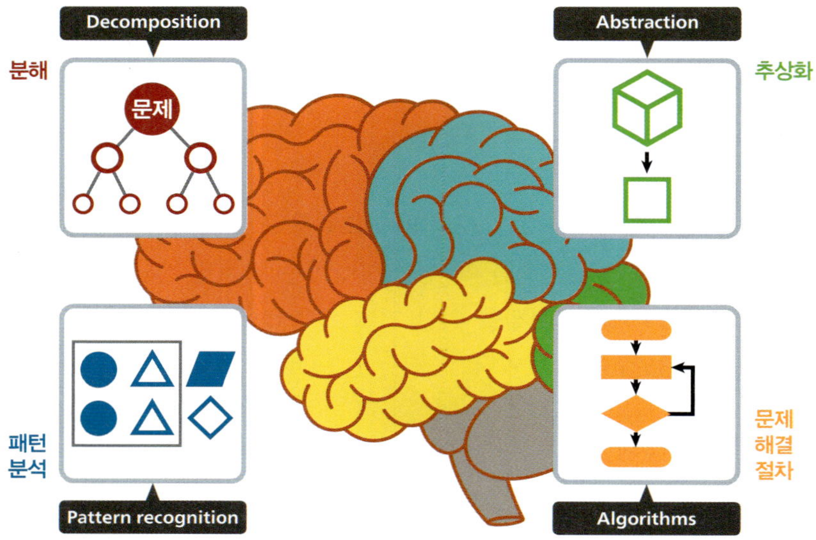

그림 1.10 Google이 보여주는 컴퓨팅 사고의 4가지 개념

정리해보면, 컴퓨팅 사고는 단순한 프로그래밍 언어 및 소프트웨어에 대한 지식을 전달하는 교육이 아니라 정보적 관점을 정립하는 것으로, 컴퓨팅으로 해결이 가능한 문제를 발굴하고 정보적 관점에서 문제를 정의하고, 이를 해결하기 위한 절차적 문제해결과정을 경험하는 과정이라고 하겠다. 다음 장에서는 컴퓨팅 사고의 구성요소를 문제분해, 패턴인식, 추상화, 알고리즘 순서로 살펴보고, 자동화는 파트 2에서 프로그래밍 실습과 함께 다루기로 하겠다.

요약

01 지능정보사회는 고도화된 정보통신기술 인프라를 통해 생성, 수집, 축적된 데이터와 인공지능이 결합한 지능정보기술이 경제, 사회, 삶 모든 분야에 보편적으로 활용됨으로써 새로운 가치가 창출되고 발전하는 사회이다.

02 소프트웨어 중심사회를 넘어 인공지능 시대로 들어서면서 기술의 발전으로 인한 사회변화는 빠르게 가속화되고 있다.

03 지능정보사회에서 컴퓨터는 삶의 필수품이 되었으며, 디지털 인프라를 기반으로 살아가는 모든 사람들에게 컴퓨터를 다루는 컴퓨팅 능력, 컴퓨터 사고는 선택이 아닌 필수이다.

04 컴퓨팅 사고를 통해 소프트웨어를 다루는 '방법'을 배우는 것이 아니라 소프트웨어와 함께 살아하는 '의미'를 이해하도록 도와줄 것이다.

05 컴퓨팅 사고란 컴퓨터 과학의 기본 개념과 원리 및 컴퓨팅 시스템을 활용하여 실생활 및 다양한 학문 분야의 문제를 이해하고 창의적 해법을 구현하여 적용할 수 있는 능력이다.

06 컴퓨터 리터러시는 컴퓨터를 포함한 디지털 매체를 활용할 수 있는 기능적인 능력이고, 컴퓨팅 사고는 컴퓨터 과학의 원리를 통해 문제를 해결하는 생각하는 힘이다.

07 컴퓨팅 사고는 모든 사람들에게, 누구에게나 필요한 필수적 능력이다.

08 지넷 윙은 컴퓨팅 사고를 추상화(Abstraction)와 자동화(Automation)로 구분하였다.

09 미국의 국제교육기술협회(International Society for Technology in Education(ISTE)와 컴퓨터과학 교사협회(Computer Science Teachers Association(CSTA)는 컴퓨팅 사고력을 자료 수집, 자료 분석, 자료 표현, 문제 분해, 추상화, 알고리즘과 절차, 자동화, 시뮬레이션, 병렬화의 아홉 가지의 세부요소로 나누어 제시하였다.

10 MIT 미디어랩에서는 컴퓨팅 사고를 컴퓨팅 개념, 컴퓨팅 수행, 컴퓨팅 관점의 세 가지 세부요소로 제시하였다.

11 구글에서는 컴퓨팅 사고를 문제분해, 패턴인식, 추상화, 알고리즘, 자동화로 제시하였다.

02

문제분해

학습목차

2.1 문제분해의 개념

2.2 문제분해 기법

학습목표

- 컴퓨팅 사고의 구성요소인 문제분해의 개념을 설명할 수 있다.
- 문제분해를 실생활 및 컴퓨팅에 적용할 수 있다.

01 문제분해의 개념

문제와 문제분해

컴퓨터 과학의 기본적인 원리를 바탕으로 컴퓨팅 사고로 문제를 해결하고자 할 때 첫 번째 과정은 문제를 분해하는 것이다. 우선, 문제가 무엇인지부터 살펴보자.

'문제'란 표준국어대사전의 정의에 따르면 해답을 요구하는 물음, 논쟁/논의/연구 따위의 대상이 되는 것, 해결하기 어렵거나 난처한 대상 또는 그런 일이다. 문제는 결국 해결해야 하는 과제이다. 현재 상태와 목표 상태 사이의 간극을 우리는 문제라고 부르고 이 차이를 해결하는 과정이 문제해결과정이 된다. 문제라는 용어는 학술적인 용어라기 보다는 일상에서 쉽게 사용하는 일상 용어이기도 하다. 우리는 일상에서 시시각각으로 겪는 크고 작은 다양한 문제에 직면하고 있고 이를 해결해가면서 살아간다.

우리가 접하는 문제들의 예를 생각해 보자. 실생활에서 가장 흔히 겪는 문제로 "오늘 무엇을 먹을까?", "주먹밥을 만들기 위해 어떤 재료를 넣을까?", "샌드위치를 만드는 과정은 무엇일까?", "서울역까지 어떻게 가야할까?", "누구와 팀을 짤까?" 등과 같은 것들을 떠올릴 수 있다. 어떤 문제는 아주 간단하고, 어떤 문제는 복잡하여 해결을 위해 고려해야할 사항이 많기도 하다.

그림 2.1 우리 주변의 수많은 문제들

일상의 문제 뿐 아니라 더 나아가 우리가 학습하는 과정에서 일어나는 문제, 각 산업분야에서 해결하기 위한 여러 가지 문제들을 유형화해보면, 다음과 같다. 개념, 현상, 원리 등의 문제로 컴퓨팅 사고의 개념을 이해하거나 컴퓨팅 사고의 구성요소를 이해하는 문제를 들 수 있다. 데이터를 이용하여 시스템을 구축하거나 미래를 예측하는 문제의 예로는 흥미, 적성, 능력 수준에 따라 최적의 직종을 추천하는 문제, 기후 데이터를 통해 자동으로 뉴스를 작성하는 문제, 코로나 19 발생 추이를 보고 종식 날짜를 예측하는 문제, 토익 점수를 높이기 위한 학습 방법, 문제 유형을 추천하는 문제 등을 들 수 있다. 또한, 투입요소와 절차를 최적화하여 원하는 결과를 얻는 문제는 지하철 운행 간격을 최적화하는 문제, 최소의 비용과 시간으로 드라마를 제작하는 문제, 상품 제조 공정의 최적화 문제, 청소 로봇의 최적 청소 경로를 결정하는 문제, 개발된 시스템의 최적화를 위한 문제 등을 들 수 있다.

표 2.1 여러 문제들의 유형

실생활에서 흔히 겪는 문제	개념,현상,원리 등의 학습문제
• 주먹밥레시피를 만들기 위해 재료를 정하는 문제 • 목적지까지의 이동경로를 정하는 문제 • 누구와 팀을 할지 정하는 문제	• 컴퓨팅 사고의 개념을 이해하는 문제 • 컴퓨팅 사고의 구성요소를 이해하는 문제
데이터를 이용하여 시스템을 구축하거나 미래를 예측하는 문제	**투입요소와 절차를 최적화하여 원하는 결과를 얻는 문제**
• 흥미, 적성, 능력 수준에 따라 최적의 직종을 추천하는 문제 • 기후 데이터를 통해 자동으로 뉴스를 작성하는 문제 • 코로나 19 발생 추이를 보고 종식 날짜를 예측하는 문제 • 토익 점수를 높이기 위한 학습 방법, 문제 유형을 추천하는 문제	• 지하철 운행 간격을 최적화하는 문제 • 최소의 비용과 시간으로 드라마를 제작하는 문제 • 상품 제조 공정의 최적화 문제 • 청소 로봇의 최적 청소 경로를 결정하는 문제 • 개발된 시스템의 최적화를 위한 문제

이러한 여러 가지 문제 유형들 중에서 특히 컴퓨팅 파워를 이용하여 문제를 해결할 때 문제에 접근이 용이하고 해결이 쉬워지는 문제들은 컴퓨팅 기반 문제로 구분지을 수 있다. 즉, 데이터를 이용하여 시스템을 구축하거나 미래를 예측하는 문제, 투입요소와 절차를 최적화하여 원하는 결과를 얻는 문제들은 컴퓨팅을 활용하여 해결할 때 문제해결의 효율성이 보장되는 문제들을 컴퓨팅 기반 문제라고 할 수 있다.

문제가 현재 상태와 목표 상태의 차이라고 할 때, 문제해결은 이 간극을 메우는 과정이라고 할 수 있다. 문제해결과정에서 우리는 일련의 인지적인 처리 및 사고활동을 하게 된다. 처음 문제를 만나면 어떻게 문제에 접근을 해야할지, 문제를 어떻게 풀어야할지에 대해서 고민을 한다. 그리고 내가 알고있는 지식과 경험을 동원하고 문제를 해결하기 위한 노력을 하고, 때로는 문제해결을 위해 자료를 수집하고, 분석하고, 전문가의 자문을 받는 등의 해결책을 탐색하기 위한 다양한 노력을 한다. 내가 생각한 해결책이 퍼즐조각처럼 딱 맞는 해답으로 찾아질 때 우리는 문제해결의 열쇠를 가지게 된다. 하나의 문제해결의 경험은 현재에서 미래로 이동하게 하는 하나의 키가 되며 현재의 장애를 제거하고 목표를 성취함으로써 다른 문제해결에 도움을 준다.

그림 2.2 문제해결에 대한 체계적인 접근

이렇게 문제를 손쉽게 효율적으로 해결하기 위하서 우리가 어떻게 문제에 접근해야 하는가는 중요한 첫출발점이 된다. 일상생활에서 우리는 문제해결을 할 때, 때로는 계획없이 충동적이고 감정적으로 주먹구구식으로 접근하는 경우도 있다. 이 과정에서 문제가 잘 해결되면 다행이지만 실패를 겪게 되고 여러 시행착오를 겪게 되고 잘못된 해결책을 만들기도 한다. 그러나 체계적으로 문제해결에 접근하는 것은 일관성과 합리성을 보장하기 때문에 문제해결의 핵심 키가 된다. 체계적 접근은 문제를 이해하고, 해결방법을 찾고, 가능한 해결방법을 찾기 위해 조사 및 설계를 하고, 최선의 방법을 선택하는 일련의 과정을 포함한다. 데이터에 기반한 디지털 사회에서 문제해결의 체계적 접근 방법이 바로 "컴퓨팅 사고"를 활용하는 것이며, 그 첫 번째가 문제를 잘 정의하고 문제를 분해하는 것이다.

문제분해 기법

그림 2.3 문제의 분해

문제를 분해한다는 것은 해법을 찾는 과정을 용이하게 하기 위해 문제를 보다 작은 부분으로 나누어 단순화하는 것이다. 즉, 문제분해는 "복잡한 문제를 쪼개서 해결 가능한 크기의 부분 문제들의 집합으로 바꾸는 것"이다. 문제를 분해하면 다른 사람에게 설명하거나 개별 과제로 나누어서 해결하기가 쉬우며, 문제분해의 결과가 일반화로 이어지기도 한다.

문제를 분해하는 것은 복잡하고 큰 문제를 작은 부분의 문제들로 나누는 것을 말한다. 큰 문제를 분할하여 각각의 부분문제들로 나눈 후에, 각 부분문제들을 해결하면 즉 정복하면 결국 처음의 큰 문제가 해결이 된다. 이는 “분할 정복 기법”이라고 불린다. 분할 정복 기법은 1805년 12월 2일 아우스터리츠 전투에서 유래되었다. 이 전투에서 러시아와 오스트리아 연합군이 8만 여명이었고, 프랑스군이 6만 5천여명 이었다고 한다. 9시간에 걸친 전투 끝에 연합군을 격퇴시킨 나폴레옹은 불리한 병력으로 어떻게 승리할 수 있었을까? 나폴레옹은 큰 규모의 적을 상대하기 위해 적을 분산시켜 정복하는 방법인 “분할 정복법”을 사용하였다고 한다.

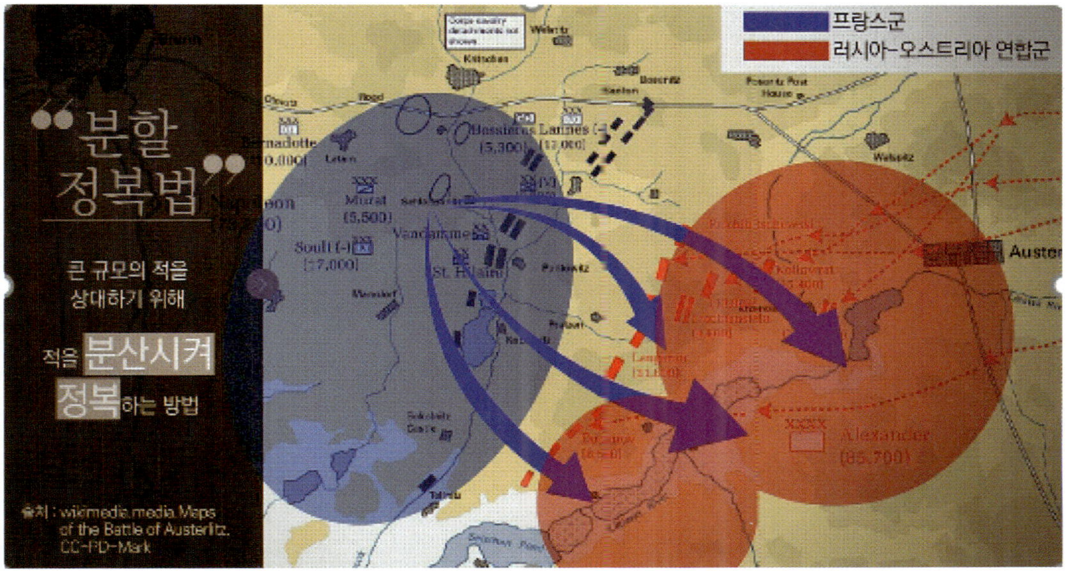

그림 2.4 나폴레옹이 사용한 분할 정복법

이렇게 크고 복잡한 문제를 해결하기 위해서는 먼저 해결할 문제를 명확히 정의한 후 해결할 수 있는 규모의 작은 문제로 나누는 것이 중요하다. 우리 일상의 예를 들어보자. 우리가 집에서 학교까지 길을 찾아가야 하는 문제를 해결하고자 한다면, 문제분해를 한다면 먼저 한 지점에서 갈 수 있는 지점을 파악한다. 길이 외길인지 아닌지에 따라 갈 수 있는 방법의 개수가 달라질 것이다. 만약 교차로를 만난다면 양쪽의 숫자를 단계적으로 더함으로써 갈 수 있는 방법을 셀 수 있다. 다음 그림에서 보듯이 집에서 학교까지 가는 길을 효과적으로 세기 위해서 문제를 분해하고 통합하는 방법을 사용하여 학교에 도착하는 경우의 수가 총 6가지라는 것을 쉽게 알아낼 수 있다.

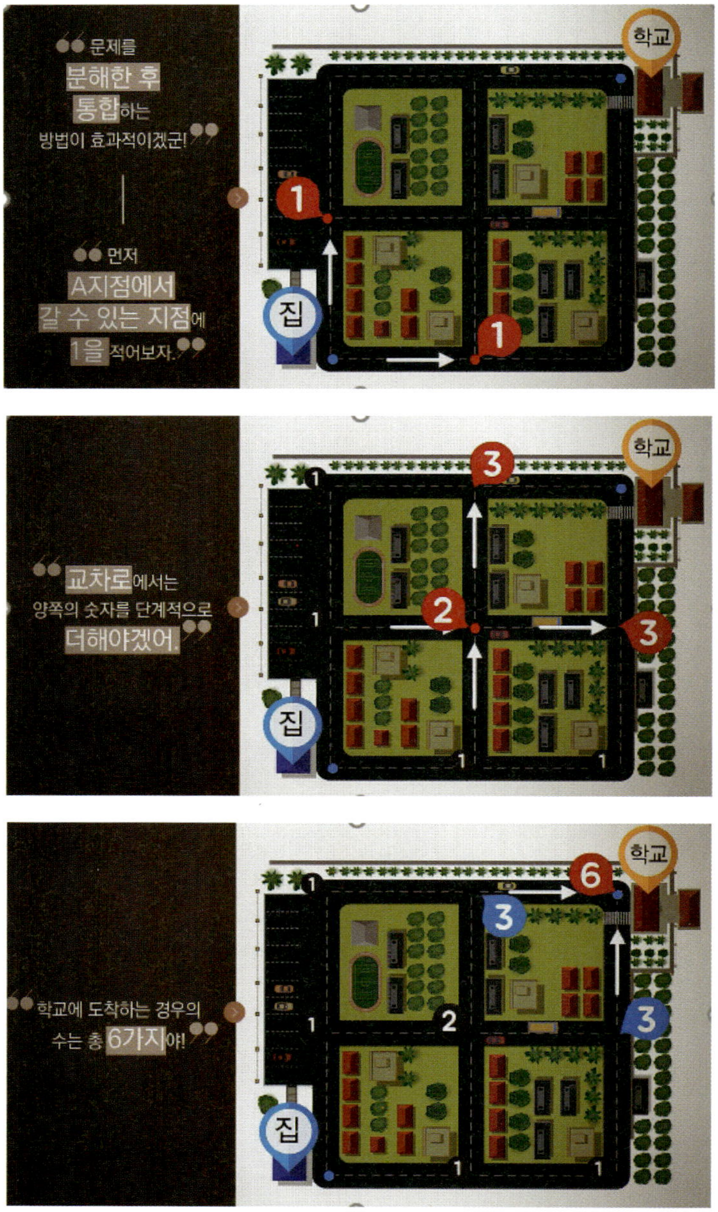

그림 2.5 학교까지 도착하는 경우의 수

이렇게 문제분해를 하면 해결할 문제가 훨씬 쉽게 느껴진다. 큰 문제는 해결하기 어렵고 부담스럽지만 작은 문제들은 상대적으로 해결하기 수월해 보이기 때문이다. 또한, 분해된 작은 문제는 관리가 용이하기 때문에 보다 빠르게 문제를 해결하는 데 도움을 준다. 이렇게 문제를 잘게 쪼개서 문제에 접근하는 방법은 우리가 이미 일상생활에서 알게 모르게 사용하고 있는 방식이다.

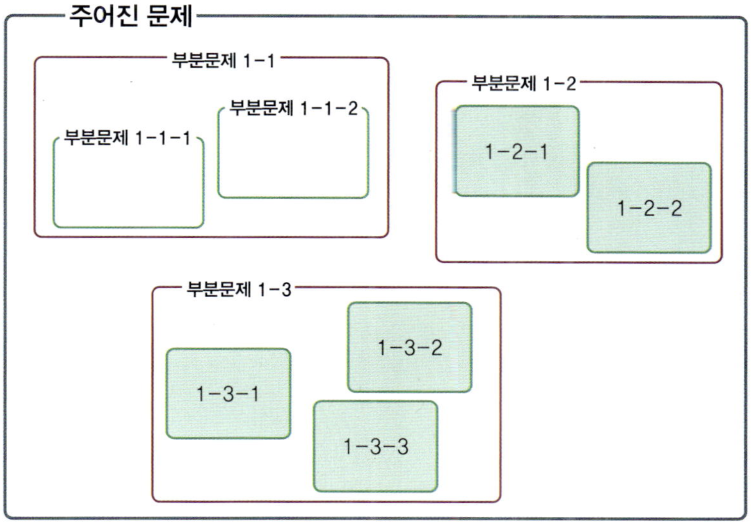

그림 2.6 큰 문제를 부분문제들로 나누기

우리가 많이 경험해 본 수학 문제를 생각해보자. 주어진 문제를 다시 문제 1, 문제 2, 문제 3의 부분문제로 나눈 후에, 각 부분문제는 또다시 더 작은 단위의 부분문제들로 나뉘어질 수 있다. 작은 단위의 부분문제들이 해결되고 나면, 각 해결책들이 결합되어 결국 큰 문제를 해결하게 되는 것이다.

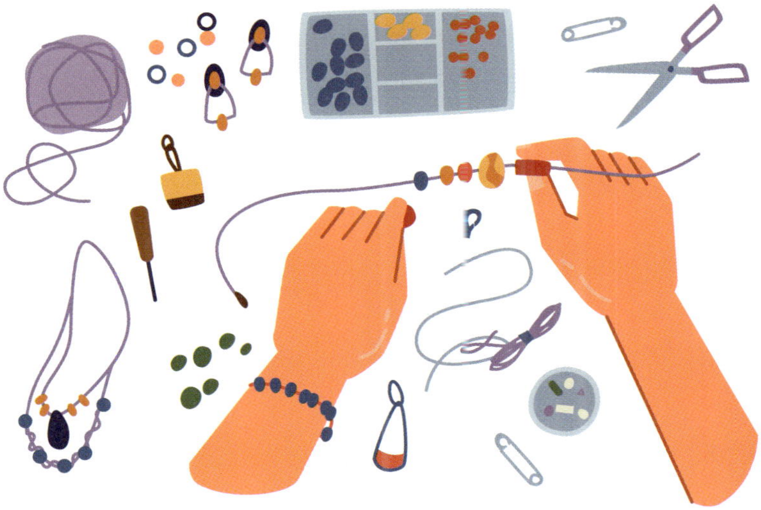

그림 2.7 팔찌의 재료비를 구하는 문제

팔찌를 만들기 위해 필요한 재료비를 구하는 문제를 생각해 보자. 우선 필요한 재료를 먼저 생각해 본다면, 비즈 등의 재료, 비즈를 엮을 실, 실을 자를 가위 등이 필요할 것이다.

그럼 먼저 비즈의 가격을 구하는 부분문제에서 다시 비즈의 종류와 크기에 따라서 개수와 단가를 나누어 구해볼 수 있다. 이것이 바로 작은 부분문제들이 되는 것이다. 비즈를 엮을 실도 마찬가지 과정으로 각각의 구성요소를 나누어서 부분문제를 해결한 후, 합하면 전체 재료비가 계산된다. 이런 문제의 분해를 통해서 각각의 문제를 세부 문제를 해결해서 전체 문제 하나를 해결하는 방법은 우리에게 익숙하기도 하다. 우리가 이미 일상생활에서도 어떤 문제를 해결할 때 절차적인 문제해결을 이미 하고 있기 때문이다. 절차적이라는 것은 개념적 지식, 명제적인 지식이 아니라 문제를 해결해 가는 프로세스를 말한다. 문제해결의 절차에 중점을 두고 문제를 접근하는 방식인 절차적 사고가 바로 컴퓨팅 사고라고 할 수 있다.

문제분해의 방법으로는

1. 과정이나 절차 분해하기
2. 여러 기능으로 분해하기
3. 데이터 분해하기를 들 수 있다.

각각의 문제분해의 방법은 해결하고자 하는 문제의 종류와 내용에 따라서 달라진다.

02 문제분해 기법

실생활에서의 문제분해

커피를 만드는 문제를 생각해 보자. 음료를 만드는 문제는 기능적 분해나 데이터 분해가 필요한 문제라기 보다는 '과정'이나 '절차'가 문제해결의 핵심이 된다. 물을 끓여서 커피 가루를 넣는 경우라면, 부분문제는 물 끓이기와 커피 가루 넣기가 된다. 더 작은 문제로 쪼갠다면 물을 끓이기 위해서 전기 포트를 가져오고, 물을 채우는 등의 세부 문제들로 나눌 수 있다. 이러한 문제해결을 위한 과정과 절차는 알고리즘과도 연결지을 수 있다. 여기서 각각의 문제를 해결하면 결국 큰 문제가 해결된다는 것을 생각할 때, 이 작은 문제들 간의 관계에 대해서도 생각해볼 필요가 있다. 작은 문제들 간의 관계가 순서가 중요한 문제인지, 아닌지에 따라서 문제분해가 달라질 수 있다. 예를 들어 토스트를 만들고자 한다면, 빵을 굽고 잼을 발라야하는 행위의 순서가 중요한 요소가 되기 때문에, 문제분해를 할 때에도 시간성을 고려하여 과정과 절차를 분해해야 하는 것이다.

자동차나 자전거를 고쳐야 하는 문제는 어떤 접근이 필요할까? 여러 수송 수단들은 각각의 부품들이 유기적으로 움직이는데 이를 우리는 "시스템"이라고 부른다. 시스템이 명확한 경우에는 문제를 "여러 기능"을 중심으로 작은 문제로 분해할 수 있다. 우리가 인체에 대해서 학습을 한다고 할 때 무엇을 먼저 학습해야하는지에 대한 순서가 정해져 있지 않다면, 우리는 각 기능으로 학습주제를 잡을 수 있는데 이것도 기능으로 분해하는 예라고 할 수 있다.

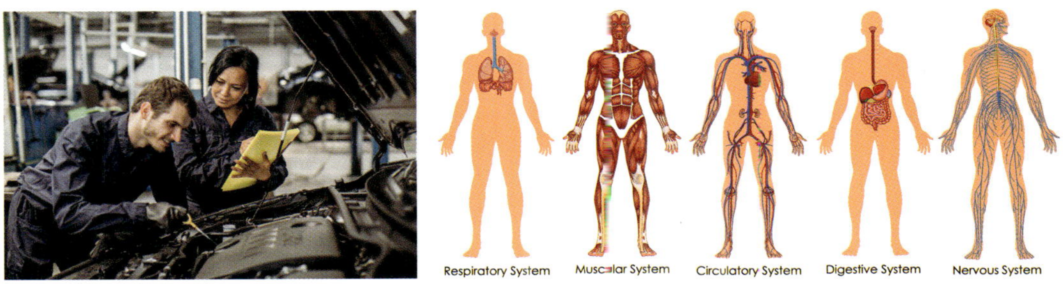

그림 2.8 시스템이 명확할 때의 문제 분해

우리가 생활에 필요한 애플리케이션을 설계하는 문제를 해결하고자 한다면, 어떤 분해가 우선되어야 할까? 바로 '데이터 분해'이다. 하나의 프로그램을 설계하려는 문제를 해결하려고 한다면, 어떤 데이터를 입력받고, 처리과정을 거쳐서, 어떤 출력을 내놓을지에 대해 고민해야 한다. 여기서 중요한 것은 데이터의 흐름이다. 어떻게 데이터를 처리할지에 대한 고민이 핵심 키가 된다. 따라서 이 문제에서는 문제분해의 핵심을 데이터 분해에 두게 된다.

그림 2.9 데이터 분해

이러한 문제분해의 방법 세 가지는 서로 상충되는 것이 아니라, 함께 나타나기도 한다. 중요한 것은 주어진 문제에서 요구하는 것을 잘 정의하여, 문제를 분석하는 능력이다. 문제해결을 쉽게 하기 위해서 문제를 어떻게 부분문제들로 나눌지에 대한 고민이 첫 번째이다. 각 부분문제들은 서로 동시에 해결되어야 하기도 하므로 이러한 다중의 작업도 나타날 수 있다. 예를 들어 시간에 맞춰서 요리가 2개가 만들어지기 위해서 동시에 국수도 삶고, 고기도 굽고, 달걀도 삶을 수도 있다. 이는 컴퓨터에서 다른 시스템이 동시에 작동하는 병렬의 개념으로 연결지을 수 있다. 분해된 문제들이 각각 해결되면 합쳐지는 결합의 과정을 통해서 큰 문제가 해결이 되는 것이다.

컴퓨팅에서의 문제분해

일상생활의 문제 뿐 아니라 컴퓨터 과학에서도 문제분해의 원리를 활용된다. 컴퓨터가 효율적으로 일을 처리할 수 있는 가장 기본 원리는 바로 이진법이다. 컴퓨어는 0과 1로 정보를 처리한다. 컴퓨터는 텍스나, 이미지, 소리를 모두 디지털화하여 처리한다. 예를 들어 하나의 그림을 컴퓨터가 인식하기 위해서는 이미지를 픽셀이라는 단위로 쪼개어 대상을 인식한다. 이미지를 픽셀로 나누는 것이 바로 분해에 해당한다. 그리고 각 픽셀에서 인식한 것들이 모아져서 즉, 합성을 통해서 결국 하나의 대상을 인식한다. 이러한 컴퓨터의 이미지 인식의 원리는 분해와 합성의 원리하고 할 수 있다.

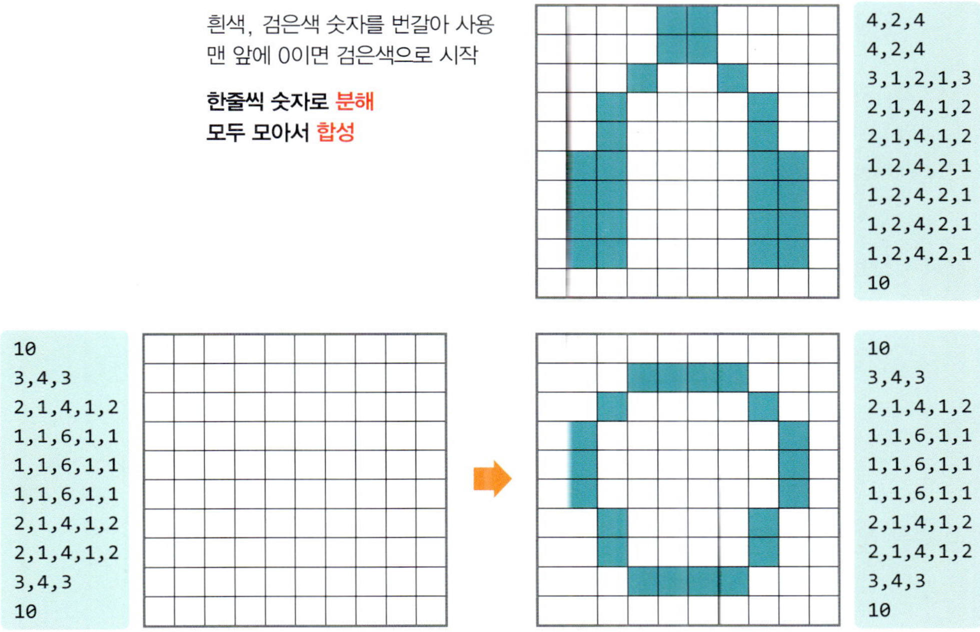

그림 2.10 이미지를 픽셀로 나누기

컴퓨터 과학에서 문제분해의 예를 찾아본다면 "검색"을 들 수 있다. 컴퓨터가 하나의 데이터를 검색하는 과정을 생각해보자. 예를 들어 크기 순으로 숫자가 정렬이 되어 있는 경우, 어떻게 원하는 데이터를 쉽게 찾을 수 있을까?

선형 검색의 경우는 모든 데이터를 처음부터 다 훑어보는 방법이다. 데이터를 하나씩 다 찾기 때문에 찾으려는 데이터가 앞쪽에 있다면 금세 찾을 수 있지만, 뒤쪽에 있다면 찾는 속도는 매우 느리게 된다. 만약 데이터가 10억 개가 있다면, 얼마나 비효율적으로 데이터를 찾아야 할까?

문제를 보다 효율적으로 해결하기 위해서 컴퓨터가 데이터를 찾는 방법이 바로 "이진검색"이다. 이진검색은 쉽게 말하면 데이터의 반을 나누어서 데이터 탐색의 범위를 반으로 줄이는 효율적인 방법이다. 예를 들어 그림과 같이 데이터가 크기순으로 정렬이 되어 있고, 23을 찾는다고 가정해 보자. 첫 번째 검색에서는 절반을 놓고 데이터가 어디에 속해있는지를 알아낸다. 중간값인 16을 내가 찾으려는 23과 비교하여 데이터 범위를 전반부 또는 후반부로 좁혀나간다. 후반부가 선택이 되었다면, 다시 그 안에서 중간값인 56을 찾으려는 데이터인 23과 비교하여 후반부를 버리고 전반부를 선택한다. 이러한 방식으로 데이터를 찾는다면 시간을 훨씬 단축시킬 수 있다. 단, 이렇게 이진검색을 사용하기 위해서는 데이터가 정렬이 잘 되어 있어야 하겠다. 이것도 컴퓨팅에서 문제를 분해하여 처리하는 하나의 예로 볼 수 있다.

그림 2.11 이진검색

그 밖에도 우리가 다양한 컴퓨팅 문제를 해결하고자 프로그램을 짤 때에도 기획단계에서 문제분해를 통해서 해결하고자 하는 문제에 체계적으로 접근해 볼 수 있다.

요약

01 문제란 현재 상태와 목표 상태 사이의 차이를 말하고 이 차이를 메꾸는 과정을 문제해결이라고 한다.

02 문제는 실생활에서 흔히 겪는 문제, 개념/현상/원리 등의 학습문제, 데이터를 이용하여 시스템을 구축하거나 미래를 예측하는 문제, 투입요소와 절차를 최적화하여 원하는 결과를 얻는 문제 등 다양한 유형이 있다.

03 여러 가지 문제 유형들 중에서 특히 컴퓨팅 파워를 이용하여 문제를 해결할 때 문제에 접근이 용이하고 해결이 쉬워지는 문제들은 컴퓨팅 기반 문제로 구분지을 수 있다.

04 문제분해는 복잡한 문제를 쪼개서 해결 가능한 크기의 부분 문제들의 집합으로 바꾸는 것이다.

05 큰 문제를 분할하여 각각의 부분문제들로 나눈 후에, 각 부분문제들을 해결하면 즉 정복하면 결국 처음의 큰 문제가 해결이 된다. 이는 “분할 정복 기법”이라고 불린다.

06 문제분해의 방법으로는 1) 과정이나 절차 분해하기 2) 여러 기능으로 분해하기 3) 데이터 분해하기를 들 수 있다.

07 각각의 문제분해의 방법은 해결하고자 하는 문제의 종류와 내용에 따라서 달라진다.

Introduction to **Computational Thinking**

03

패턴인식

학습목차

3.1 패턴인식의 개념

3.2 패턴인식의 적용

학습목표

- 컴퓨팅 사고의 구성요소인 패턴인식의 개념을 설명할 수 있다.
- 패턴인식을 실생활 및 컴퓨팅에 적용할 수 있다.

01 패턴인식의 개념

패턴인식 개념

패턴인식은 컴퓨팅 사고의 두 번째 구성요소이다. 패턴인식은 컴퓨팅 사고의 세 번째 구성요소인 추상화와 연관지어 설명할 수 있다. 패턴인식과 추상화는 함께 나타나기도 하고 순서가 바뀌어 활용되기도 한다. 앞 장에서 살펴본 문제분해를 통해서 큰 문제가 작은 부분의 문제들로 나누어졌다면 이제 각 문제를 해결하기 위해서 패턴을 찾아야 한다. 문제를 분해한 후에 문제의 패턴을 찾고, 패턴을 만들어 내는 것은 문제해결의 중요한 과정이다.

패턴(Pattern)이란 동일한 것이 반복되는 규칙성을 말한다. 패턴을 찾는다는 것은 하나의 문제 내에서 이루어질 수도 있고, 문제분해 된 부분 문제들 간에서도 이루어질 수 있다. 패턴을 인식한다는 것은 '공통성'과 '규칙성'이라는 속성으로 설명할 수 있다. 먼저, 하나의 부분 문제 내에서 발견할 수 있는 패턴에 대해서 생각해 보자. 한 문제 내에서 일관된 규칙을 갖는 것은 반복되는 규칙성에 해당하는 속성이다.

다음과 같은 가랜더에서 반복되는 규칙을 찾아보자. 반복되는 규칙으로 우리는 도형의 색깔, 크기, 모양을 찾을 수 있다. 반복되는 속성을 찾은 후에 반복되는 묶음을 정한다. 처음에 눈에 띄는 반복의 규칙을 찾은 후에 이 규칙이 계속이어지는지, 예외없이 적용되는지를 검증해본다. 이러한 과정을 통해서 반복되는 규칙을 정확하게 찾아낼 수 있다.

그림 3.1의 가랜더에서 색깔이 반복되는 규칙을 찾기 위해 먼저 놓여진 데이터를 순서 그대로 나열해 보자. 빨강, 보라, 연두, 파랑, 보라, 연두, 파랑, 보라, 연두, 파랑, 보라, 빨강 으로 나열해 본 뒤, 반복되는 묶음을 찾는다. [보라, 연두, 파랑]이 반복되고 있다는 것을 찾게 된다. 그리고 빨강은 반복되는 묶음이 아니라는 사실도 찾을 수 있다. [보라, 연두, 파랑]을 A로 대체한다면, 이 가랜더는 빨강, A, A, A, 빨강으로 간단히 나타낼 수 있다.

이번에는 형태가 반복되는 규칙을 찾기 위해 놓여진 데이터를 모양 그대로 적어보자.

사각형, 삼각형, 사각형, 삼각형, 삼각형, 사각형, 삼각형, 삼각형, 사각형, 삼각형, 삼각형, 사각형 으로 나열한 뒤, 반복되는 묶음을 찾는다. [삼각형, 사각형, 삼각형]이 반복되는 묶음이 될 수 있다는 것을 알 수 있다. 이를 B라고 대체한다면, 이 가랜더의 형태는 사각형, B, B, B, 사각형으로 간단히 나타낼 수 있다.

그림 3.1 색깔이 반복되는 규칙

이러한 정도의 규칙은 간단하게 찾아질 수 있다. 반복과 규칙이 뚜렷하기 때문이다. 그러나 우리가 만나는 실생활의 문제들은 무늬와 같이 정확한 반복과 규칙을 보이는 경우가 많지 않다. 그렇다면 우리는 패턴의 의미를 단순하게 같은 것들의 반복과 규칙이라는 속성보다 더 큰 의미로 찾아내야 한다. 동일하게 완벽한 것의 반복이 아니라 "유사성'에 초점을 두고 패턴의 의미를 이해해야 한다.

예를 들어 자동차를 예로 들어보자. 다양한 자동차들 가지고 있는 공통된 속성은 무엇일까? 어떤 자동차가 바퀴가 크고, 어떤 자동차는 높고, 어떤 자동차가 자체가 낮은 듯의 다양한 자동차의 모습 중에서 공통된 속성을 찾는 것이 바로 패턴을 찾는 것과 같은 사고의 과정이다. 이를 위해서는 앞장에서 살펴본 바와 같이 먼저 각 대상이 무엇으로 이루어져 있는가 하는 문제분해의 과정을 거치게 된다.

그림 3.2 다양한 자동차와 패턴

자동차를 이루고 있는 것은 무엇인가? 아주 최소한의 속성을 찾아본다면 바퀴, 엔진, 사람이 탈 수 있는 의자 등을 생각해 볼 수 있다. 이러한 각각의 부분들의 모양, 크기, 색깔, 기능 등이 다를 수 있으나 유사한 특징을 가지는데 이것이 바로 패턴을 찾는 과정이다. 즉, 패턴을 찾아서 각 핵심요소들이 있으면 같은 대상으로 인식할 수 있다. 이러한 핵심요소들을 추출하는 과정은 추상화과정인데 패턴인식의 과정에서도 자연스럽게 이루어진다. 또한, 패턴인식을 하는 과정에서 대상에 대한 문제분해과정이 자연스럽게 따라온다. 이렇게 컴퓨팅 사고는 우리가 학습을 하기 위한 편의상 문제분해, 패턴인식, 추상화, 알고리즘의 과정을 각각 독립적으로 배우지만, 실제로 하나의 문제를 해결하기 위해서는 동시에 일어나는 사고과정이기도 하고, 서로 순환적으로 왔다갔다하는 사고이기도 하다.

패턴인식의 필요성

패턴인식은 동일한 것이 반복되는 규칙성을 포함하여 유사성을 찾는 과정으로 확장될 수 있다. 유사성을 찾음으로써 하나의 대상이나 문제를 보다 명확하게 정의할 수 있다는 것은 핵심을 추출해 내는 "추상화"과정과도 직결된다. 일상생활에서 일어나는 문제에서의 패턴인식, 컴퓨팅 문제를 해결하기 위해 패턴을 인식하는 것은 문제해결에서 왜 필요할까?

고양이를 그리는 문제를 생각해 보자.

그림 3.3 다양한 고양이들

다양한 종의 고양이들을 섬세하게 관찰해보면 각각 다른 눈, 코, 귀, 털 등을 가지고 있다. 그러나 우리가 이것들을 고양이라고 인식할 수 있는 것은 바로 공통의 속성을 가지고 있기 때문이다. 여러 대상으로부터 공통점과 유사성을 추출하여 패턴을 발견하고, 패턴을 형성함으로써 얻는 이점이 바로 그 대상을 보다 명확하게 구분할 수 있다는 것이다. 즉, 패턴을 찾아서 핵심 요소들이 들어있다는 우리는 같은 대상으로 인식할 수 있다.

이러한 하나의 문제 안에서만 패턴을 인식하는 것이 중요한 것은 아니다. 패턴의 인식이 여러 대상 간, 혹은 여러 문제들 간의 유사한 부분까지를 포함하는 개념으로 생각할 때 더 많은 이점을 가진다. 문제 간에 공통적인 부분을 찾는다면, 그 이후에 나오는 유사한 문제들을 해결할 때에도 동일한 해결책을 사용할 수 있게 된다.

우리가 일상에서 쉽게 접하는 문제인 영화 예약시스템을 한번 생각해 보자. 영화를 예약하기 위해 영화 예약 애플리케이션을 사용한다고 가정해 보자. 내가 원하는 영화를 고른 후에 우리는 우리가 앉고 싶은 자리의 번호를 찾아서 지정을 한다. 이 때, 자리가 이미 차지하고 있지 않은 예약이 가능한 자리를 먼저 살펴본 후에 남은 자리 중에서 우리는 앉고싶은 자리를 예약할 수 있다.

이와 유사한 문제 상황을 떠올려 보자. 도서관에서 열람실 자리를 예약하려고 한다. 영화를 예약하려는 문제상황과 매우 유사한 패턴으로 우리는 도서관 자리를 예약한다는 것을 금세 알아차릴 수 있다.

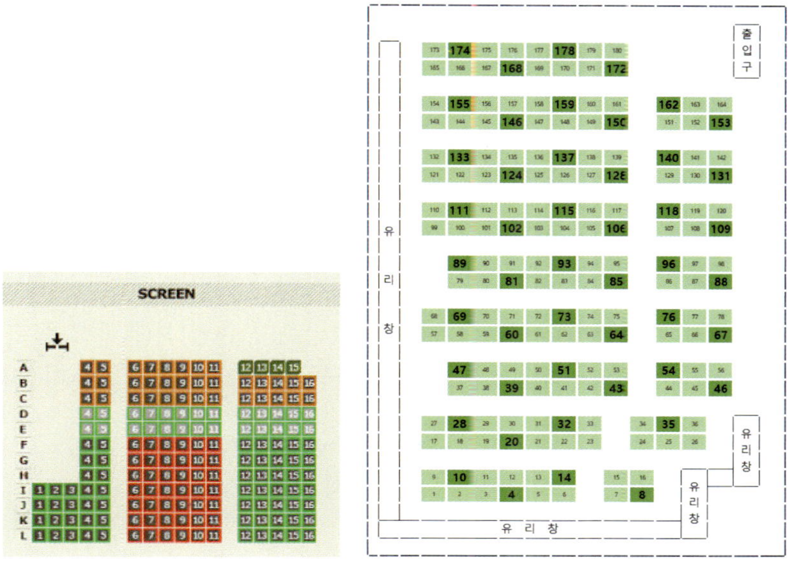

그림 3.4 영화 예약시스템

이렇게 유사한 문제해결의 패턴을 가진 문제들 간에는 해결책도 동일하게 만들어나갈 수 있다. 영화 자리 예약 시스템을 만드는 것과 도서관 열람실 예약 시스템을 만드는 것은 큰 프레임을 짜는데 있어 매우 유사한 형태로 데이터의 흐름을 제어할 수 있다고 하겠다. 물론 각 시스템을 개발하는 구체적인 단계에서는 각 문제에 따라서 다르게 프로그램 개발이 될 것이지만, 아이디어를 기획하는 단계에서는 두 문제는 유사하게 다루어질 수 있다.

이렇게 패턴을 인식하고 만들어 가는 것의 이점을 정리하면 다음과 같다. 하나의 문제 안에서 패턴을 찾는 것은 문제의 속성을 명확하게 하고, 그 다음에 나타날 것에 대한 예측을 명확하게 하는 이점이 있다. 서로 다른 부분 문제들 안에서, 또는 유사한 문제들을 해결할 패턴을 찾는 것은 하나의 해결책이 동일한 패턴이 나타날 때 유용하게 사용될 수 있다는 이점을 갖는다.

즉, 패턴을 찾는 것은

1. 대상을 명확하게 함으로써 작업을 간단하게 만든다.
2. 동일한 패턴에 동일한 해결책을 사용할 수 있게 한다.
3. 문제해결의 속도를 더 쉽게 빠르게 만들어 준다.

02 패턴인식의 적용

실생활에서의 패턴인식

우리가 일상생활에서의 어떤 문제 발견 차원에서 패턴이 중요하게 작용을 하려면 유사성의 발견 이런 것들도 중요하다. 어떤 문제를 해결할 때 문제 안에 내재된 패턴을 발견한다면 문제를 쉽게 해결할 수 있고 그다음에는 문제와 문제 사이에 어떤 비슷한 동일한 문제가 발생했을 경우에 동일한 해결책을 사용할 수 있다. 오늘날은 공유의 시대고 오픈 소스들도 많이 나오고 하는데, 이를 활용하여 내가 해결하고자 하는 문제의 패턴을 찾는다면 유사한 문제 해결을 쉽게 할 수 있다.

패턴을 인식하는 방식은 이미 우리가 많은 영역에서 사용하고 있다.

수학의 덧셈의 예를 들어보면, 1부터 100까지의 수를 더하는 문제를 생각해 보자. 이 문제를 푸는 방식은 다양할 것이다. 앞에서부터 수를 더해하는 방식이 가장 먼저 떠올릴 수 있는 방식이다.

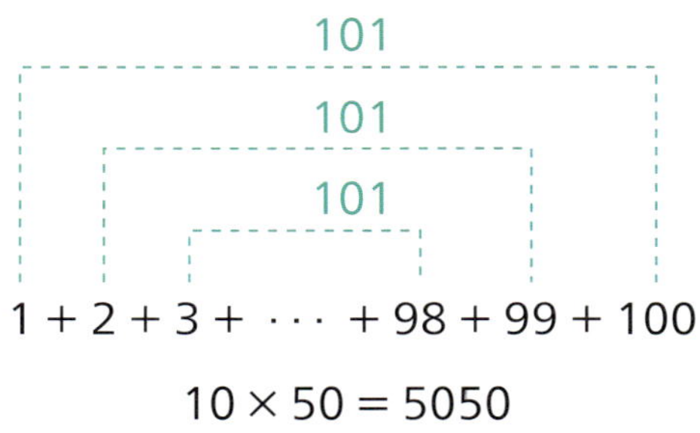

그림 3.5 수학의 덧셈

이 문제를 보다 효율적으로 계산하는 다른 방법은 뭐가 있을까? 바로 패턴을 찾아서 해결하는 것이다. 패턴을 찾기 위해서는 이 문제가 무엇으로 이루어져 있는가를 생각해야 한다. 그리고 각 속성을 살펴보아야 한다. 1부터 100까지의 수는 자연수로서 1씩 커진다는 패턴, 덧셈을 교환법칙이 성립된다는 패턴의 발견이 전제되어야 한다. 그렇게 찾은 패턴이 바로 "가우스의 덧셈"이다. 즉 처음 값인 1과 마지막 값인 100을 더하면 101이 되고, 2와 99를 더하면 101이 되는 것을 통해 패턴을 발견할 수 있다. 101이라는 세트가 몇 쌍이 존재하는지를 찾으면 쉽게 우리는 문제를 해결할 수 있다. 즉, 101개의 합이 50쌍이 존재하므로 101 곱하기 50은 5050이라는 것을 구해낼 수 있다. 이렇게 패턴을 발견해서 덧셈을 하면 어떤 점이 좋을까? 1부터 100까지 순차적으로 수를 더해간다면, 100번을 계산해야 할 것을 패턴을 발견하면 계산 횟수를 줄임으로써 빠르게 답을 구할 수 있다. 또한, 계산 실수를 줄이고 정확한 계산을 할 수 있다. 이것이 패턴을 발견할 때의 효율성이다. 효율적인 문제해결을 위해서는 규칙과 패턴을 찾아서 계산을 하면 문제를 해결하면 더 빨리 쉽게 계산할 수 있는 것이 바로 수학에서의 패턴의 활용이다.

이는 수학에서만 국한되는 것이 아니다. 수세기 동안 천문학자들은 행성의 움직임, 별의 움직임 등에서 패턴을 찾으려고 연구하고 있다. 지구의 자전과 공전은 그러한 패턴을 찾은 연구의 결과물이며, 이를 바탕으로 우리는 년,월,일과 같은 규칙을 만들어 생활하고 있다. 100% 정확한 달력을 만들기 위한 노력이 계속되어 오고 있다. 어느 달은 31일이, 어느 달은 30일로 이루어진 것도 패턴과 관련된다. 2월은 28일까지 있지만, 4년에 한번은 2월이 29일까지 있다. 왜 그럴까? 바로 1년을 지구가 태양을 공전하는 공전주기로 맞추기 위해서이다. 1년은 365일로 알려져 있지만, 실제는 365.256일로 365일보다 6시간 정도가 길다. 그래서 4년마다 1일을 더 추가함으로써 4년 단위로 패턴을 갖춰주는 것이다. 이는 우리의 삶과 직결되는 현상이다.

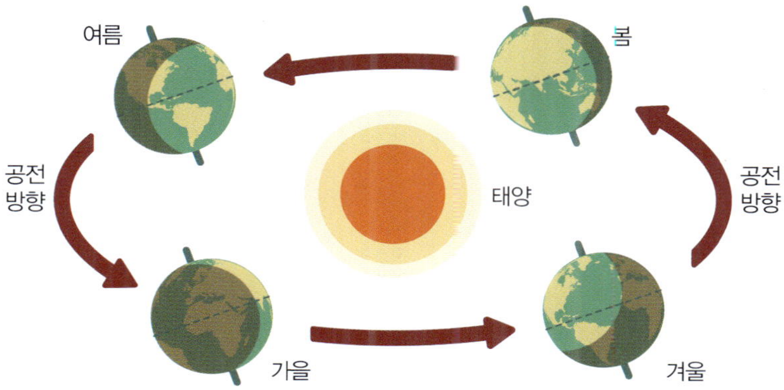

그림 3.6 지구의 자전과 공전

그 뿐 아니라 유전공학자가 어떤 질병의 원인을 찾기 위해서 하는 일은 패턴을 찾고, 패턴을 형성하는 것과 관련된다. 많은 양이 데이터를 수집하고, 분석하여, 어떤 질병에 대한 경향성 즉 패턴을 발견해 내는 것은 중요한 연구분야이다. 인류를 뒤흔든 COVID-19의 치료제를 만드는 문제를 해결하기 위해서는 많은 사례, 즉 데이터를 바탕으로 유사성을 발견하는 것은 기본이 된다. 우리가 하나의 질병을 진단받는 것도 많은 사례를 통한 경험 데이터들을 분석하여 패턴을 찾아내는 것과 관련된다고 하겠다.

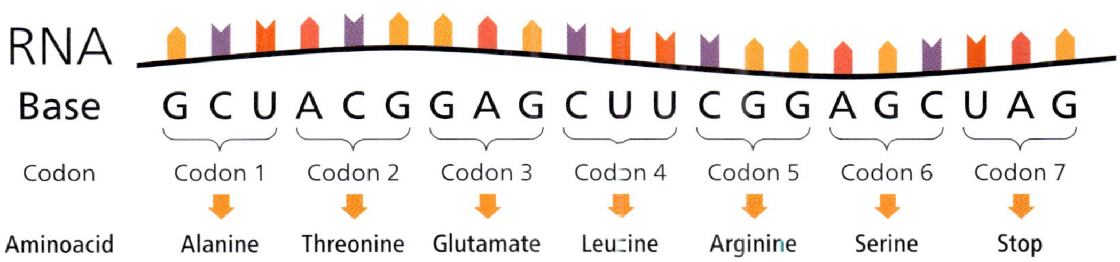

그림 3.7 유전공학에서의 패턴

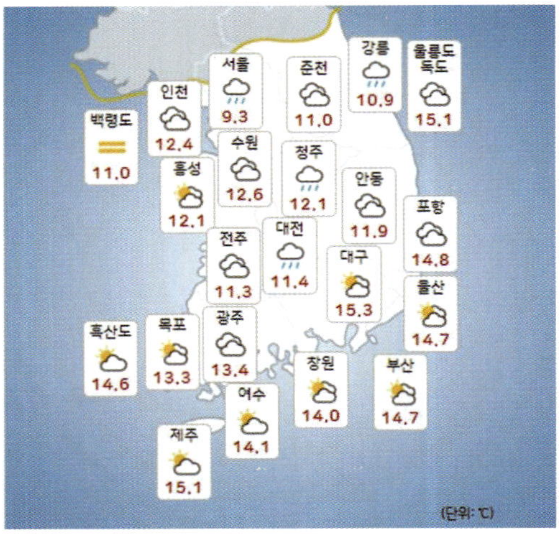

그림 3.8 날씨의 예측

통계학자가 하는 연구는 이러한 패턴을 발견하는 것과 밀접한 연관이 있다. 스포츠 경기, 날씨, 주식 시장 등의 결과를 예측하기 위해서는 많은 데이터를 조사하여 패턴을 분석하는 것을 기본으로 한다. 인류가 쌓아놓은 많은 양의 데이터를 바탕으로 패턴을 찾고 그 다음의 현상을 예상하고 추론하는 것이다. 오늘날의 인공지능 학습 역시 패턴을 발견하는 것과 밀접하다고 할 수 있다. 데이터들 사이의 관계를 규명하고 그것이 어떤 일정한 패턴을 가지고 있음을 발견하며 그 패턴을 수식으로서 구현해 낼 수 있다.

패턴을 인식하는 것은 우리가 생활하는 많은 영역에서, 많은 학문 영역에서 중요한 문제해결의 단서가 될 수 있다.

컴퓨팅에서의 패턴인식

우리의 일상생활에서 다양한 패턴을 찾아보고 자동화시켜 문제를 해결하기 유용한 아이디어를 발견한다면 이를 컴퓨팅으로 구현할 수 있다. 컴퓨팅에서의 패턴은 대표적으로 데이터에서 패턴을 찾는 것과 프로그래밍에서 반복구조과 함수로 표현될 수 있다.

데이터에서 패턴을 찾는 쉬는 사례로 우리가 손글씨로 숫자를 쓴 것을 컴퓨터가 인식하는 문제를 들 수 있다. 사람마다 필체가 다르다고 하듯이 손으로 쓰는 숫자는 조금씩 다른 모양으로 나타난다.

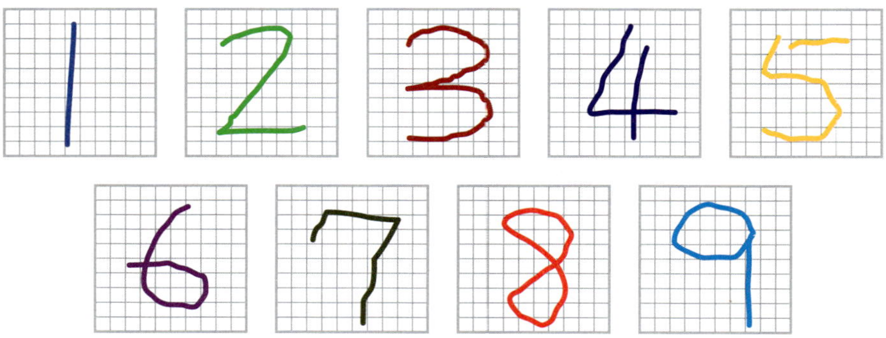

그림 3.9 사람의 필체

1을 쓴다고 하더라도 사람마다 길이와 각도 등이 다르게 나타난다. 이렇게 사람마다 손으로 쓴 다양한 모습의 숫자를 컴퓨터가 어떻게 1이라고 인식할 수 있을까? 1이라고 쓰인 많은 데이터에서 공통된 패턴을 찾아내서 1이라고 인식할 수 있다. 컴퓨터가 데이터를 인식하고 패턴을 찾아내는 방식을 간단하게 따라해 보자.

먼저 각 숫자가 그려진 화면을 픽셀로 나누어서 숫자가 그려진 부분은 1로, 아무것도 그려지지 않은 백지 부분은 0으로 나타낸다.

0	0	0	0	0	0	0	0	0	0
0	0	0	0	1	0	0	0	0	0
0	0	0	0	1	0	0	0	0	0
0	0	0	0	1	0	0	0	0	0
0	0	0	0	1	0	0	0	0	0
0	0	0	0	1	0	0	0	0	0
0	0	0	0	1	0	0	0	0	0
0	0	0	0	1	0	0	0	0	0
0	0	0	0	1	0	0	0	0	0
0	0	0	0	1	0	0	0	0	0

0	0	0	0	0	0	0	0	0	0
0	0	0	1	1	1	1	[illegible]	0	0
0	0	1	1	0	0	1	[illegible]	0	0
0	0	0	0	0	0	1	0	0	0
0	0	0	0	0	1	0	0	0	0
0	0	0	0	1	0	0	0	0	0
0	0	0	1	1	0	0	0	0	0
0	0	0	1	0	0	0	0	0	0
0	0	1	1	1	1	1	[illegible]	0	0
0	0	0	0	0	0	0	0	0	0

0	0	0	0	0	0	0	0	0	0
0	0	0	1	1	1	1	0	0	0
0	0	1	0	0	0	1	1	0	0
0	0	0	0	0	0	0	1	0	0
0	0	0	0	0	0	1	1	0	0
0	0	1	1	1	1	1	0	0	0
0	0	0	1	1	1	1	1	0	0
0	0	0	0	0	0	0	1	0	0
0	0	0	0	0	0	0	1	0	0
0	0	0	1	1	1	1	1	0	0

그림 3.10 이미지를 픽셀로 나누기

그리고 각 숫자가 그려진 것이 행별로 몇 번이 나타났는지를 기록해 본다. 예를 들어 1과 2의 횟수를 기록하면 다음과 같다.

0	0	0	0	0	0	0	0	0	0	**0**
0	0	0	0	1	0	0	0	0	0	**1**
0	0	0	0	1	0	0	0	0	0	**1**
0	0	0	0	1	0	0	0	0	0	**1**
0	0	0	0	1	0	0	0	0	0	**1**
0	0	0	0	1	0	0	0	0	0	**1**
0	0	0	0	1	0	0	0	0	0	**1**
0	0	0	0	1	0	0	0	0	0	**1**
0	0	0	0	1	0	0	0	0	0	**1**
0	0	0	0	1	0	0	0	0	0	**1**

횟수

0, 1, 1, 1, 1, 1, 1, 1, 1, 1

0	0	0	0	0	0	0	0	0	0	**0**
0	0	0	1	1	1	1	1	0	0	**5**
0	0	1	1	0	0	1	1	0	0	**4**
0	0	0	0	0	0	1	0	0	0	**1**
0	0	0	0	0	1	0	0	0	0	**1**
0	0	0	0	1	0	0	0	0	0	**1**
0	0	0	1	1	0	0	0	0	0	**2**
0	0	0	1	0	0	0	0	0	0	**1**
0	0	1	1	1	1	1	1	0	0	**6**
0	0	0	0	0	0	0	0	0	0	**0**

횟수

그림 3.11 행별로 표현된 횟수

이렇게 각 숫자마다 행별로 1이 표현된 횟수를 적어보면서, 각 숫자가 그려지는 특징을 찾을 수 있다. 이것이 바로 패턴의 발견이다. 즉, 정리하면 각 숫자들이 그려진 것을 0과 1로 이진화를 하고, 숫자별로 놓인 행별로 특징을 찾아서 패턴을 찾고, 패턴을 만들어주는 것이다. 이러한 데이터 인식에서 패턴을 찾는 것은 매우 중요한 일이다.

다음으로 프로그래밍에서 패턴이 어떻게 나타나는지를 반복구조와 함수를 통해 살펴보자. 사람들에게 반복적인 일은 지루하게 여겨지지만, 컴퓨터에서 반복적인 일은 동일한 명령어를 반복할 수 있어 효율적인 높일 수 있는 구조이다. 반복구조는 흔히 루프(Loop)라고 한다. 가장 단순한 반복구조는 정해진 횟수만큼 반복하는 것이다. 이것은 횟수 제어 루프라고 한다. 또 다른 유형의 루프는 특정한 이벤스(조건)이 발생할 때까지 계속반복되는 구조인데, 이것을 조건 제어 루프라고 한다. 마지막으로 끝없이 반복되는 무한루프도 있다.

다음과 같은 퍼즐게임 문제를 통해 반복과 함수의 개념을 이해해 보자.

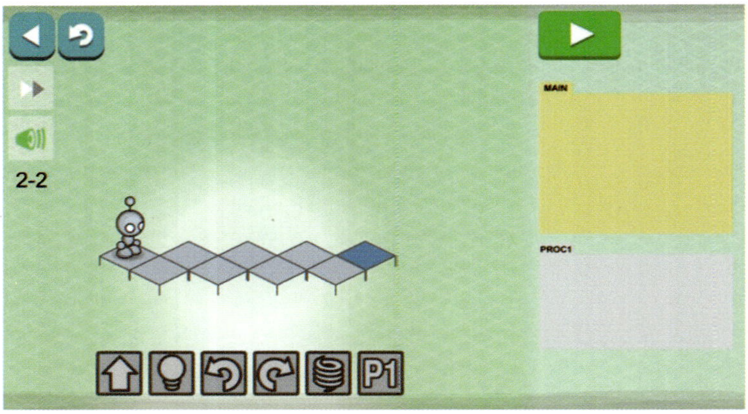

그림 3.12 라이트봇 미션

그림과 같이 퍼즐게임인 라이트봇(LightBot)에서 주어진 미션은 파란색으로 색칠된 곳까지 이동하고 불을 끄는 것이다. 먼저 이 문제를 해결하기 위해서는 문제를 분해하고 문제를 정의해야 한다. 그리고 패턴을 찾아주면 코드를 작성하기가 쉬워진다. 라이트봇은 앞으로 가기, 왼쪽돌기, 앞으로가기, 오른쪽가기를 하면 한번의 'ㄴ자 모양'으로 이동하고 처음의 방향대로 보게 된다. 이를 4번을 반복하면 목적지에 도착할 수 있다. 이렇게 같은 동작을 4번 반복하는 구조를 찾아내는 것이 바로 패턴을 인식하는 것이다. 이는 횟수 반복 루프에 해당한다. 이렇게 패턴을 찾으면 문제의 구조를 보다 한눈에 명확하게 파악할 수 있고, 만들어 놓은 코드(앞으로 가기, 왼쪽돌기, 앞으로가기, 오른쪽가기)를 사용하여 반복횟수만 지정해 주기 때문에 문제해결이 더 쉬워진다. 또한, 같은 형태의 길이 더 많이 놓이게 되더라도 반복횟수만 변경하면 되기 때문에, 쉽게 코드를 짤 수 있다.

이 문제에서 반복되는 코드는 하나로 묶어서 함수로 표현할 수 있다. 함수(function)란 하나의 특별한 목적의 작업을 수행하기 위해 독립적으로 설계된 코드의 집합으로 정의할 수 있다. 이 문제에서 코드의 묶음이 [앞으로 가기, 왼쪽돌기, 앞으로가기, 오른쪽가기]이므로, 이를 함수로(여기서는 P1) 표현한다면 동일한 결과를 더 간단한 코드로 나타낼 수 있다. 이렇게 함수를 사용하는 가장 큰 이유는 바로 반복적인 프로그래밍을 피할 수 있기 때문이다. 프로그램에서 특정 작업을 여러 번 반복해야 할 때는 해당 작업을 수행하는 함수를 작성하면 된다.

그리고서 프로그램이 필요할 때마다 작성한 함수를 호출하면 해당 작업을 반복해서 수행할 수 있다. 또한, 프로그램을 여러 개의 함수로 나누어 작성하면, 모듈화로 인해 전체적인 코드의 가독성이 좋아진다. 그리고 프로그램에 문제가 발생하거나 기능의 변경이 필요할 때에도 손쉽게 유지보수를 할 수 있다. 함수의 크기에 대해서 정확히 명시된 규칙은 없으나, 대략 하나의 기능을 하나의 함수로 만드는 것이 가장 좋다.

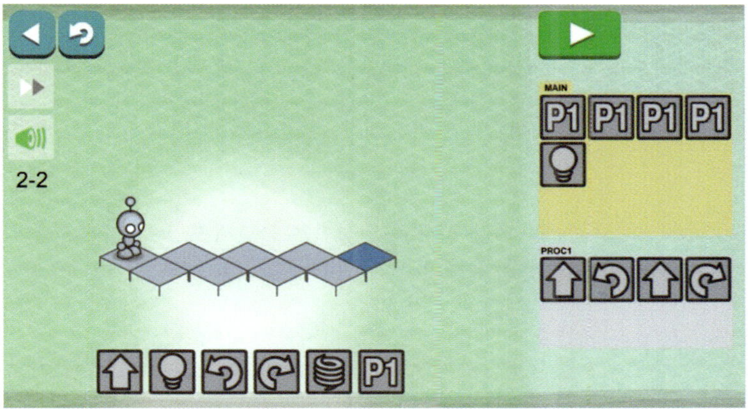

그림 3.13 반복되는 프로그래밍과 함수

이렇게 해결해야하는 문제를 분해하여 패턴을 발견하면, 문제해결이 쉽고 효율적이 된다. 해결해야하는 문제의 내부에서, 혹은 문제와 문제 사이에서 나타나는 유사성을 찾아서 비슷한 문제해결에 이전의 솔루션을 활용하는 것은 문제해결을 용이하게 한다. 특히 프로그램을 작성할 때 명령어들이 동일하게 반복되는지를 파악하여 반복구조나 함수구조로 표현한다면 문제해결이 쉬워진다.

요약

01 패턴인식과 추상화는 함께 나타나기도 하고 순서가 바뀌어 활용되기도 한다.

02 문제를 분해한 후에 문제의 패턴을 찾고, 패턴을 만들어 내는 것은 문제해결의 중요한 과정이다.

03 패턴(Pattern)이란 동일한 것이 반복되는 규칙성을 말한다. 패턴을 찾는다는 것은 하나의 문제 내에서 이루어질 수도 있고, 문제분해 된 부분 문제들 간에서도 이루어질 수 있다.

04 패턴인식은 동일한 것이 반복되는 규칙성을 포함하여 유사성을 찾는 과정으로 확장될 수 있다.

05 유사성을 찾음으로써 하나의 대상이나 문제를 보다 명확하게 정의할 수 있다는 것은 핵심을 추출해 내는 "추상화"과정과도 직결된다.

06 패턴을 찾는 것은 1) 대상을 명확하게 함으로써 작업을 간단하게 만든다 2) 동일한 패턴에 동일한 해결책을 사용할 수 있게 한다 3) 문제해결의 속도를 더 쉽게 빠르게 만들어 준다.

07 패턴을 인식하는 방식은 이미 우리가 많은 영역에서 사용하고 있다.

08 패턴을 인식하는 것은 우리가 생활하는 많은 영역에서, 많은 학문 영역에서 중요한 문제해결의 단서가 될 수 있다.

09 컴퓨팅에서의 패턴은 대표적으로 데이터에서 패턴을 찾는 것과 프로그래밍에서 반복구조과 함수로 표현될 수 있다.

10 반복구조는 흔히 루프(Loop)라고 하며, 횟수제어루프, 조건제어루프, 무한루프가 있다.

11 프로그램을 작성할 때 명령어들이 동일하게 반복되는지를 파악하여 반복구조나 함수구조로 표현한다면 문제해결이 쉬워진다.

04

추상화

학습목차

학습목표

- 컴퓨팅 사고의 구성요소인 추상화의 개념을 설명할 수 있다.
- 추상화를 실생활 및 컴퓨팅에 적용할 수 있다.

01 추상화 개념

추상화라는 용어는 미술의 한 가지 흐름으로 우리에게 친숙한 개념이다. 미술에서 추상화는 대상의 구체적인 형상을 나타낸 것이 아니라 점, 선, 면, 색과 같은 순수한 조형 요소로 표현한 미술의 한 표현방식이다. 이는 각 대상을 세밀하게 스케치하는 것이 아니라 핵심이 되는 요소들을 뽑아서 표현한다. 아래 그림의 칸딘스키의 작품 <구성 8>은 마음 속의 울림을 음악화 한 작품이다. 칸딘스키의 작품에서 뿐 아니라 추상화의 거장 피카소가 그린 <황소 연작>은 황소의 세밀한 그림표현에서부터 황소가 가진 가장 중요한 특징을 추출하여 마지막 작품에서는 간소한 선으로 표현했다.

그림 4.1 칸딘스ㅋ 의 '구성8'

"추상(抽象)"의 한자어를 살펴보면 뽑을 추와 코끼리 상으로 이루어져있다. 뽑은 추의 의미는 뽑다, 뽑아내다, 빼다, 없애다, 제거하나의 뜻이고, 코끼리 상은 코끼리, 상아, 꼴, 모양, 형상의 의미를 가진다. 즉, 추상이란 형상을 뽑아낸다는 의미로 실제로 존재하는 무엇에서 어떤 특징만을 뽑아내는 것이라고 할 수 있다. 추상화는 현실에서 출발하여 불필요한 부분을 도려내가면서 사물의 놀라운 본질을 드러나게 하는 과정이다.

물리학자 리처드 파인만은 "현상은 복잡하다. 그러나 법칙은 단순하다. 버릴 게 무엇인지 알아내라"라는 말을 하였다. 우리는 이미 복잡한 현상들을 단순화하여 일반화된 원리로 끌

어내고 있으며, 눈에 보이는 현상뿐만 아니라 눈에 보이지 않는 것들도 개념을 통해 추상화하고 있다.

추상화는 "일반성"의 원리를 가지는데, 어떤 대상의 일반성을 추출하여 간결하게 표현하는 것, 전체에서 핵심만을 뽑아서 전체를 표현하는 것이기 때문이다. 현실에 있는 많은 복잡한 대상, 현상, 문제들을 간결하게 표현하는 것은 다 추상화의 개념이 적용된 것이라고 할 수 있다.

예를 들어 "무게가 3톤, 세계에서 가장 큰 육상동물, 거대한 머리, 짧은 높은 두개골, 윗입술과 더불어 길게 자라 사람의 손과 같은 역할을 하는 근육질 코"를 가진 동물이 무엇인지 묻는다면, 우리는 무엇보다 "코가 길다"라는 통해 코끼리라는 답을 찾아낼 수 있다. 즉, 여러 정보들 중에서도 핵심이 되는 특징을 뽑아내서 우리는 보다 쉽게 문제를 해결할 수 있다. 이와 비슷하게 우리가 글을 쓸 때 문단을 요약하는 것, 개요를 작성하는 것, 시를 쓰는 것 등에도 추상화가 적용된다. 사물 뿐만 아니라 감정과 생각, 문제로부터 핵심을 뽑아 글, 그림, 음악, 수식, 프로그램 등으로 추상화할 수 있다.

추상화 기법

컴퓨팅에서 추상화는 컴퓨팅 사고의 다음 단계인 알고리즘 작성과 자동화(프로그래밍)을 위해서 매우 중요한 과정이다. 컴퓨팅에서 추상화는 지넷 윙이 컴퓨팅 사고의 두 축으로 설명한 큰 의미의 추상화와 좁은 의미의 추상화로 구분이 된다. 본 장에서는 컴퓨팅 사고의 단계를 문제분해, 패턴인식, 추상화, 알고리즘, 자동화의 5개 단계로 보고, 그 중에서 세 번째 구성요소인 추상화를 다루므로 좁은 의미의 추상화라고 볼 수 있다. 넓은 의미의 추상화는 문제를 이해하고 문제를 정의하며, 패턴을 인식하여 알고리즘을 짜기까지의 단계로 자동화 전의 프로그램 기획 단계 전반을 의미한다. 반면, 좁은 의미의 추상화는 패턴인식 다음에 핵심요소를 추출하여 단순하게 표현하는 것을 의미한다. 본 장에서 다루는 추상화는 좁은 의미로 다루어진다.

알고리즘을 작성하기 위해 논리적인 구조를 잡는 의미에서 추상화는 세 가지 정도로 나뉘어질 수 있다. 첫 번째는 '절차 추상화'로 프로그램의 대략적인 수행 흐름을 설계하는 것이다. 두 번째는 '데이터 추상화'로 변수, 리스트, 배열 등의 데이터 구조로 표현될 수 있도록 데이터를 설계하는 과정을 말한다. 세 번째는 '제어 추상화'로 특정 조건이나 규칙에 따른 분기(예/아니오)를 계획하고 설계하는 것이다. 이러한 세 가지 추상화는 하나의 프로그램을 작성할 때 모두 쓰일 수 있다.

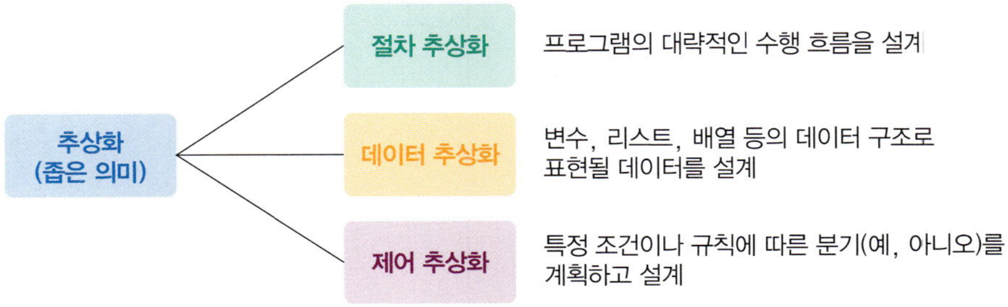

그림 4.2 세 가지 추상화 기법

예를 들어 남은 유통기한을 계산하는 간단한 프로그램을 만들다고 한다면, 사용자로부터 현재 날짜와 유통기한으로 표기된 날짜를 입력받을 때 사용하는 "날짜"라는 것을 어떤 형태로 입력할지는 '데이터 추상화'에 해당한다. 그 다음 현재 날짜와 유통기한의 차이를 계산하고, 그 차이가 0보다 크다면 사용가능을 알려주고, 차이가 0보다 작다면 사용불가능을 알려준다. 특정 조건을 정하여 프로그램을 설계하는 것이 '제어 추상화'에 해당한다. 이러한 전체 프로그램의 대략적인 수행 흐름을 설계하는 것은 '절차 추상'화에 해당하며, 이는 다음 장에서 다룰 알고리즘과 연결된다.

02 추상화의 적용

실생활에서의 추상화

추상화는 일반성에 기반한 간결한 표현으로 정의될 수 있다. 일반성을 추출하여 대상, 현장, 문제를 간결하게 표현하기 위해서는 전체에서 핵심만을 뽑는 것이 중요하다. 우리의 일상 생활에서 볼 수 있는 추상화를 적용한 것들을 찾아보자.

지하철 노선도는 대상을 간결하게 표현했다는 점에서 추상화의 대표적인 예로 꼽을 수있다. 실제 지하철이 지나가는 길을 사실적으로 표현하기 보다는 간결하게 나타내고자 하는 것만 표현한 것이 지하철 노선도이다. 달력은 시간이라는 추상적 개념에서 핵심을 뽑아서 간결하게 표현한 예라고 할 수 있다. 이는 눈에 보이지 않은 추상적 개념에서 일반화된 요소를 추출한 것이다. 또한, 교통표지판이나 요즘 많이 사용하는 아이콘 등도 추상화를 적용한 예로 볼 수 있으며 이는 픽토그램이다. 길을 찾기 위한 약도도 실생활에서 쉽게 볼 수 있는 추상화의 적용 사례이다.

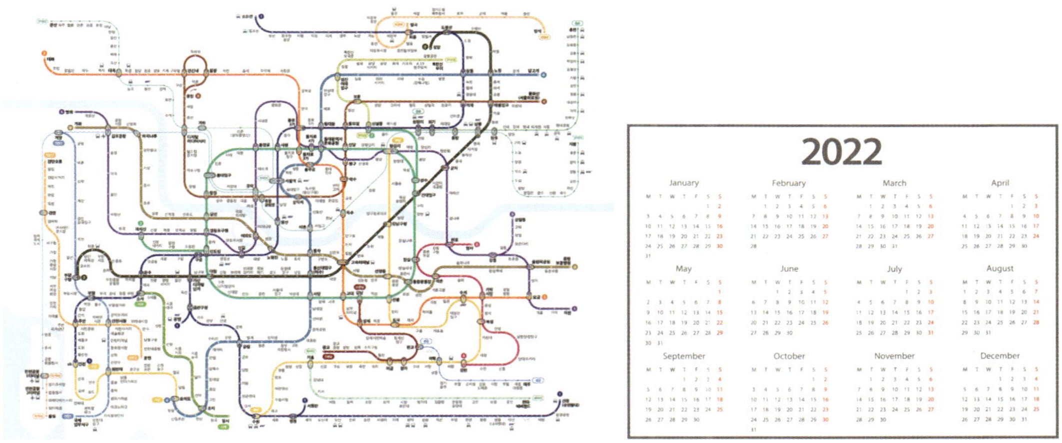

그림 4.3 실생활에서의 추상화

이러한 픽토그램(Pictogram)은 “그림”을 뜻하는 라틴어 pict(us)와 “전달”을 의미하는 영어 telegram이 결합된 용어로 의미하고자 하는 바를 그림으로 표시하여 의미를 전달하는 것을 말한다. 현대에는 불특정 다수의 사람들이 빠르고 쉽게 이해할 수 있도록 나타낸 문자이자 시각 디자인으로서 사용된다. 나라별로 같은 의미도 픽토그램으로는 다르게 나타날 수 있지만, 국제적으로 통일되어 사용되고 있는 것도 있다.

시뮬레이션은 실제 일상생활에서 볼 수 있는 물리적인 환경을 비슷하게 구현하는 것으로 실제에는 존재하지 않으나 실제 세계의 핵심요소만 추출하여 구현한 것이다. 시뮬레이션을 통해 비행조종훈련, 간호훈련, 화생방 훈련 등을 하기도 한다.

여러 학문 분야에서의 원리, 법칙 등은 모두 추상화의 사례이다. 자연 세계의 복잡한 사실들에서 규칙을 찾고 간결하게 만들어 내는 것이 바로 원리, 법칙이다. 수학에서의 수많은 공식들은 바로 자연세계의 규칙을 찾은 패턴인식을 통해 나타난 추상화의 결과이다. 수학에서의 수식 기호들도 상징과 추상성을 가진다. 화학의 원소 주기율표, 물리의 진자운동 등 우리가 하는 많은 법칙들이 바로 추상화된 산물인 것이다.

추상화 과정을 통해서 우리는 모델을 만들게 되는데, 모델은 컴퓨터 프로그램을 짤 때 뿐만 아니라 일상의 문제에서도 쉽게 찾을 수 있다. 손쉬운 예로 우리가 하는 요리 과정을 생각해 보자. 샌드위치를 만드는 과정을 예로 들어보자. 샌드위치를 만들기 위해서 우선 필요한 재료를 생각해 보면, 기본적으로 빵을 비롯해서 소스, 양상추, 햄, 오이, 치즈, 토마토 등의 토핑을 떠올릴 수 있다. 우리가 어떤 샌드위치를 단들 것인가 하는 것은 어떤 재료들을 어떤 순서로 놓을것인가 하는 문제이다. 이러한 재료를들을 얹는 순서를 생각해 보면 빵, 토핑, 소스, 빵 순으로 얹을 수 있다. 즉 이러한 샌드위치를 만드는 가장 기본이 되는 개념 틀이 바로 추상화 작업이라고 할 수 있다. 이러한 프레임 위해 구체적인 토핑의 개수를 조정하거나 소스의 종류를 바꿀 수도 있다.

빵
소스
토핑
빵

그림 4.4 음식의 추상화

즉, 추상화는 어떤 문제해결을 위해서 구체적인 사항들을 분석하여 패턴을 찾아줌으로써 핵심 개념들을 추출하는 것이다. 즉, 문제해결을 위한 일반적인 사항과 특수한 세부 사항 중에서 일반적인 사항을 찾아내서 기록하는 방식이다.

이러한 실생활에서 추상화는 컴퓨터 프로그램으로 자동화로 구현될 때 컴퓨팅 추상화가 된다. 샌드위치 모델을 만드는 것처럼 데이터 모델링은 여러 가지 현실 세계의 데이터를 가지고 어떤 추상화 과정을 통해서 컴퓨터 프로그램으로 구현할지에 대한 관심에서부터 출발한다. 이를 위해서는 논리적인 구조를 개발하고, 각 구성요소들의 개념 정의와 관계를 명확히 하여야 한다.

컴퓨팅에서의 추상화

컴퓨터 과학에서 추상화(abstraction)는 복잡한 자료, 모듈, 시스템 등으로부터 핵심적인 개념 또는 기능을 간추려 내는 것을 말한다. 컴퓨팅에서 추상화는 문제를 쉽게 해결하기 위하여 불필요한 세부사항을 제거하는 기법이다. 복잡한 시스템들의 구체적인 예로부터 공통적인 특징을 추려내서 일반적인 개념, 즉 모델을 만드는 것도 포함된다.

컴퓨팅에서 추상화의 개념을 살펴보면 컴퓨터 과학의 기초인 "이진법"을 들 수 있다. 이진법은 기계수준에서의 전기신호를 1과 0으로 추상화한 것이다. 세상의 현상들을 이진수로 간결하게 표현하는 것이다. 예를 들어 문이 열리면 1, 문이 닫히면 0으로 표현할 수 있다. 물론 이 때에는 문이 반쯤 열리거나, 거의 닫혀가는 것과 같은 0과 1사이의 정도를 표현하기는 어렵다. 그러나 사건을 단순화시켜서 명확하게 표현할 수 있다는 장점이 있다.

컴퓨터 과학에서 많은 데이터를 정리하는 자료 구조도 추상화에 해당한다. 예를 들어 여러 사람들의 관계를 나타내는 조직도, 인물망과 같은 것들은 나타내고자 하는 정보를 간결하게 표현하는데 컴퓨터 과학에서는 "그래프"로 그릴 수 있다. 컴퓨터 과학에서 그래프는 정점과 간선으로 구성된 한정된 자료구조를 말한다. 그래프는 다양한 분야에서 사용된다. 항공편의 표현, 소셜 네트워크에서 사용자 간의 관계를 표현하는 등에도 쓰일 수 있다.

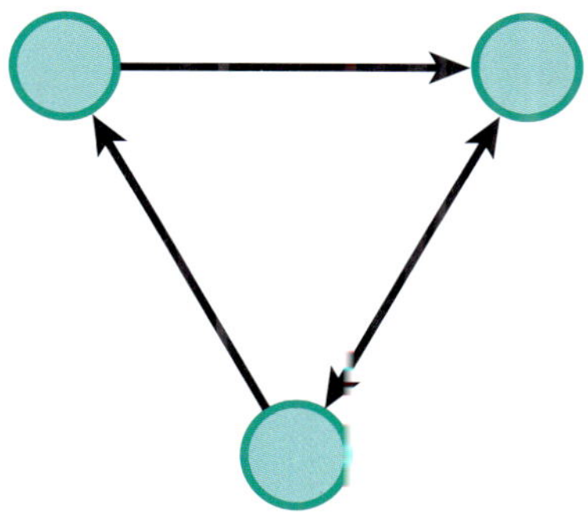

3개의 꼭짓점과 3개의 변으로
이루어진 그래프

그림 4.5 3개의 꼭짓점과 3개의 변으로 이루어진 그래프

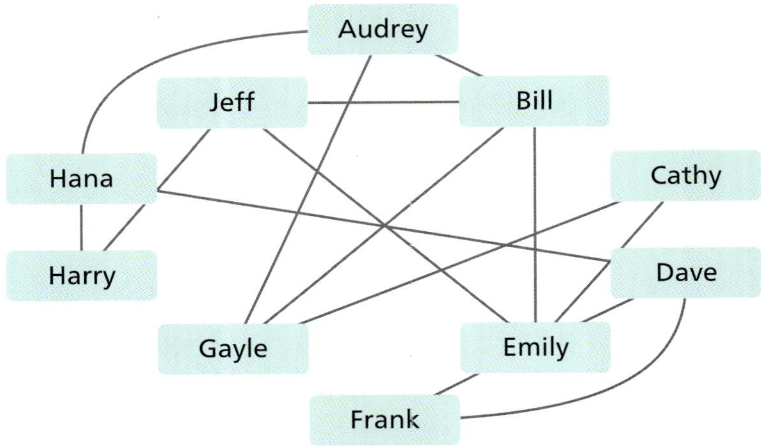

그림 4.6 소셜 네트워크에서 사용자간의 관계

소셜 네트워크에서 그림과 같이 두 사람의 이름을 연결한 선은 둘이 서로 알고 있음을 뜻하고, 두 이름 간에 선이 없다면 서로 모른다는 것을 의미한다. 서로 안다는 관계는 양방향성을 가진다. 서로 안다는 것은 양방향성을 가지므로 이 그래프에는 방향성은 없다. 이러한 그래프에서 서로 간에 친구를 소개받고 싶다면 가장 적은 변으로 이루어진 경로를 찾아낼 수 있는데 이것이 최단 경로(shortest path)가 된다. 이러한 그래프의 표현은 데이터를 표현하는 추상화라고 할 수 있다. 또한, 앞 장에서 살펴본 함수도 매개변수를 통하여 코드를 재사용하기 위한 추상화의 일종으로 볼 수 있다. 어떠한 데이터가 들어왔을 때, 함수(f)에 의해서 값이 처리되고 이것이 결과값으로 출력되는 알고리즘은 추상화 기법 중 하나이다.

추상화를 통해서 우리는 일반화된 생각인 "모델"을 만들 수 있다. 해결할 문제의 컴퓨팅 해결책을 효율적으로 만들기 위해서는 추상화 작업이 잘 이루어져야 한다. 모델은 일반적인 생각인데, 하나의 사물을 인식할 수 있는 핵심요소를 추출함으로써 만들어진다. 예를 들어 "컵"이라는 사물의 핵심을 나타낼 수 있는 요소를 찾아본다면, 처음에는 다양한 모양과 종류의 컵을 수집하여 볼 수 있다.

여러 자료들이 수집되었을 때, 각기 다른 컵들이 가지고 있는 일반적인 특징을 찾는다면 그 핵심요소가 바로 일반적인 모델이 될 수 있다. 이 과정은 앞 장에서 살펴본 패턴인식의 과정과도 밀접하게 관련이 된다. 우리가 하나의 대상이나 사물을 간결하게 그린 일러스트 그림을 통해서 사물의 이름을 인식할 수 있는 것은 바로 핵심 요소가 잘 추출이 되었기 때문이다. 최근 인공지능이 하나의 대상의 이름을 학습하는 방법도 이와 유사하다고 하겠다.

다음은 구글에서 개발한 퀵드로우(Quick Draw)라는 인공지능 체험 플랫폼인데, 바로 이 플랫폼에서 각 대상의 특징을 간단한 선으로 그림으로써 이전에 학습되어진 그림과 유사한 정도를 찾아 사물을 맞힐 수 있다. 이와 유사한 인공지능 플랫폼인 오토드로우(Autodraw)는 내가 그린 그림과 유사한 모델을 찾아 그림을 추천해 준다. 이러한 체험은 추상화의 개념을 머신러닝의 이미지 인식을 통해 쉽게 이해할 수 있었다.

그림 4.7 구글의 퀵드로우

이번에는 컴퓨터 프로그램과 관련한 추상화 예제를 생각해 보자. 최근에는 로봇이 기사문을 쓰는 경우들을 종종 볼 수 있다. 예를 들어 스포츠 경기에 대한 기사를 쓰는 로봇 기자가 있다면, 어떻게 로봇이 혹은 인공지능이 기사문을 쓸 수 있을까? 스포츠 경기에 대한 기사를 쓰기 위해서는 기사문의 핵심이 되는 요소들을 먼저 찾아야 한다. 이를 위해서는 먼저 기사문에 들어갈 수 있는 다양한 요소들을 찾는다.

스포츠 기사문이라면 대회이름, 승리팀, 점수, 경기장소, 감독이름, 감독나이, 심판, 후보선수, 경기시간, 연장시간, 관중, 점수를 처음 낸 사람 등과 같은 다양한 요소들을 생각해 볼 수 있다. 이러한 정보는 매번 모두 기록될 필요가 없으므로 여러 기사들 중에서 공통적으로 들어가는 핵심 정보를 찾는 것이 두 번째 과정이다.

그림 4.8 로봇 기자

핵심 요소로 경기가 열린 시간, 경기 장소, 대회이름, 승리팀, 진팀, 점수를 추출하였다면, 이러한 각 요소들을 이제 매 경기마다 채워넣으면 하나의 핵심기사문이 손쉽게 완성이 된다.

미국 LA 타임스가 개발했는데 진도 3.0 이상의 지진이 발생하면 지진보도에 대한 기사를 쓰는 로봇기자인 퀘이크봇(Quakebot)에게 필요한 핵심요소는 무엇이 될까? 바로 지진발생 위치, 지진발생시각, 지진의 강도가 될 것이다. 이처럼 핵심요소를 추출하는 것이 바로 컴퓨터 프로그램을 작성할 때에도 중요한 요소가 된다.

지진 발생 위치 | 지진 발생 시각 | 지진의 강도

그림 4.9 지진보도기사의 핵심요소

추상화는 불필요한 정보를 제거하여 상황을 단순하게 하는게 도움이 되는 문제해결방법이기 때문에 실제로 컴퓨터 프로그램 작성을 위한 기획과정에서 필수적이다. 예를 들어 두 도시를 연결하는 가장 좋은 버스 경로를 찾고싶다고 한다면, 무엇을 핵심요소로 추출해야 할까? 각 도시가 가지고 있는 여러 가지 정보들이 있지만 버스노선을 설계하기 위한 핵심이 무엇인지를 찾아야한다. 바로 버스를 타야할 장소, 승하차 할 시간, 버스 번호가 될 것이다. 각 도시가 가지고 있는 정보가 많이 있지만, 이러한 핵심요소는 어떤 버스노선이든지 설계에 필요한 기본 요소가 된다. 여기서 기억할 점은 우리가 만들려는 프로그램의 목적에 따라서 다른 핵심요소를 추출할 수 있다. 만약 관광버스를 만들고자 한다면 핵심요소는 다르게 추출될 것이다.

요약

01 추상이란 형상을 뽑아낸다는 의미로 실제로 존재하는 무엇에서 어떤 특징만을 뽑아내는 것이라고 할 수 있다. 추상화는 현실에서 출발하여 불필요한 부분을 도려내가면서 사물의 놀라운 본질을 드러나게 하는 과정이다.

02 사물 뿐만 아니라 감정과 생각, 문제로부터 핵심을 뽑아 글, 그림, 음악, 수식, 프로그램 등으로 추상화할 수 있다.

03 컴퓨팅에서 추상화는 컴퓨팅 사고의 다음 단계인 알고리즘 작성과 자동화(프로그래밍)을 위해서 매우 중요한 과정이다.

04 컴퓨팅에서 추상화는 지넷 윙이 컴퓨팅 사고의 두 축으로 설명한 큰 의미의 추상화와 좁은 의미의 추상화로 구분이 된다.

05 좁은 의미에서 알고리즘 작성의 전 단계로서 추상화는 절차 추상화, 데이터 추상화, 제어 추상화로 나뉠 수 있다.

06 추상화는 일반성에 기반한 간결한 표현으로 정의될 수 있다. 일반성을 추출하여 대상, 현장, 문제를 간결하게 표현하기 위해서는 전체에서 핵심만을 뽑는 것이 중요하다.

07 추상화 과정을 통해서 우리는 모델을 만들게 되는데, 모델은 컴퓨터 프로그램을 짤 때 뿐만 아니라 일상의 문제에서도 쉽게 찾을 수 있다.

08 컴퓨터 과학에서 추상화(abstraction)는 복잡한 자료, 모듈, 시스템 등으로부터 핵심적인 개념 또는 기능을 간추려 내는 것을 말한다.

09 컴퓨팅에서 추상화의 개념을 살펴보면 컴퓨터 과학의 기초인 "이진법"을 들 수 있다.

10 컴퓨터 과학에서 많은 데이터를 정리하는 자료 구조도 추상화에 해당한다.

11 해결할 문제의 컴퓨팅 해결책을 효율적으로 만들기 위해서는 추상화 작업을 통해 모델을 만들 수 있다.

12 추상화는 불필요한 정보를 제거하여 상황을 단순하기 하는게 도움이 되는 문제해결방법이기 때문에 실제로 컴퓨터 프로그램 작성을 위한 기획과정에서 필수적이다.

05

알고리즘

학습목차

학습목표

- 컴퓨팅 사고의 구성요소인 알고리즘의 개념을 설명할 수 있다.
- 컴퓨팅 사고에서 알고리즘을 어떻게 표현하는지 이해할 수 있다.
- 컴퓨팅 사고에서 알고리즘의 구조에는 어떤 것이 있는지 설명할 수 있다.

01 알고리즘의 개념

우리는 어떤 문제가 발생되면 이를 해결하기 위해 우리의 뇌는 자연스럽게 컴퓨팅 사고를 하게 된다. 앞에서 살펴본 바와 같이 문제를 해결가능한 작은 단위로 분해해 볼 것이고, 분해한 문제를 살펴보면서 동일하게 반복되는 패턴을 인식하게 될 것이다, 또한 불필요한 요소는 버리고 필요한 요소들만 추출하여 이들 간의 관계를 단순화하여 추상화 하게 된다. 이를 바탕으로 문제를 해결하는데 가장 효과적인 절차나 방법을 결정하게 될 것이다. 이 때 문제해결을 위한 단계적인 절차 또는 방법을 우리는 '알고리즘'이라고 한다. 즉, 문제를 해결하기 위한 절차나 방법이 곧 알고리즘인 것이다.

알고리즘이라는 단어는 페르시아 수학자인 Al-Khwarizmi의 이름과 숫자를 의미하는 그리스 단어 arithmos에서 유래되었다고 알려져 있다.

그림 5.1 페르시아 수학자 Al-Khwarizmi

알고리즘은 우리 생활 속 곳곳에 자리잡고 있다. TV에서 나오는 프렌치 토스트를 만들어보기로 했다고 가정해보자. 아마 제일 먼저 휴대폰에서 레시피를 검색할 것이다. 레시피를 검색하면 조리하는 순서가 나올 것이라고 예상하기 때문이다. 이때 등장한 용어인 조리 순서가 바로 알고리즘이라고 할 수 있다.

프렌치 토스트를 만들기 위한 레시피를 검색해보면 모두 동일하지 않다. 저마다의 요리 방법이나 순서가 다른 것을 확인할 수 있을 것다. 조금 전에 레시피가 알고리즘이라고 설명했으므로 대입해보면, 프렌치 토스트를 완성하기(목표 상황)위한 레시피(알고리즘)는 다양하다고 할 수 있다. 즉, 동일한 목표일지라도 다양한 알고리즘이 생성될 수 있는 것이다.

1. 식빵을 대각선으로 잘라 주세요.

2. 계란, 우유, 설탕을 넣고 잘 저어주세요.

3. 식빵을 계란물에 적셔주세요.

4. 팬에 버터를 녹인후 적신 식빵을 앞뒤로 노릇하게 구워주세요.

5. 마무리로 설탕을 솔솔 뿌려주시면 완성됩니다.

그림 5.2 프렌치 토스트 레시피토 알아보는 알고리즘

다른 예를 들어보면 간단하게 라면을 끓이더라도 사람마다 조리 순서가 다르다는 것에서도 쉽게 살펴볼 수 있다.

1. 물 끓이기 → 끓는 물에 면과 스프, 후레이크를 동시에 넣기 → 끓이기
2. 물에 후레이크 넣기 → 끓이기 → 끓는 물에 스프 넣기 → 끓이기 → 면 넣기
3. 물에 후레이크, 스프를 넣고 끓이기 → 끓는 물에 면을 넣기 → 끓이기
4. 물에 후레이크 넣기 → 끓이기 → 끓는 물에 스프 넣기 → 끓이기 → 별도로 삶은 면을 그릇에 넣어두기 → 그릇에 끓는 국물 따르기

지금 나열한 것만해도 4가지이다. 아마도 더 기발한 절차나 방법이 있을 것이다. 이처럼 문제를 해결하기 위한 방법은 누가 생각하느냐에 따라 효과적이라고 생각하는 것이 제각각 다 다르기 때문에 동일한 문제를 해결하기 위한 알고리즘은 다양할 수 밖에 없다.

좋은 알고리즘의 특징을 살펴보면 먼저, 입력과 출력이 있어야 한다. 입력과 출력이 존재해야 하며 명확한 명령어와 단계를 거쳐야 한다. 명령어가 실행된 이후에는 반드시 종료(stop)되어야 하며 알고리즘은 반드시 실행될 수 있어야 한다.

02 알고리즘의 표현

알고리즘을 표현하는 대표적인 방법에는 자연어, 순서도, 의사코드가 있다. 컴퓨터 프로그래밍을 하기 위한 코드는 자동화로 분류하기도 하지만 알고리즘을 표현하는 방법으로 포함하는 경우도 있다.

첫째, 자연어는 말그대로 일의 절차나 방법을 우리가 사용하는 언어로 작성하는 것을 말한다. 음식점을 들어가서 "화장실은 어느 쪽에 있나요?"라고 묻는 다면 그림 5.3과 같이 "화장실은(손을 왼쪽으로 가르키며) 저쪽으로 끝까지 걸어가시면 왼쪽에 있어요"라고 말할 수 있다. 이는 저 쪽 끝까지 걸어가기 – 화장실 푯말이 보이면 왼쪽으로 돌아보기 등의 절차를 우리가 사용하는 언어 그대로 표현한 것이다. 표현이 보다 쉽기 때문에 프로그래밍을 처음 배우는 학습자가 자신이 생각한 일의 절차나 방법을 쉽게 작성할 수 있지만 자연어로 된 알고리즘은 개발자의 입장에서는 어려움이 있을 수 있다. 왜냐하면 자연어가 가지는 함축성과 모호성으로 인해 어떠한 명령어를 사용해야 하는지 명확하지 않을 수 있기 때문이다.

그림 5.3 자연어의 예

둘째, 순서도(flow chart)는 문제를 해결하기 위한 단계적인 절차나 방법을 도형으로 표현한 것이다. 정해진 기호를 사용하여 명령하고 화살표로 연결하여 단계적인 순서를 나타낸다. 순서도에서 가장 많이 사용되는 도형이나 기호는 표 5.1과 같다.

표 5.1 순서도에서 많이 사용되는 도형/기호

기호	기능	기호	기능
	**터미널** 순서도의 시작과 끝을 표시		**처리** 각종 연산, 데이터 이동 등을 처리
	**판단** 여러 가지 경로 중 하나의 경로 선택을 표시		**입·출력** 데이터의 입력 및 출력 표시
	**흐름선** 처리간의 연결 기능을 표시	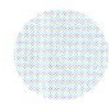	**연결자** 흐름이 다른 곳과 연결되는 입출구를 나타냄
	**서류** 서류를 매체로 하는 입출력 표시		**준비** 기억장소, 초기값 등 작업의 준비 과정을 나타냄
	**수동입력** 콘솔에 의한 입력		**천공카드** 천공카드의 입출력

그림 5.4는 표 5.1의 순서도 기호를 사용하여 알고리즘을 표현한 것이다.

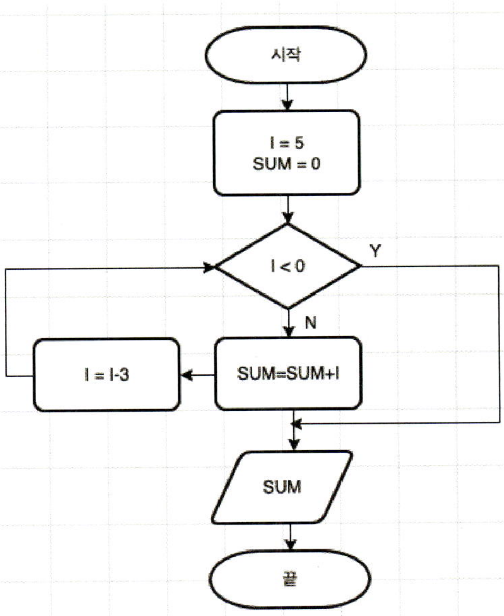

타원은 시작을 나타낸다.

사각형은 처리를 나타내며 특별한 명령이 아닌 경우 사각형을 대부분 사용한다.

마름모꼴은 yes와 no로 선택을 하는 상황을 나타낸다.

사다리꼴은 입력을 받거나 출력을 할 때 사용한다.

프린트를 하는 경우에는 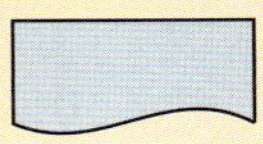 을 사용하기도 한다.

그림 5.4 순서도 사용의 예

Activity 위의 순서도를 보고 최종적으로 출력되는 sum이 어떤 값인지 적어보자.

셋째, pseudocode(의사코드)는 명령어를 한글이나 영어로 한 줄씩 작성하는 것이다. 자연어보다는 더 체계적이지만 순서도보다는 덜 엄격한 체계라고 할 수 있다. 즉, 자연어와 순서도의 중간이라고 할 수 있다. 일반적으로 의사코드를 작성할 때에는 if, else, while과 같은 명령어를 사용하는 경우가 많기 때문에 프로그래밍 언어에 대한 문법을 이해해야만 작성하기 쉽다는 어려움이 있다. 따라서, 초보자가 갑자기 작성하기에는 어려움이 있다.

```
I ← 5
sum ← 0
while I가 0보다 작을 때까지
    sum=sum + I
    I=I-3
    if I<0
        yes print(sum)
        반복문 stop
```

그림 5.5 의사코드의 예

간단한 알고리즘은 순서도로 표현하는 것이 개발자의 입장에서는 한 눈에 볼 수 있어 좋지만 복잡한 알고리즘은 순서도로 표현하는 것이 번거로울 수 있다. 이 때에는 문법적인 제약이 없는 의사코드(pseudocode)를 사용하는 것이 좋다. 코드와 유사하다는 의미로 인해 pseudocode를 의사코드 또는 유사코드라고 한다.

지금까지 알고리즘을 표현하는 자연어, 순서도, 의사코드를 살펴보았다. 그림 5.6은 세금을 포함하여 물건값을 계산하는 시스템을 개발하기 위한 알고리즘을 지금까지 배운 자연어, 순서도, 의사코드로 표현한 예이다.

1. 물건값 입력하기
2. 세금 할인율 입력하기
3. 판매세 계산식 제시하기
4. 총합 계산식 제시하기
5. 총합 결과 출력하기

자연어

```
1. price ← 물건값입력
2. tax_rate← 세금 할인율 입력
3. tax = price * tax_rate
4. final_price = price + tax
5. print(final_price)
```

의사코드

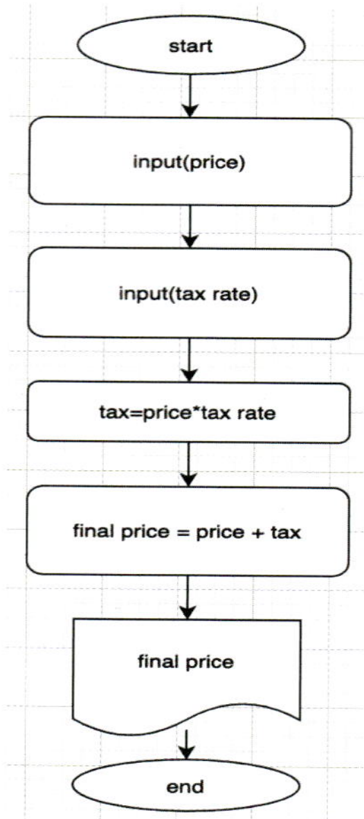

순서도

그림 5.6 세금을 포함한 물건값을 계산하는 시스템을 자연어, 의사코드, 순서도로 표현한 예

03 알고리즘의 구조(제어구조)

알고리즘을 작성할 때 기본적으로 사용되는 제어구조는 순차구조, 선택구조, 반복구조의 3가지가 있다.

순차구조(sequence): 명령들이 순차적으로 실행되는 구조임
선택구조(selection): 둘 중 하나(yes or no)의 명령을 선택하여 실행하는 구조임
반복구조(iteration): 동일한 명령이 반복되어 실행되는 구조임

순차구조(sequence)는 가장 기본적인 제어구조이다. 알고리즘이 단계적인 절차를 나타내는 것이므로 알고리즘을 작성한다는 것은 기본적으로 순차구조를 작성하는 것이 베이스이다. 순차구조는 순서대로 실행되는 것이며 순서도에서는 화살표로 흐름을 나타낸다. 그림 5.7과 같이 도로를 보면 마치 일방통행과 직진만 하는 도로와 같다고 할 수 있다.

그림 5.7 순차구조와 비슷한 일방통행도로, 그리고 순서도에서의 순차구조

선택구조(selection)는 yes 또는 no 중에 하나를 선택하여 실행하는 것으로서 순서도에서는 마름모꼴(다이아몬드형)의 도형을 사용하고 Y와 N을 표현한다. 도로로 보면 교차로와 같이 여러 가지 길 중 하나를 선택하는 상황과 같다고 할 수 있다. 일반적인 텍스트 기반의 언어에서는 if-else라는 명령어를 사용한다.

일상생활에서는 우리는 끊임없이 선택을 하고 있다. 여러분은 중학교 3학년 때 고등학교를 선택할 일이 있었을 것이며, 고등학교 3학년 때 대학을 갈지 아닐지를 선택했을 것이며 대학을 간다면 어떤 대학을 가야할지, 또는 어떤 전공을 선택해야 할지를 고민했을 것이다. 또한 대학을 졸업할 때에는 대학원을 진학할지, 취업을 할지, 창업을 할지를 놓고 고민을 하게 될 것이다. 이와 같이 중요한 진로 선택과 관련된 것도 있지만 일상에서도 우리의 삶은 계속적인 선택의 연속이다. 버스정류장에서 버스를 탈 때 내가 8번 버스를 기다리는데 8번 버스가 오면 타는 것이고 도착한 버스가 8번이 아니면 타지 않는다. 또한 여름에 너무 더우면 에어컨을 켜고 그렇지 않으면 에어컨을 켜지 않는다. 또한 에어컨을 켜고 있다가 너무 추우면 에어컨을 끌 수도 있다.

우리의 생활 속에서는 yes or no 만 존재하는 것이 아니라 여러 가지 선택지가 있는 것처럼 보이지만 자세히 들여다보면, A대학교를 놓고 yes or no 중 하나를 선택한 것이고 no를 선택했다면 다시 B 대학교를 놓고 yes or no 중 하나를 선택해 나간 것이다. 즉, 여러 가지 경우의 수가 있지만 결국은 하나의 선택지를 놓고는 yes or no 둘 중 하나를 선택하면서 최적의 선택지를 찾아간 것이다.

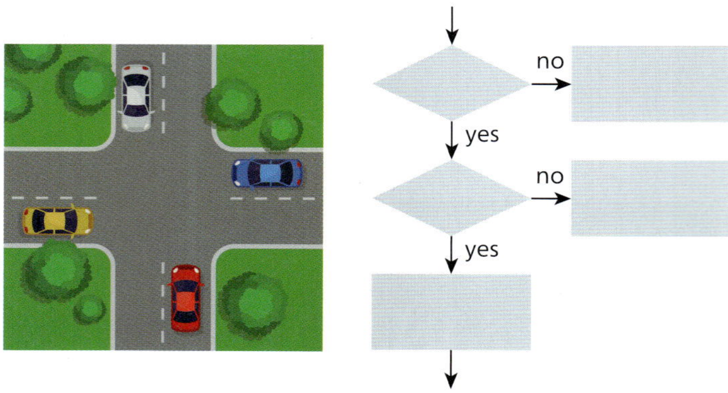

그림 5.8 선택구조와 비슷한 교차로 그리고 순서도에서의 선택구조

Activity

선택구조를 나타내는 교차로에서 운전자는 직진, 우회전, 좌회전을 선택할 수 있다. 파랑색 자동차의 운전자가 좌회전을 선택하기 까지의 알고리즘을 직진, 우회전, 좌회전을 모두 이용하여 표현할 수 있다. 이 때 자연어, 순서도, 의사코드 중 하나를 선택하여 표현해보자.

반복구조(iteration)는 동일한 명령이 반복되는 것을 나타내기 때문에 같은 명령이 계속 반복되는지를 확인하고 이 구조를 사용하면 된다. 순서도에서는 반복이 다시 시작되는 시작점에 화살표를 위치시켜 표현하며 텍스트 기반의 프로그래밍 언어에서는 while이나 for를 사용한다. 그림 5.9와 같이 계속 회전하는 민속놀이 강강술래나 놀이기구 디스코팡팡과 같은 것은 반복구조를 활용한 사례라고 할 수 있다.

그림 5.9 계속회전하는 반복구조 강강술래와 디스코팡팡 놀이기구

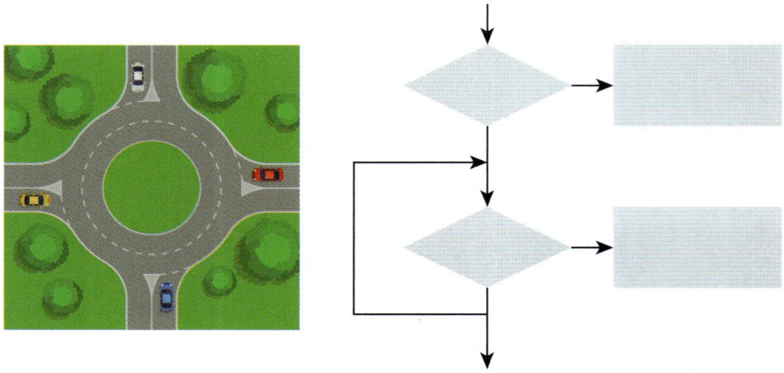

그림 5.10 반복구조와 비슷한 모양을 가지고 있는 회전 교차로 그리고 순서도에서의 반복구조

Activity

다음 순서도를 보고 지금까지 배운 순차구조, 선택구조, 반복구조 중 어떤 구조가 사용되었는지 생각해보자. 그리고 사용된 구조를 순서도에서 골라 각각 설명해보자.

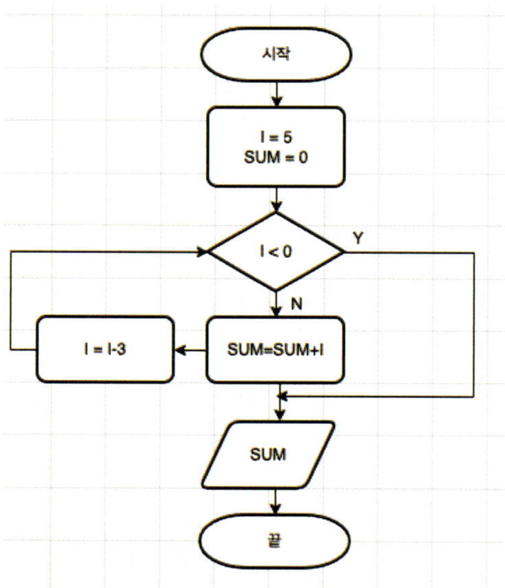

Activity

학교 정문 또는 후문을 통과해서 강의실까지 오는 과정을 알고리즘으로 작성해보자.

정문

또는

후문

강의실

참고

자연어, 의사코드, 순서도 무엇이든 상관없지만 될 수 있는대로 자연어로 작성해보면 어떨까? 또한, 알고리즘을 생각하면서 앞에서 배운 문제분해, 패턴인식, 추상화의 과정대로 사고하는 연습을 해보자.

Activity

학교 굿즈를 판매하는 무인판매기를 상상해보자. 무인판매기에서 내가 원하는 굿즈인 그립톡을 구매하는 과정을 알고리즘으로 작성해보자.

참고

자연어, 의사코드, 순서도 무엇이든 상관없지만 될 수 있는대로 의사코드로 작성해보면 어떨까? 또한, 알고리즘을 생각하면서 앞에서 배운 문제분해, 패턴인식, 추상화의 과정대로 사고하는 연습을 해보자.

Activity

카페에서 친구와 함께 음료를 주문하고 계산을 하려고 한다. 우리가 주문한 총 2개의 음료 값을 어떻게 계산해서 제시하는지 생각해보고 이를 알고리즘으로 작성해보자.

참고

자연어, 의사코드, 순서도 무엇이든 상관없지만 될 수 있는대로 순서도로 작성해보면 어떨까? 순서도는 https://www.draw.io에서 작성하면 보다 편리하게 작성할 수 있다. 또한, 알고리즘을 생각하면서 앞에서 배운 문제분해, 패턴인식, 추상화의 과정대로 사고하는 연습을 해보자.

요약

01 우리는 문제를 해결하기 위한 컴퓨팅 사고의 마지막 과정으로서 문제를 해결하는데 가장 효과적인 절차나 방법을 결정 하게 된다.이 때 결정한 문제 해결을 위한 단계적인 절차 또는 방법을 알고리즘이라고 한다.

02 좋은 알고리즘의 특징으로는 입력과 출력이 존재해야 하며 명확한 명령어와 단계를 거쳐야 한다.명령어가 실행된 이 후에는 반드시 종료되어야 하고 알고리즘은 반드시 실행될 수 있어야 한다.

03 알고리즘을 표현하는 대표적인 방법에는 자연어, 순서도, 의사코드가 있다.

04 컴퓨터 프로그래밍을 하기 위한 코드는 자동화로 분류하기도 하지만 알고리즘을 표현하는 방법으로 포함하는 경우도 있다.

05 자연어는 말그대로 일의 절차나 방법을 우리가 사용하는 언어로 작성하는 것을 말한다.

06 자연어로 알고리즘을 표현하는 것은 입문자에게는 보다 쉬운 방법이 될 수 있지만 개발자의 입장에서는 어려움을 느낄 수 있다.자연어가 가지는 함축성과 모호성으로 인해 명확하지 않을 수 있기 때문이다.

07 순서도는 문제를 해결하기 위한 단계적인 절차나 방법을 도형으로 표현한 것이다.

08 순서도는 정해진 기호를 사용하며 화살표로 연결하여 단계적인 순서를 나타낸다.

09 의사코드는 명령어를 한글이나 영어로 한 줄씩 작성하는 것으로서 코드와 유사하다는 의미를 가진다.

10 간단한 알고리즘은 순서도로 표현하는 것이 개발자의 입장 에서는 한 눈에 볼 수 있어 좋지만 복잡한 알고리즘은 순서 도로 표현하는 것이 번거로울 수 있다.이 때에는 문법적인 제약이 없는 의사코드 (pseudocode)를 사용하는 것이 좋다.

11 알고리즘을 작성할 때 기본적으로 사용되는 제어구조는 순차구조, 선택구조, 반복구조의 3가지가 있다.

12 순차구조는 명령들이 순차적으로 실행되는 구조이며 알고리즘을 작성한다는 것은 필수적으로 순차구조를 포함한다고 할 수 있다.

13 선택구조는 둘 중 하나 (yes or no)의 명령을 선택하여 실행하는 구조이다.

14 반복구조는 동일한 명령이 반복되어 실행되는 구조이다.

15 문제분해, 패턴인식, 추상화, 알고리즘까지 컴퓨팅 사고로 문제를 해결하기 위한 사고 과정을 거쳤다면 이를 자동화하기 위해서는 스크래치, 파이썬과 같은 프로그래밍 언어를 사용해서 코딩을 하게 된다.

02

자동화

CHAPTER

06

스크래치와 파이썬

학습목차

학습목표

- 스크래치 프로그래밍 언어가 무엇이며 현재 널리 사용되고 있는 이유를 설명할 수 있다.
- 스크래치를 3.0을 온라인/오프라인 에디터로 설치하고 각 기능을 설명할 수 있다.
- 파이썬 프로그래밍 언어가 무엇이며 현재 널리 사용되고 있는 이유를 설명할 수 있다.
- Google Colab 환경을 사용할 수 있다.
- Anaconda를 설치하고 Jupyter Notebook을 실행하고 사용할 수 있다.
- 각 개발 환경에서 파이썬 패키지를 설치해서 파이썬의 기능을 확장할 수 있다.

Introduction to **Computational Thinking**

01 스크래치 프로그래밍 언어

스크래치 프로그래밍 언어의 특징

프로그래밍은 학습자에게 즉각적인 피드백을 줄 수 있기 때문에 문법에 따른 엄격하고 정확한 표현을 요구한다. 목표를 정해서 가설을 세우고 검증할 수 있는 환경을 제공하여 과제 수행을 위한 방법을 찾아가면서 논리적인 사고력을 기를 수 있다. 따라서 초등학교에서부터 프로그래밍을 배우는 기회를 제공하는 것은 매우 중요한 일이다. 그러나 일반 프로그래밍 언어는 문법이 엄격하여 처음 프로그래밍을 접하는 초보자에게는 어렵다. 이런 문제를 해결하기 위해서 교육용으로 만들어진 프로그래밍 언어가 있다.

교육용 프로그래밍 언어(EPL: Educational Programming Language)는 현실 세계에서 활용되는 응용 프로그램을 작성하기 위한 언어가 아니라 프로그래밍을 가르치고 배우기 위한 학습 도구로서 설계된 프로그래밍 언어이다. 교육용 언어라고 해서 명확하게 정해진 범위나 틀이 있는 것은 아니다. 일반 프로그래밍 언어를 사용한다고 문제가 되는 것도 아니다. 다만, 언어의 개발 목적인 교육용인지 소프트웨어 제작인지에 따라 교육용 프로그래밍 언어를 구분할 수 있다.

즉, 교육용 프로그래밍 언어는 학생들이 프로그래밍을 접하는데 있어서 쉽게 접근하고 배울 수 있도록 고안된 언어로, 알고리즘적인 사고와 문제해결력을 키우기 위한 학습용의 목적을 가진다. 따라서 프로그래밍 언어 자체가 학습자가 이해하기 쉽고 습득 시간이 짧으며, 단계적이고 즉각적인 피드백을 제공함으로써 교육현장에서 효과적인 프로그래밍을 가능하게 해준다.

이러한 교육용 프로그래밍 언어를 통해 얻을 수 있는 장점은

1. 기본적인 알고리즘을 이해할 수 있어 어떤 사건을 해결하는 데 알고리즘을 통해 사고하고, 더욱 쉽게 해결할 수 있는 능력을 키준다.
2. 프로그래밍 언어는 각 언어끼리 영향을 주고 받아 문법이 비슷한 경우가 많다. 따라서 교육용 프로그래밍 언어를 통한 경험은 일반 프로그래밍 언어를 접할 때에도 영향을 미치며, 더 쉽게 프로그래밍 언어를 습득할 수 있도록 도와준다.

그림 6.1 스크래치 고양이

대표적인 교육용 프로그램 언어인 스크래치(Scratch)는 2007년 MIT Media Lab의 Lifelong Kindergarten Group에서 미국 국립과학재단, 마이크로소프트, 인텔, 맥아더, 구글 등의 지원을 받아 개발된 교육용 프로그래밍 언어이다. 스크래치는 '상상, 프로그램, 공유'라는 모토 아래 자유롭게 생각을 표현하도록 하는 교육용 프로그래밍 언어로, 웹상에서 누구나 자료를 공유하고 활용할 수 있도록 하고 있다. 스크래치는 블록을 이용하여 인터렉티브한 이야기, 게임, 애니메이션을 쉽게 만들 수 있다. 또한 다양한 멀티미디어 기능을 제공하고 있으며, 그래픽, 사진, 음악, 사운드를 조합하여 다양한 작업을 가능케 한다.

스크래치의 가장 큰 특징은 블록쌓기 방식으로 프로그래밍을 하는 것으로, 이는 프로그램의 각 수행 단계를 직접 코딩하는 방식이 아니라 다양한 색상으로 구분된 블록들을 원하는 순서대로 가져다가 쌓기만 하는 시각적인 프로그래밍 방식을 가진다. 스크래치는 스테이지, 스프라이트, 스크립트로 구성된 비주얼 기반 교육용 프로그래밍 언어로 학습자의 흥미와 접근성을 높인다. 블록형태의 스크립트는 색과 모양으로 구분되어 있기 때문에 학습자가 각각의 블록을 손쉽게 이해하고 활용할 수 있다. 또한, 스크래치의 각 블록이 문법적으로 오류가 없어야만 서로 결합될 수 있도록 설계되어 구문 에러가 발생하지 않는다. 따라서 프로그래밍 오류를 줄일 수 있으며 블록을 마우스로 끌어다 놓기만 하면 누구나 쉽게 원하는 프로그램을 만들 수 있는 이점이 있다. 그리고 스크래치는 다양한 미디어 조작을 지원하여 그래픽, 애니메이션, 소리, 음악과 같은 다양한 미디어들을 손쉽게 혼합하고 제어할 수 있다. 마지막으로 스크래치는 공유와 협력학습 기능을 지원한다. 스크래치의 공식 웹 사이트(http://scratch.mit.edu)를 통해 스크래치 사용자들은 자신이 만든 프로젝트를 쉽게 공유하고 협력할 수 있다. 자신이 만든 프로젝트를 웹 사이트에 탑재할 수 있고 다른 사람들의 게시물을 실행해 볼 수 있다. 이는 공동체 속에서의 학습의 원리를 공학 장치로 실현한 것이라고 볼 수 있다. 즉, 스크래치를 통해 개별 프로그래밍 뿐 아니라 다양한 협력적 프로젝트를 수행할 수 있는 가능성을 보여준다.

스크래치 프로그래밍 언어의 특징 및 장점은 세 가지로 정리할 수 있다.

첫째, '조작적 특성'으로 마치 레고 블록을 쌓는 것처럼 블록을 쌓는 활동으로 프로그래밍을 할 수 있으며, 소리를 넣는 등 자유롭게 프로그래밍을 할 수 있다는 점이다.

둘째, '유의미성'으로 프로그래밍을 통하여 학습자들은 다양한 내용들을 프로그래밍 할 수 있으며 내포된 수학적 개념과 컴퓨터 과학에 대한 내용을 자연스럽게 습득할 수 있다는 것이다.

셋째, '사회성'의 특징으로 스크래치 프로젝트는 인터넷 홈페이지에서 전 세계의 모든 사용자들과 공유를 할 수 있고 평가를 받을 수 있다는 것이다.

따라서 스크래치는 교육용 프로그래밍 언어로 프로그래밍을 처음 접하거나 서툰 학습자들이 사용하기에 매우 적합하다고 할 수 있다. 프로그래밍 개념과 스크래치 구현 요소들을 정리해보면 다음과 같다.

표 6.1 프로그래밍의 개념과 스크래치의 구현요소

개념	설명 및 스크래치에 적용
순차	프로그램을 만들기 위해서 단계의 순서에 따라 조직적으로 생각하기
반복	계속, 반복하기의 명령어를 통한 사건의 반복
조건문	조건을 체크하여 명령문의 실행
변수	포괄적이고 목적지향적인 변수를 제공하여 특정한 조건에 따라 값이 변하도록 구현
이벤트 핸들링	녹색깃발, 스프라이트 클릭, 특정한 키를 클릭하여 사건이 동작되도록 함
스레드/병렬 실행	동시에 두 개의 사건이 실행되도록 명령어 블록 묶음 만들기
조정과 동기화	여러 개의 스프라이트가 상호작용 하거나 간단한 메시지를 보내고 받기
난수	난수블록은 주어진 범위 내에서 스프라이트를 자유자재로 움직이게 함
논리 연산자	논리연산자를 조건으로 활용함
동적 상호작용	실시간 상호작용을 위해 x좌표, 마우스의 y좌표, 음량을 입력함
사용자 인터페이스 디자인	활용 목적에 맞게 사용자의 인터페이스를 디자인 함

스크래치 설치하기

현재 주로 쓰는 스크래치 버전은 3.0이다. 스크래치는 오프라인 에디터를 다운로드 받아서 사용하는 방법과 웹상에서 사용하는 방법이 있다. 개인 저장소가 온라인 에디터에 있는 것을 제외하면 동일하다. 모두 스크래치 사이트(https://scratch.mit.edu)에 접속하여 다운로드를 받을 수 있다. 이전버전인 1.4 버전과 2.0도 스크래치 사이트에서 받을 수 있다. 스크래치 사이트에 접속한 후에 화면 하단의 유용한 자료들 탭에서 다운로드에 들어가서 받을 수 있다. 사용자의 운영 체제에 맞는 스크래치 파일을 다운로드한다.

오프라인 에디터의 경우, 사용자 컴퓨터에 원하는 위치에 저장을 한 후, 저장된 파일을 클릭하여 실행하며, 설치가 완료된다. 스크래치 파일 설치가 끝나면 바탕화면에 스크래치 아이콘이 생기고, 이를 클릭하면 스크래치가 실행된다.

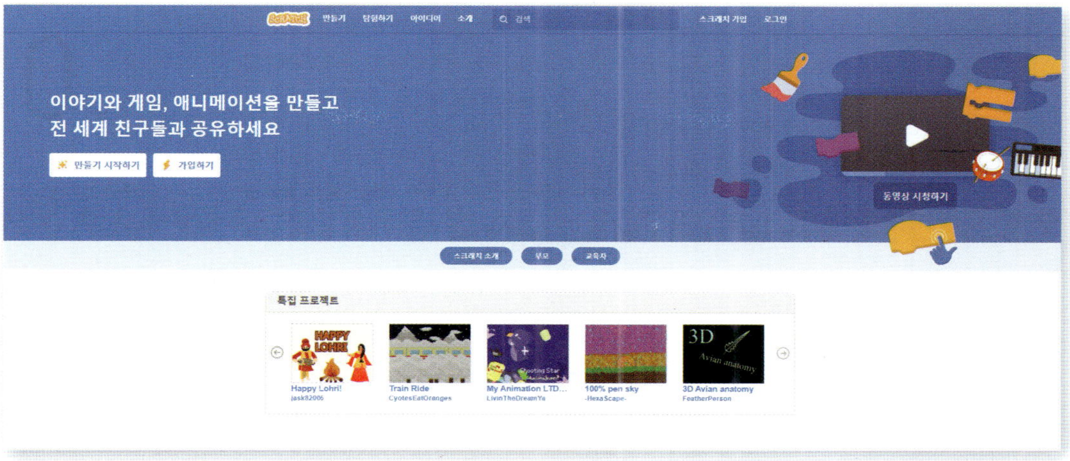

그림 6.2 스크래치 사이트의 첫 화면

온라인의 경우 사이트의 '스크래치 가입' 메뉴를 이용하여 회원가입을 한다. 회원 가입이 후에 '로그인'을 하면 온라인 에디터를 실행할 수 있다. 로그인 후 "만들기"메뉴를 이용하여 시작한다. 만든 프로젝트를 내 작업실에 저장할 수 있다.

그림 6.3 스크래치 사이트의 구성

스크래치 사이트는 만들기, 탐험하기, 아이디어, 소개말로 구성되어 있다. 만들기는 스크래치로 프로그램을 작성할 수 있고, 탐험하기는 전 세계 나라의 사용자들이 작성한 스크래치 프로그램을 공유할 수 있다. 아이디어는 튜토리얼와 활동안내서가 제공되고 있다.

다음은 스크래치 3.0의 기본 화면이다. 기본 화면의 상단에도 튜토리얼 메뉴가 있으므로 내가 만들고자 하는 프로젝트의 유형을 찾아서 스스로 실습이 가능하다.

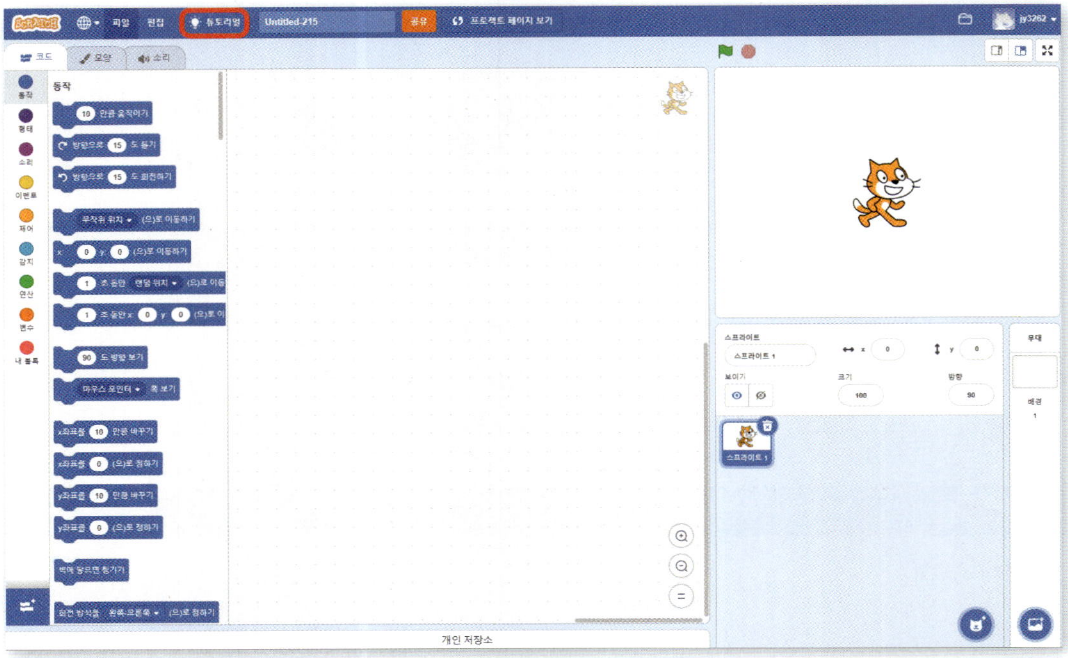

그림 6.4 스크래치 3.0의 기본 화면

02 스크래치 프로그래밍

스크래치 인터페이스

이제 스크래치가 설치되었다면, 스크래치 3.0의 인터페이스를 살펴보자.

그림 6.5 스크래치 3.0의 인터페이스

스크래치의 맨 위에는 메뉴가 있고, 언어, 파일, 편집, 튜토리얼이 있다.

- 파일은 스크래치 프로젝트 파일을 만들고 저장하는 작업을 수행한다.
- 편집은 직전에 수행한 작업을 되돌리거나 터보모드 설정을 할 수 있다.
- 언어는 스크래치 에디터의 사용 언어를 설정할 수 있다.

블록팔레트에는 코드, 모양, 소리가 있다.

- 코드는 동작, 형태, 소리, 이벤트 등의 각각의 항목은 각 주제와 연관된 블록들로 구성되어 있다.
- 모양은 스프라이트 이미지 편집과 관련된 기능을 제공한다.
- 소리는 스프라이트에서 사용한 소리 편집과 관련된 기능을 제공한다.

'스프라이트'라는 개념은 스크래치에서 움직일 수 있는 특정한 대상을 가리키는 말이다. 기본적으로 스크래치를 실행하면 스크래치의 상징인 고양이가 등장한다. 스프라이트는 새롭게 그려서 만들거나, 이미지 파일을 가져오거나, 스크래치에서 제공하는 소스파일을 사용하여 만들 수 있다. 여러 개의 스프라이트가 동시에 존재할 수도 있으며, 하나의 스프라이트는 2개 이상의 모양을 가질 수도 있다. 즉, 스프라이트는 무대 위에서 움직이는 객체를 의미하며, 무대 위에 존재하는 캐릭터나 문자, 도형 등이 모두 스프라이트가 될 수 있다. 스프라이트는 각각의 스크립트에 의해 지정된 동작대로 움직이고, 소리를 내고, 변화에 반응한다.

스크립트 영역은 스프라이트나 무대에서 실행할 스크립트 블록들을 서로 조립하여 작성하고 작성된 스크립트를 보여주는 기능을 한다. 즉, 스프라이트와 무대를 작동시키기 위한 명령어 모음이다. 각 명령어를 의미하는 블록들을 결합하여 하나의 스크립트를 만든다. 스프라이트의 모든 행동은 스크립트에 의한 것이므로 스크립트가 바로 스프라이트에 생명을 불어넣어주는 것이라고 할 수 있다.

그림 6.6 스프라이트

스프라이트 정보 창에서는 스프라이트에 관한 정보들을 알아볼 수 있다.

❶ 이름: 스프라이트의 이름을 나타낸다.

❷ 위치 좌표: 스프라이트의 현재 위치에 해당하는 좌표값을 나타낸다.

❸ 보이기: 스프라이트가 실행 창에 보이도록 할 것인지 숨겨지도록 할 것인지를 선택한다.

❹ 크기: 스프라이트의 크기를 조정할 수 있다.

❺ 방향: 스프라이트의 움직임을 실행할 방향을 표시한다.

그 다음으로 무대는 스프라이트가 움직이는 공간으로 배경이라고도 하는데 무대도 여러 가지 모양을 가질 수 있다. 이 무대는 스프라이트를 배치하고 작업을 하는 공간이다. 크기는 가로 540픽셀, 세로 360픽셀로 이루어져 있다. 스프라이트의 위치는 (x, y)좌표로 표현되고, x는 좌우 방향, y는 위아래 방향을 의미한다. x는 −240~+240, y는 −180~180의 범위 내에서 움직인다.

스크래치 명령어 블록

스크래치 명령어는 블록 형태에 따라 쌓기블록, 모자블록, 리포터 블록으로 구분된다.

쌓기블록은 

과 같이 상단 홈과 하단 돌기를 가진 형태로 가장 많은 유형을 차지한다. 블록에 표기된 동장을 실행하며, 홈을 끼워 맞춰서 쌓아올린다. 입력 상자를 블록 안에 가지고 있으면, 상자 안의 숫자를 직접 입력하여 수정할 수 있다.

와 같이 항목을 선택할 수 있는 풀다운 메뉴를 가진 블록도 있다.

모자블록은 윗부분이 둥근 모양을 하고 있다. 이 블록들은 블록 묶음의 맨 위에 위치하게 되며, 키를 누르는 것과 같은 이벤트가 발생하면 그 아래에 있는 블록들을 실행하는 것이다.

리포터 블록은 다른 블록의 입력 상자 안에 넣을 수 있도록 디자인 되었다. 끝이 둥근 모양의 블록은 둥근 모양의 구멍에 맞아 들어가서 값(numbers)을 전달하고, 끝이 뾰족한 모양의 블록은 뾰족한 구멍을 가진 블록에 들어가 참/거짓과 같은 불린 값(boolean values)을 전달한다.

와 같이 C모양의 입을 가지고 있는 것은 다른 블록들을 그 사이에 끼울 수 있다.

와 같은 블록은 하단에 돌기가 없어서 하단에 다른 블록은 결합이 불가능하다.

스크래치 3.0의 명령블록은 총 9개로 구성되어 있다. 각 블록들은 색깔이 다르게 되어 있어서 여러 번 사용하다보면 직관적으로 색깔로도 구분이 가능하다.

그림 6.7 명령블록

- 동작은 스프라이트의 움직임과 관련한 명령블록으로, 이동이나 방향 전환 등과 관련된 블록 모음이다.
- 형태는 스프라이트의 말하기, 모양, 배경, 크기 등 형태와 관련된 블록 모음이다.
- 소리는 스프라이트의 소리와 효과음 등을 조정하고 제어하는 블록 모음이다.
- 이벤트는 스크립트의 실행 및특정한 상황이 발생했을 때 연결된 블록을 실행하도록 하는 블록 모음이다.
- 제어는 특정 조건에 따라 정해진 특정 동작을 실행하도록 하는 블록모음이다.
- 감지는 특정 상황의 발생여부 판단 및 마우스 위치와 관련된 블록 모음이다.
- 연산은 산술연산, 관계연산, 논리연산, 난수 등 연산과 관련된 기능을 수행하는 블록 모음이다.
- 변수는 변수와 리스트를 생성하고, 생성한 변수와 리스트를 관리하는 블록 모음이다.
- 나만의 블록은 '사용자 정의 함수'를 새롭게 생성할 수 있는 블록 모음이다.
- 명령블록 아래의 확장기능 추가하기는 스크래치를 사용하는 다른 확장 프로그램 및 하드웨어 툴과 함께 사용하는 블록 모음이다.

03 파이썬 프로그래밍 언어

탄생과 성장

파이썬(Python) 프로그래밍 언어는 귀도 반 로썸(Guido van Rossum)이 네덜란드의 국립수학·컴퓨터과학 연구소(CWI)에서 개발된 ABC 프로그래밍 언어의 후속 프로젝트로 1989년부터 개발을 시작한 이후 1991년에 최초 버전(0.9.0)이 발표되었다. 그 후 1994년에 1.0.0 버전이 발표되었고 2000년에는 2.0 버전, 2008년에는 3.0 버전이 발표되었다.

그림 6.8 파이썬 로고(좌)와 파이썬을 개발한 귀도 반 로썸(우)

파이썬은 버전별로 문법이나 사용 방법이 조금씩 다른데 2020년 이전에는 2.0 버전과 3.0 버전이 혼용되는 상황이었으나 그 이후에는 2.0 버전이 완전히 폐기되어 현재는 3.0 버전에 따른 문법만을 사용한다.

파이썬은 처음부터 재미있게 사용할 수 있는 프로그래밍 언어를 목표로 설계되었는데 파이썬이라는 이름부터 영국의 코미디 그룹인 Monty Python에서부터 유래되었다(그림 6.9). 그리고 Python이라는 단어가 비단뱀을 의미하기 때문에 파이썬의 로고는 뱀 두 마리가 엉켜 있는 형태를 하고 있다(그림 6.8).

지금도 수많은 컴퓨터 프로그래밍 언어들이 새로 탄생하고 있지만 널리 알려진 언어들은 일반적으로는 약 700여 개[1] 정도이다. 파이썬 언어는 2015년 경 이전만 하더라도수많은 언어들 속에서 그렇게 인기 있는 프로그래밍 언어는 아니었으며 전통적으로 널리 사용되고 있던 C/C++ 언어나 Java 언어 등과 비하면 배우기는 쉬우나 실행 속도는 느리고 기능은 부족한 평범한 언어로 인식되고 있었다.

[1]https://en.wikipedia.org/wiki/List_of_programming_languages

그림 6.9 영화 몬티파이썬과 성배(Monty Python and the HolyGrail) 포스터

그러나 인터넷의 확산으로 축적되어 온 엄청난 규모의 데이터를 활용하는 빅데이터(big data) 기술과 이러한 데이터를 기반으로 새로운 도약을 시작한 딥러닝(deep learning) 또는 딥 뉴럴 네트워크(deep neural network)로 대표되는 인공지능 기술이 2010년대부터 고도화되면서 이러한 새로운 기술들을 편리하게 활용할 수 있는 도구가 필요하게 되었다. 그러나 당시 가장 보편적으로 사용되었던 C/C++이나 Java 같은 프로그래밍 언어는 강력한 기능을 제공하기 위해서 지나치게 엄격하고 복잡한 문법과 규칙을 적용한다. 따라서 C/C++이나 Java는 독립적인 부분 하나하나를 만드는 작업에서는 큰 장점을 발휘했으나 이미 만들어진 모듈들을 함께 협력적으로 사용하고 대규모 데이터를 자유롭게 다뤄야 하는 빅데이터나 인공지능 기술을 사용하기 위한 언어로서는 한계가 있었다.

이러한 문제를 해결하기 위해서 인공지능이나 빅데이터 처리에서 핵심적인 계산을 실행하는 부분은 속도가 빠른 C/C++ 등의 언어로 개발해서 필요할 때 사용할 수 있는 독립된 부품(컴포넌트, 또는 구성요소)처럼 만들어 두고, 이러한 소프트웨어 구성요소들을 필요에 따라 조합하고 큰 데이터를 다루는 작업은 사용이 편리한 파이썬으로 처리하는 방식이 도입되어 널리 확산되었다.[2] 이렇게 파이썬은 다른 프로그래밍 언어로 만든 소프트웨어 구성요소들을 서로 연결하는 일종의 접착제 역할을 한다는 측면에서 글루(glue) 언어라고 분류하기도 한다.

이러한 계기로 파이썬은 새롭게 주목을 받으면서 기능이 빠르게 강화되었고 사용층이 널리 확산되어 현재는 가장 인기 있는 널리 사용되는 프로그래밍 언어들 중 하나로 인정 받고 있다.

프로그래밍 언어로서의 특징

파이썬 언어는 컴퓨터가 코드를 한 줄 읽고 필요한 일을 처리하고 그 다음 줄을 또 읽고 필

[2]한동안 무명에 가깝던 파이썬 언어가 갑자기 여러 중요한 분야에서 중요한 역할을 차지하게 되자 급하게 파이썬을 구사할 줄 아는 개발자를 고용해야 했던 어떤 회사에서 귀도 반 로썸을, 그저 파이썬을 좀 잘하는 평범한 개발자로 생각해서 그에게 채용 제안 메일을 보냈다는 에피소드가 있을 정도로 파이썬과 최초 개발자는 오랫동안 주목을 받지 못했었다.

요한 일을 처리해 나가는 과정을 반복하는 인터프리터(interpretor) 방식 언어[3]인데 웹페이지 프로그래밍에 사용되는 JavaScript도 이러한 방식의 프로그래밍 언어이다.

인터프리터 방식 언어의 경우 문법이 간단하고 코딩이 편리한 장점이 있으나 상대적으로 속도가 느리다는 단점이 있다. 그러나 최근에는 여러 관련 기술의 발전으로 인터프리터 방식 언어의 처리 속도도 개선되고 있다.

프로그래밍의 용이성 측면에서 파이썬은 사용이 쉬운데, 코드 작성과 개발, 그리고 테스트까지 복잡한 준비와 절차가 필요한 다른 프로그래밍 언어들에 비해서 파이썬은 이러한 과정이 매우 간단하다. 따라서 개발자들은 아이디어가 생기면 파이썬으로 간단하게 코드를 작성(프로토타입, prototype이라고도 한다)해서 아이디어를 검증해 본 다음 C/C++, Java 등과 같이 우수한 성능을 제공하는 프로그래밍 언어로 실제 사용하거나 제품으로 출시할 애플리케이션을 제작하기도 한다.

또한 앞서 언급한 것처럼 파이썬은 나중에 우리가 살펴볼 컨테이너(container)라는 기능을 통해 대규모 데이터를 간편하고 편리하게 활용할 수 있도록 지원한다. 그리고 다른 프로그래밍 언어나 파이썬으로 제작된 소프트웨어 구성요소를 패키지(package)라고 부르는 단위로 파이썬으로 불러 와서 대규모 데이터와 이 패키지를 연결해서 작동시킬 수도 있고, 여러 패키지들을 조합해서 새로운 기능을 가지는 소프트웨어로 개발할 수도 있다.

[3]또다른 유형으로 컴파일 방식 언어가 있다. C/C++과 같은 컴파일 방식의 프로그래밍 언어는 컴파일러라고 하는 소프트웨어가 일괄적으로 개발자가 작성한 코드를 읽고 컴퓨터가 직접 이해할 수 있는 실행 파일(Windows OS에서는 *.exe), 즉, 바이너리 코드를 만든다. 우리가 컴퓨터에서 사용하는 앱 또는 애플리케이션들은 보통 이 컴파일 언어로 만든다.

04 파이썬 개발 환경 구축

여러 가지 방식으로 파이썬으로 코딩을 할 수 있는데 이러한 각각의 방식을 **개발 환경**이라고 부른다. 수많은 파이썬 개발 환경들이 제공되지만 이 책에서는 Anaconda를 설치한 후에 Jupyter Notebook을 활용하는 방법과 Google Colab을 사용하는 방법을 안내한다.

Anaconda 설치 및 Jupyter Notebook 사용 방법

Anaconda[4]는 Continuum Analytics라는 회사에서 개발했으며 파이썬을 설치하고 파이썬의 확장 기능인 패키지를 쉽게 관리할 수 있도록 해 준다.

Anaconda를 설치하려면 다음 순서로 진행한다.

1. 먼저 웹브라우저에서 https://www.anaconda.com/으로 이동한다.
2. 첫 화면에서 왼쪽 위에 있는 Products를 클릭하면 팝업 메뉴가 나타나는데 첫 번째 항목인 Individual Edition을 선택한다.

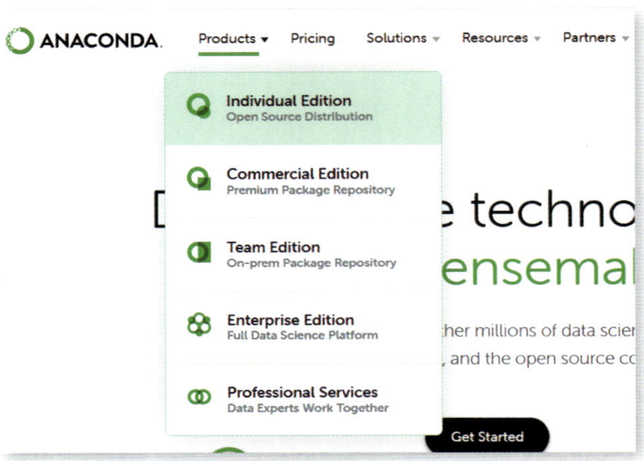

3. 오른쪽에서 Download를 클릭해서 자신이 사용하고 있는 OS (Windows, MacOS, Linux)에 맞는 설치 프로그램을 다운로드받는다.

[4]파이썬처럼 아나콘다(Anaconda)라는 단어 역시 중남미에 서식하는 큰 물뱀을 의미한다.

4. 다운로드가 시작되면서 화면에 Anaconda의 다른 기능을 위한 이메일 주소를 입력하는 팝업 창이 뜨는데 무시해도 무방하다.
5. 웹브라우저(크롬, 엣지, 사파리 등)에 따라 다운로드받은 파일의 저장 위치에서 아나콘다 설치 파일을 찾아서 실행한다.
6. 설치 파일 실행 후 안내에 따라 설치를 수행한다. 각 단계에서 Next >를 계속 눌러서 기본 설정대로 설치해도 무방하다.

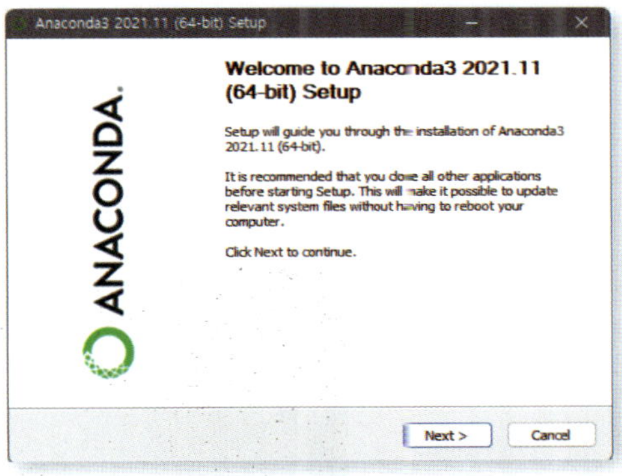

7. Windows OS에서는 설치가 완료되면 화면 왼쪽 아래에서 시작 버튼이나 검색 버튼(그림 6.10)을 누르고 anaconda라고 입력하면 그림 6.11처럼 Anaconda로 설치한 앱들이 나타난다.

그림 6.10 화면 왼쪽 아래에 있는 Windows OS 시작 버튼(왼쪽) Windows 10, (오른쪽) Windows 11

그림 6.11 Windows OS 시작 버튼을 누르고 anacoda로 검색

8. 이 메뉴에서 Jupyter Notebook (Ananconda3) 항목을 클릭한다. 이렇게 하면 검은색 바탕에 흰색 글자가 출력되는 명령 프롬프트창과 함께 웹 브라우저가 열리면서 이곳에서 Jupyter Notebook 화면이 표시된다.

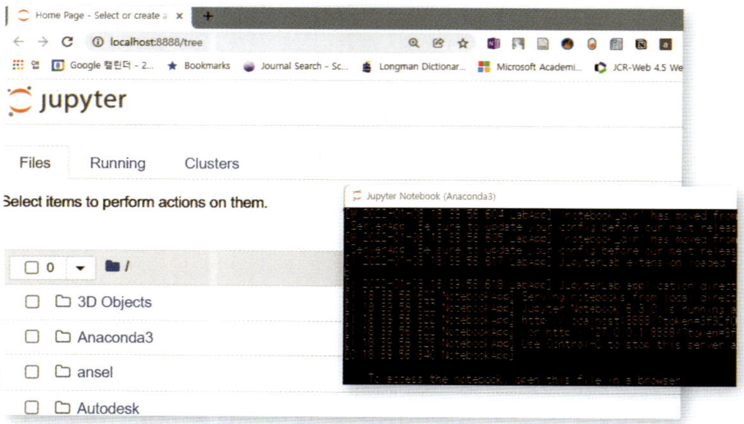

그림 6.12 Jupyter Notebook 실행 화면

Jupyter Notebook은 웹브라우저에서 파이썬 프로그래밍을 수행하고 2D/3D 데이터의 데이터 시각화 등 다양한 방식으로 빅데이터를 분석할 수 있는 도구이다.

Jupyter Notebook으로 파이썬 프로그래밍을 시작하려면 오른쪽 위에서 New ▾ 버튼을 찾아서 클릭해 보자. 팝업 창이 열리는데 이곳에서 Python 3를 클릭하면 새 노트북이 열린다(그림 6.13).

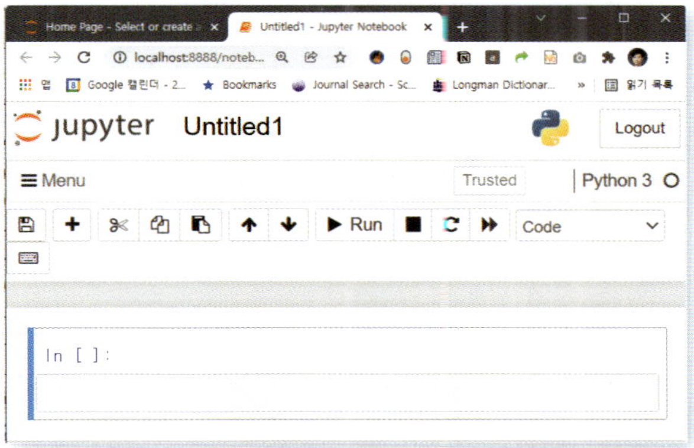

그림 6.13 Jupyter Notebook 실행 화면

화면 위 Untitled1은 현재 이 노트북의 제목을 의미하는데 이 부분을 클릭하면 원하는 이름으로 변경할 수 있다. 적절한 이름을 입력하고 Rename을 클릭해서 제목을 수정해 보자.

그림 6.14 제목 수정

다시 노트북으로 돌아오면 다음처럼 빈칸에 1024+56을 입력한 다음 ▶ Run 버튼을 누르거나 키보드에서 Shift 키를 누른 상태에서 Enter를 눌러 보자. 이렇게 하면 계산 결과가 아래에 나타나고 다음 번 명령을 입력할 수 있는 빈칸이 그 아래에 나타난다(그림 6.15).

그림 6.15 Jupyter Notebook에서 덧셈 계산

이 때 Shift 키를 누르지 않고 Enter 키만 누르면 같은 입력 칸에서 줄바꿈이 수행된다. Shift+Enter 키는 지금까지 입력한 내용을 실행하고 Enter 키는 같은 입력 칸에서 줄을 바꾸

어서 다른 코드를 입력할 수 있다고 기억해 두자.

이제 여러 줄을 입력하는 코드를 작성해 보자. 이후에 자세하게 배우겠지만 화면에 계산 결과를 출력하려면 print 명령어를 사용한다. 다음과 같이 Enter 키를 이용해서 한 입력 칸에 세 줄을 입력(한 줄씩 입력하고 마지막 부분에 Enter 키를 눌러 줄바꿈)한 다음 Shift+Enter를 눌러서 입력한 내용을 실행해 보자. 각 줄에서 실행한 내용이 한 줄 씩 출력되는 것을 볼 수 있을 것이다.

그림 6.16 Jupyter Notebook에서 Enter 키로 여러 줄 입력

키보드에서 CTRL 키를 누른 다음 S키를 누르거나 왼쪽 위에 있는 버튼을 클릭하면 지금까지 입력한 내용과 실행 결과가 앞서 지정했던 제목으로 저장된다. 다음번에 Jupyter Notebook을 실행하면 이 제목으로 저장된 파일을 볼 수 있고 이 파일을 열면 직전에 저장된 노트북을 그대로 이용할 수 있다.

앞으로 이 책에서 설명하는 파이썬 코드는 이러한 방식으로 입력하고 실행을 할 수 있다.

Google Colab 소개

Google Colab은 Google에서 제공하는 서비스로 Google Drive와 Jupyter Notebook을 결합한 형태의 서비스라고 할 수 있다. 최근에는 인공지능 기술 개발을 위한 GPU(그래픽 처리 장치)까지도 무료로 사용할 수 있도록 지원하면서 많은 인기를 얻고 있다.

다음과 같은 순서로 Google Colab을 이용할 수 있다.

1. 크롬, 사파리, 엣지 등과 같은 웹브라우저에서 https://drive.google.com을 입력해서 Goolge 드라이브로 이동한다(Google 계정 로그인이 필요할 수도 있다).

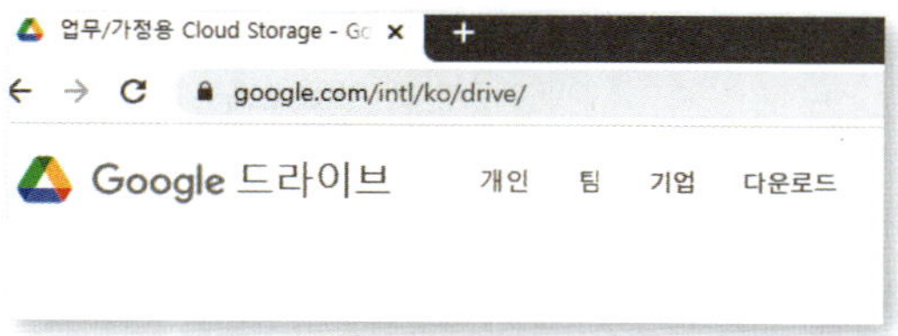

2. 왼쪽에서 **내 드라이브**를 마우스 오른쪽 단추로 클릭하고 **새 폴더**를 선택한다.

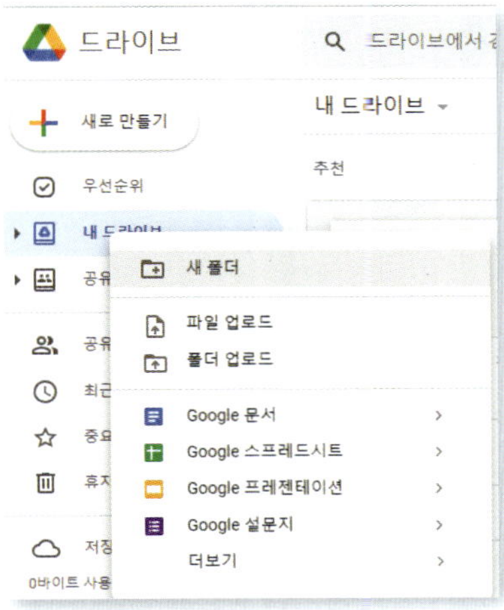

3. 새 폴더 창에서 원하는 폴더 이름을 입력하고 **만들기**를 클릭한다.

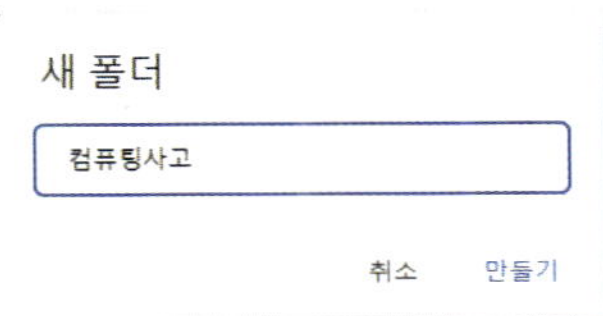

4. 새로 생성된 폴더를 마우스 오른쪽 버튼으로 클릭하면 팝업 창이 나오는데 **연결 앱** 클릭하고 **연결할 앱 더보기**를 선택한다.

5. 여러 앱들이 표시되는 창이 뜨는데 아래로 조금 스크롤 해서 Colaboratory를 클릭한다.

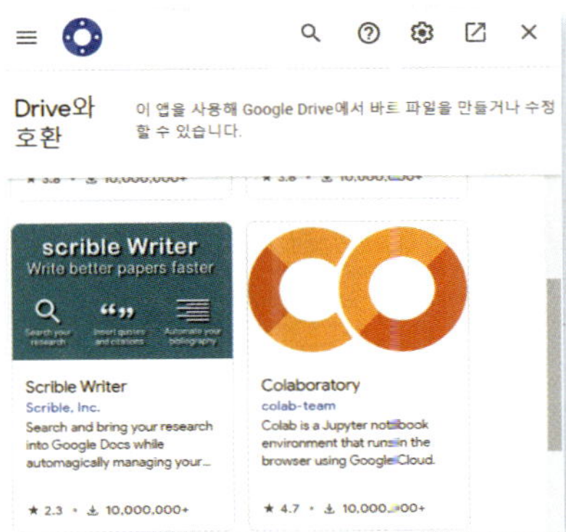

6. 그 다음 설치를 클릭하고 계속을 클릭한다.

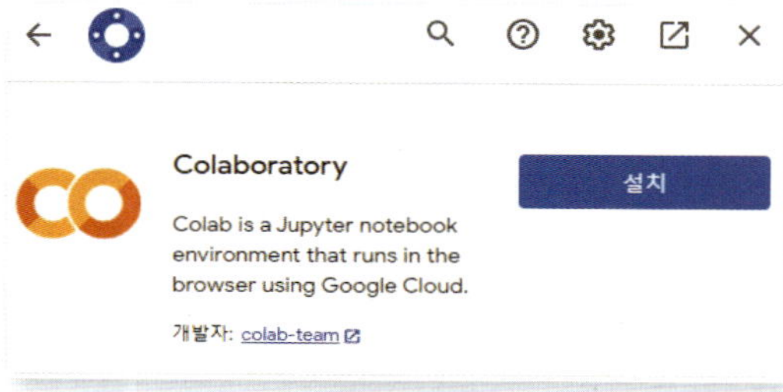

7. Google 계정 로그인 화면이 뜨면 로그인을 한다.
8. Colaboratory 앱이 설치되었다는 메시지와 Google Drive에 연결되었다는 메시지가 뜨면 **확인**을 클릭하고 **완료**를 클릭한다.

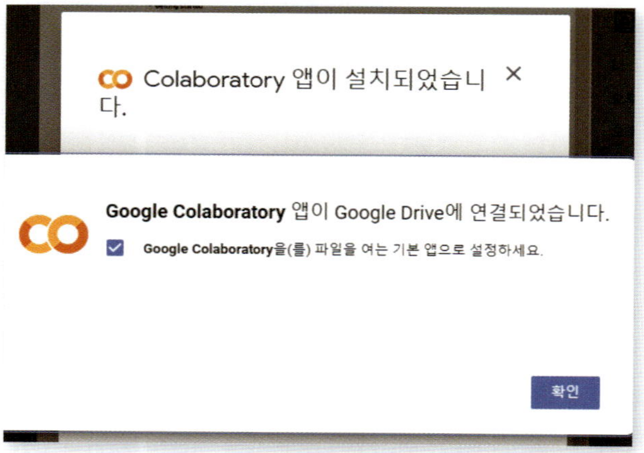

9. 다음 화면에서 오른쪽 위에 있는 × 표시를 클릭해서 닫는다.
10. Google 드라이브로 다시 돌아와서 새로 만든 폴더(여기에서는 '컴퓨팅 사고')를 두 번 클릭해서 해당 폴더로 들어 간다.

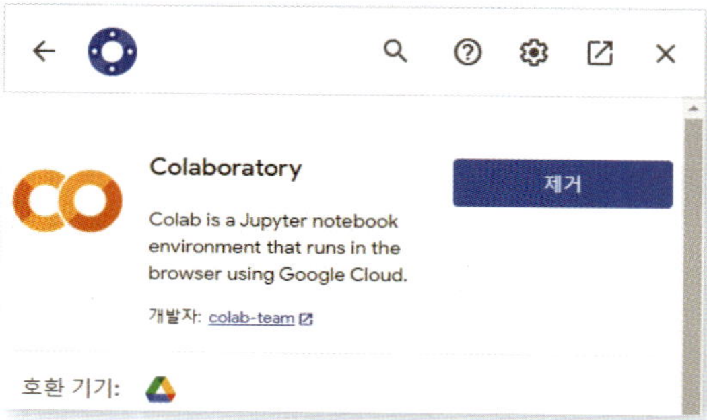

11. 왼쪽 위에 있는 + 새로 만들기 버튼을 클릭한 다음 더보기 → Google Colaboratory를 선택한다.

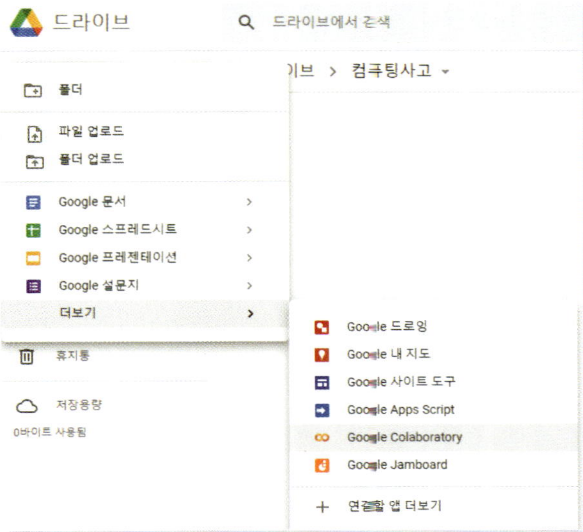

12. 새 브라우저 탭이 열리면서 Jupyter Notebook과 비슷한 화면이 생성된다. Jupyter Notebook처럼 더하기 계산식(예. 1+3)을 입력하고 Shift+Enter키를 눌러보자.

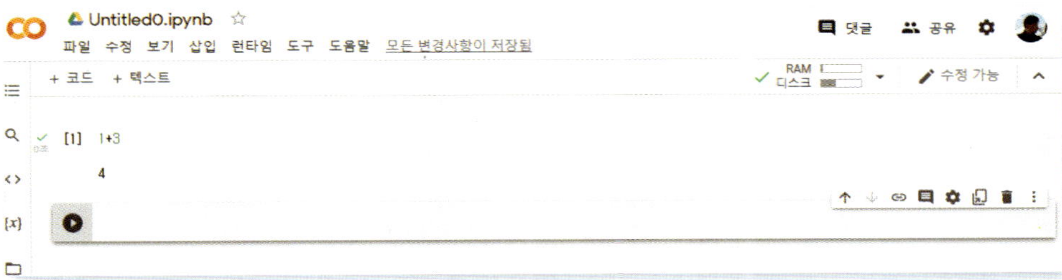

13. Jupyter Notebook과 마찬가지로 Untitled0.ipynb이라고 표시된 부분을 클릭하면 제목을 수정할 수 있다.

Google Colab은 Anaconda나 파이썬이 설치되지 않은 컴퓨터라고 하더라도 인터넷 연결만 있다면 웹브라우저를 이용해서 파이썬 코딩이 가능하다는 것이 장점이다.

이렇게 해서 파이썬 프로그래밍을 직접 실습하고 테스트해 볼 수 있는 환경을 준비하는 방법을 살펴보았다. 앞으로 이 책에서 다루는 파이썬 코드들은 Jupyter Notebook이나 Google Colab 중 하나를 선택해서 실습해 볼 수 있다.

프로그래밍 공부에서는 직접 코드를 입력하고 실행한 다음 자신의 실수를 수정하는 반복 과정이 매우 중요하다[5]. 눈으로만 코드를 읽고 이해하는 것과 직접 코드를 입력하고 오타를 포함한 자신의 실수를 수정해 나가는 것은 완전히 다르며 눈으로만 코드를 읽고 이해하는 것은 처음 코딩을 배우는 입장에서는 큰 도움이 되지 않는다는 점을 명심할 필요가 있다. 직접 책에 나온 예제 코드를 입력해서 실행해 보고, 그리고 코드의 일부를 바꾸면 자신이 생각하는 대로 결과가 나오는지 검토하고, 생각한 대로 결과가 나오지 않으면 어떤 부분을 잘못 이해하고 있는지, 자신의 처음 생각에서 어떠한 착오가 있었는지 생각해 보고 수정하는 작업이 반드시 필요하다. 꼭 코드를 직접 입력해 보고 이러한 반복 과정을 거치도록 하자.

[5]프로그래밍 공부 또는 코딩 공부 과정은 외국어 공부 과정과 비슷한 측면이 있다. 우리가 외국어를 배울 때 단어들을 암기하고 문법을 이해하고 말하기 연습을 하는 과정은 지금 우리가 이 책을 통해서 배우는 스크래치와 파이썬의 기초적인 명령어, 문법을 배우는 과정과 비슷하다. 그러한 과정과 동시에 나라마다 다른 사물을 대하는 방식이나 생각하는 방식에서 오는 차이로 인한 표현의 차이도 배우면서 그 언어를 쓰는 사람들의 사고 방식과 문화에도 자연스럽게 익숙해진다. 프로그래밍 언어도 문법이나 단어(명령어)를 숙지하는 것 이상으로 컴퓨터가 생각하는 방식을 이해하는 것이 중요하며 결국 이 부분을 이해하려면 - 우리가 시행착오를 통해 외국어를 배워 나가는 것처럼 - 코드를 직접 입력하고 수정하면서 자신의 실수를 통해 배우는 반복 과정이 가장 중요하다.

Introduction to **Computational Thinking**

05 파이썬 패키지를 이용한 기능 확장

패키지란?

파이썬에서는 기능 확장을 위해 파이썬과 다른 프로그래밍 언어로 패키지(package)를 제작하고 여러 사람들이 다운로드 받아서 사용할 수 있도록 인터넷을 통해 배포할 수 있다. 파이썬이 등장한 이후, 자신이 개발한 소프트웨어를 무료로 공유하는 오픈소스 커뮤니티의 활동으로 파이썬에서 무료로 사용할 수 있는 패키지들이 엄청나게 증가하고 있는데 이러한 배경도 파이썬이 큰 인기를 누리게 된 이유 중 하나라고 할 수 있다.

패키지의 제작과 사용과 관련된 내용은 파이썬의 기초적인 내용만을 다루는 이 책의 범위 밖의 주제이지만[6] 파이썬이 초보적인 수준을 넘어서 실제로 어떤 기능들을 다루는지 확인해 보기 위해서 간단하게 파이썬 패키지를 Colab과 Anaconda에서 설치하고 이용하는 예제 두 가지를 실습해 보자.

인터렉티브 그래프 제작 - Ploty 패키지

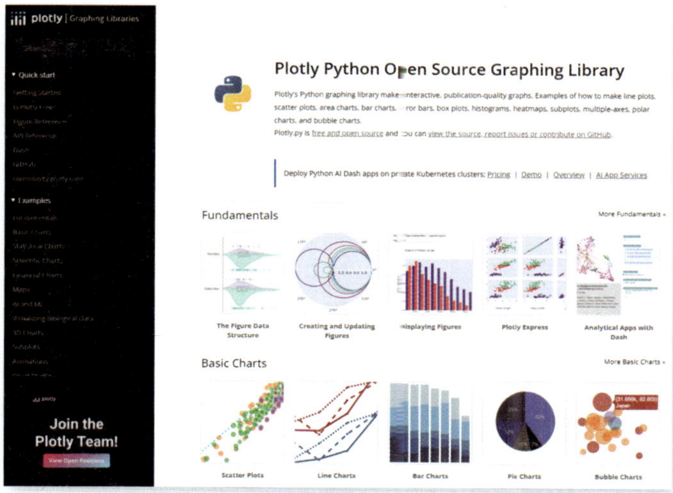

그림 6.17 Ploty 패키지

[6]다음에 다루게 되는 패키지 예제 두 개는 파이썬이 제공하는 강력한 기능을 체험하기 위한 것이며 구체적인 명령이나 개념들은 이 책의 수준을 넘어서는 내용들이다. 이 예제의 구체적인 내용은 컴퓨팅 사고 다음 단계의 파이썬 교과서나 강의를 통해 학습하도록 권장한다.

Plotly는 다양한 데이터를 그래프로 그리는 패키지이다. 일반적인 그래프와는 다르게 Plotly로 그린 그래프는 사용자가 그래프를 확대, 축소, 회전 등 다양한 방법으로 조작할 수 있는 인터렉티브(interactive) 방식 그래프이다. 빅데이터는 보통 너무 복잡하고 정보가 많아서 어떠한 정보나 통찰을 바로 얻기가 힘든데 Plotly와 같은 정보 시각화 패키지를 이용해서 그래프를 그리고 빅데이터로부터 중요한 정보를 얻는 것이 일반적이다. 따라서 자연과학이나 공학 분야뿐만 아니라 인문학과 사회과학 분야에서도 활용도가 높은 패키지라고 할 수 있다.

이제 다음 순서에 따라서 앞서 설정해 본 Google Colab 환경에서 Plotly를 설치하고 간단한 그래프를 그려 보도록 하자.

1. 1.2.1에서 설명한 순서에 따라 Colab 페이지를 준비한다.
2. 제목은 Plotly 실습.ipynb로 지정하자[7].

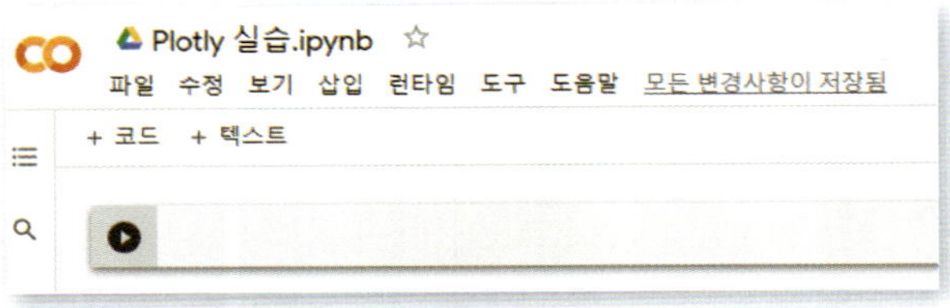

3. Plotly와 같은 패키지를 설치하기 위한 명령어 !pip를 다음과 같이 입력하고 Shift+Enter를 누른다.

```
!pip install plotly==5.5.0
```

4. 인터넷에서 필요한 파일을 다운로드 받으면서 설치가 완료된다.

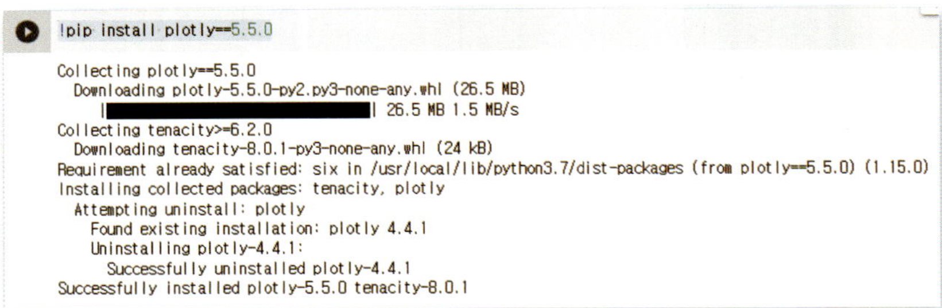

[7]제목 뒤에 붙는 확장자(.ipynb)는 IPython note book의 약자로 Google Colab과 Jupyter Notebook 모두 동일하다.

5. 설치가 완료되면 다음 입력 칸에 다음과 같은 코드를 입력해 보자. 이 코드는 Plotly 공식 사이트에서 제공하는 튜토리얼 중 하나로 직접 입력이 힘들면 https://plotly.com/python/3d-mesh/으로 이동해서 코드를 복사해서 붙여넣기를 한 후에 Shift+Enter를 눌러서 실행해 보자.

```
[3]  import plotly.graph_objects as go
     import numpy as np

     pts = np.loadtxt(np.DataSource().open('https://raw.githubusercontent.com/plotly/datasets/master/mesh_dataset.txt'))
     x, y, z = pts.T

     fig = go.Figure(data=[go.Mesh3d(x=x, y=y, z=z, color='lightpink', opacity=0.50)])
     fig.show()
```

6. 다음과 같은 3차원 그래프가 표시되는데 그래프 위에 커서를 위치시면 각 지점의 정보가 나타나고 클릭한 후 이동하면 회전, 마우스 휠을 돌리면 확대/축소를 할 수 있다.

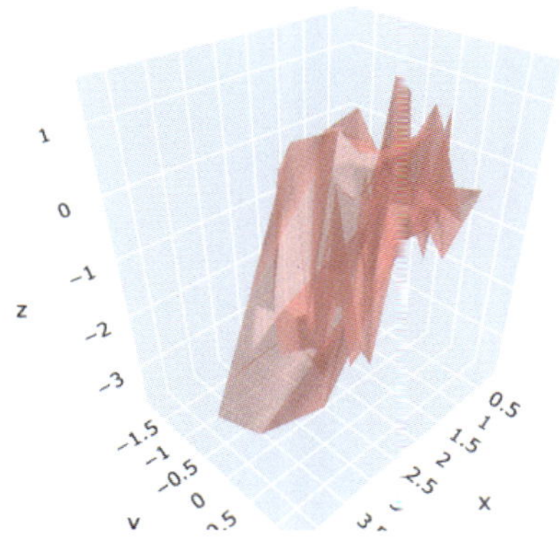

7. 또다른 예제도 실행해 보자(https://plotly.com/python/sunburst-charts/).

```
import plotly.express as px
df = px.data.tips()
fig = px.sunburst(df, path=['day', 'time', 'sex'], values='total_bill')
fig.show()
```

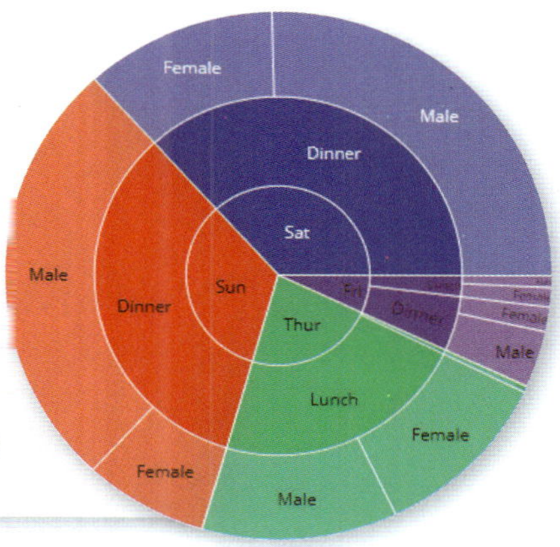

8. 이 이외에도 Plotly 공식 사이트[8]에서 제공하는 다른 그래프 예제 코드도 입력하거나 복사해서 테스트해 보자.

이 책에서는 Colab 환경을 기준으로 패키지 설치와 실습만 설명했지만 Jupyter Notebook에서도 동일하게 실행할 수 있다.

[8]plotly 공식 사이트(https://plotly.com/python/)의 왼쪽 컬럼 내 Example 항목에 여러 예제들이 있다. 아직 구체적인 문법을 이해하지 못하지만 복사해서 실행시켜서 다양한 그래프들을 살펴 보자. 일부 코드는 다른 패키지를 추가로 설치해야 해서 Plotly 설치만으로는 작동하지 않는 코드도 있지만 파이썬의 기능을 살펴보고자 하는 목적으로는 충분할 것이다.

07 변수와 자료형

학습목차

학습목표

- 데이터를 저장하는 공간으로서의 변수의 의미를 실생활 사례를 통해 이해하고 응용할 수 있다.
- 변수와 함께 자료형의 개념을 이해하고 파이썬 프로그램에 적용할 수 있다.
- 변수와 함께 자료형의 개념을 이해하고 스크래치 프로그램에 적용할 수 있다.

컴퓨터에서는 어떻게 자료(데이터)를 저장할까? 그리고 어떤 형태의 자료들을 다룰 수 있을까? 1장에서는 가상의 테마파크에서 사물함을 관리하는 방식을 통해 컴퓨터에서 자료를 저장하는 방식을 비유적으로 설명하고 이 테마파크가 직면한 특별한 문제 상황 속에서 사물함 관리를 보다 효율적으로 수행하기 위한 이 테마파크의 운영 정책과 활동을 통해 컴퓨터 프로그래밍에서의 **변수**의 개념과 그 필요성에 대해 학습하고 파이썬에서 변수를 어떻게 사용하는지 학습한다. 그 후 파이썬에서 이용할 수 있는 자료 유형인 **자료형** 중 몇 가지를 확인하고 사용 방법과 사용 시 주의 사항도 학습한다.

01 프롤로그

테마파크 고객 사물함 관리 방식

그림 7.1 테마파크 고객 사물함 관리

덕선이는 몇 년 전, 테마파크에서 고객 사물함 관리 아르바이트를 했다. 이 테마파크의 고객 사물함은 일반적인 사물함과 마찬가지로 1번부터 5000번까지 번호가 부여되어 있고 각각 번호에 해당하는 열쇠가 딸려 있는 구조이다. 그런데 성수기에는 고객들이 빈 사물함을 찾기가 힘들기도 하고 움직임이 격렬한 놀이기구가 많은 테마파크의 특성 상 열쇠 분실이 빈번하게 일어나 고객들에게 직접 열쇠를 전달하지 않고 직원이나 아르바이트생이 고객의 신분증을 받아서 고객의 닉네임과 사물함 번호를 기록한 후 열쇠와 신분증을 관리실에서 보관하는 방식을 적용하고 있다. 고객이 물건을 보관할 때에는 신분증과 물건을 맡기고 자신의 닉네임을 이야기하고 물건을 찾을 때에는 자신의 이름이나 닉네임만 알려 준 다음 잠시 대기하면 직원들이 직접 해당되는 열쇠를 가지고 사물함에서 물건을 꺼낸 후 전달하는 방식으로 운영된다.

이러한 새로운 관리 방식 덕분에 가족 단위로 온 고객들도 자신의 닉네임 몇 개 기억하고 있으면 여러 개의 열쇠를 가지고 다니지 않아도 관리할 수 있게 되었고, 테마파크 이용 중 여러 개의 열쇠를 가지고 다녀야 하는 불편함이나 열쇠 분실 같은 문제도 해결되었다. 그리고 기억하기 어려운 번호보다는 자신에게 친숙한 닉네임을 사용하기 때문에 기억하기도 쉽다는 장점도 있었다. 또한 사물함 배치를 숙지하고 있는 전담 직원들만 직접 사물함에서 열쇠를 이용해서 물건을 넣거나 꺼내기 때문에 과거처럼 고객이 넓은 사물함 공간에서 이리저리 동선이 뒤엉킨 상태로 자신의 사물함을 한참 찾아야 했던 문제도 사라졌다. 동시에 사물함에 직접 접근할 수 있는 사람들이 인증된 직원들로만 한정됨에 따라 도난 문제도 사라지게 되었다.

좀 더 구체적으로 이러한 운영을 위해 데스크 직원은 닉네임과 사물함 번호가 한 쌍으로 기록된 물품 목록을 통해서 고객들이 닉네임으로 물건을 요청하면 전달하는 역할을 담당한다(그림 7.2).

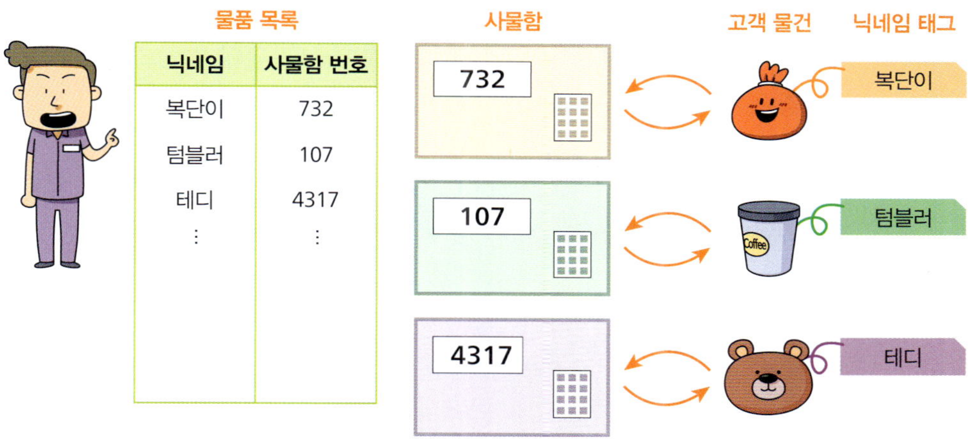

그림 7.2 데스크 직원의 사물함 물품 관리

이제 고객이 테마파크에 도착한 시점에서부터 테마파크를 떠나는 시점까지, 좀 더 구체적인 운영 방식을 살펴보자.

고객이 테마파크에 도착한 후 물건 보관 요청(사물함 할당과 닉네임 태그 부착)

데스크 직원은 고객이 맡긴 물건에 일시적으로 닉네임이 적힌 태그를 달아 두며, 사물함 관리 직원은 이용 가능한 사물함을 찾아서 물건을 놓고 물품 목록에 그 내용을 기록한 다음, 사물함에 물건을 넣을 때 물건에 달려 있던 태그를 떼서 사물함 문에 번호 옆에 부착하는 업무를 수행한다(그림 7.3).

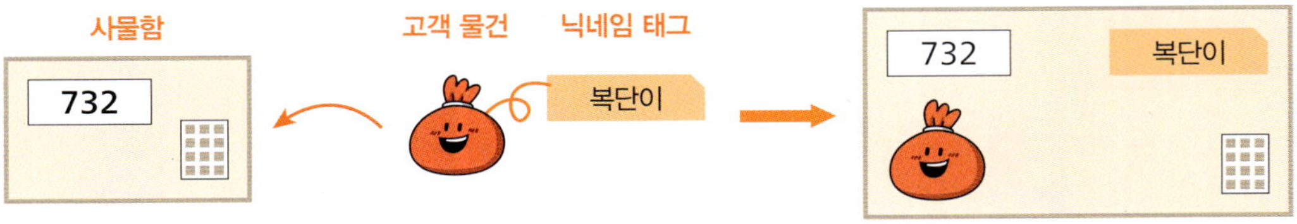

그림 7.3 사물함에 물건 넣기

고객이 테마파크를 이용하는 도중에 사물함과 사물함에 보관된 물건 이용

자신들의 물건을 맡긴 이용객들은 닉네임을 기억해 뒀다가 이 닉네임을 이용해서 테마파크 시설 내에서는 언제든지 사물함과 사물함에 보관한 물건을 이용할 수 있다. 테마파크 규정에서는 효율적인 운영을 위해 할당한 닉네임을 이용해서 다음 두 가지 방법으로 사물함을 이용할 수 있도록 한다(그림 7.4).

1. 고객은 자신이 이미 사물함에 보관한 물건을 닉네임 태그를 통해 찾은 다음 물건을 이용하고 그 후에 다시 원래 사물함에 보관할 수 있다.
2. 고객은 닉네임 태그를 그대로 유지한 채, 원래 사물함에 보관되어 있던 물건을 폐기하고 새로운 물건을 같은 사물함에 넣을 수 있다.

두 가지 방법 모두 사물함 번호와 닉네임 태그가 그대로 유지되기 때문에 데스크 직원은 물품 목록을 수정할 필요가 없어서 데스크 직원 입장에서는 효율적으로 업무를 처리할 수 있다는 장점이 있다.

그림 7.4 테마파크 이용 고객의 사물함 이용 방식

고객이 테마파크 이용을 끝내고 귀가(사물함 정리)

고객이 테마파크 이용을 끝내고 귀가한 즉시, 다른 고객이 해당 사물함 공간을 활용할 수 있도록 정리한다. 이때 반환 요청이 되지 않은 채 사물함에 남겨두고 떠난 물건은 폐기하도록 요청한 것으로 간주해서 즉시 해당 사물함 내 물건을 폐기해서 비우고 붙어 있던 닉네임 태그도 제거한다(그림 7.5).

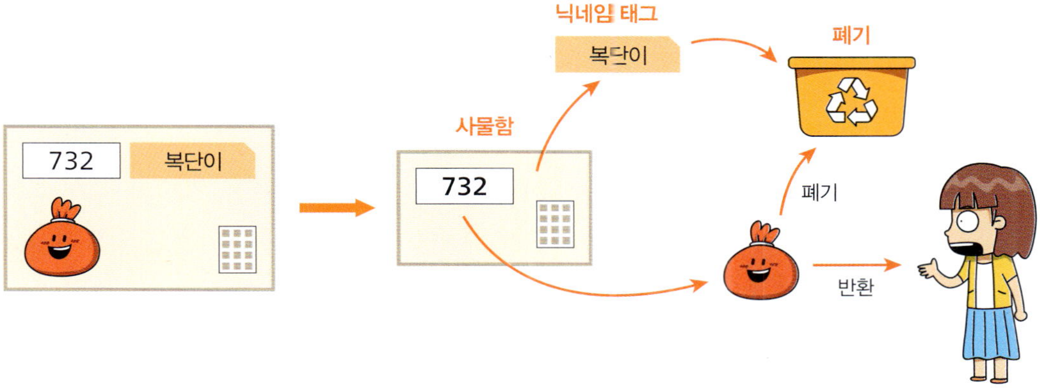

그림 7.5 고객 귀가 후 사물함 관리 방식

컴퓨터에서의 데이터 관리 방식

컴퓨터 내부에서 자료 또는 정보를 처리하는 방식도 앞서 살펴 본 테마파크의 사례와 거의 유사한 방식으로 이루어진다. 테마파크의 사물함은 컴퓨터에서 여러 가지 정보와 자료를 저장하는 메모리에 해당되고 데스크 직원은 운영체저(OS, Operating System), 사물함 관리 직원은 여러 연산들을 수행하고 데이터 입출력을 수행하는 CPU(Central Processing Unit)에 해당된다. 또한 고객들은 컴퓨터 내에서 수행되는 여러 응용 프로그램들에 해당되는데 당연히 우리가 파이썬으로 만들 프로그램까지도 여기에 포함된다.

고객들(응용 프로그램)이 맡기고 찾는 각자의 물건은 데이터에 해당이 되며 물건을 맡길 때 데스크 직원(운영체제)에게 알려 주는 **닉네임**은 컴퓨터 프로그래밍에서는 **'변수(variable)'**라고 한다. 이 장에서는 닉네임에 해당되는 변수의 개념에 대해 자세하게 살펴볼 것이다. 참고로 닉네임에 해당되는 사물함 번호(예를 들어 그림 7.5에서는 732번)는 프로그래밍 언어에 따라 '레퍼런스(reference)' 또는 '포인터(pointer)'라고 하기도 하고 단순하게 '주소(address)'라고도 한다.

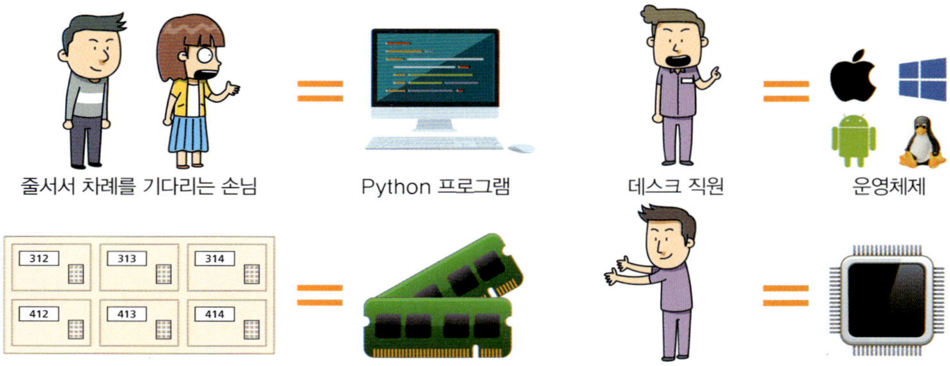

그림 7.6 테마파크 고객 사물함 관리 방식과 컴퓨터의 데이터 처리 방식 비교

이제 이 테마파크 비유를 잘 생각하면서 파이썬에서의 변수에 대해 알아보고 어떻게 사용하는지 구체적으로 살펴보자. 또한 스크래치에서는 어떻게 활용되는지 살펴보도록 하자.

02 변수

변수의 이해

어떤 언어를 사용하든 상관없이 변수는 앞서 언급한 대로 테마파크 사물함 관리 방식에서 '닉네임'에 해당된다. 그리고 고객들의 물건은 '데이터'에 해당되는데 정수, 실수, 문자열, 기타 컴퓨터에서 다루는 여러 형태로 구성될 수 있다.

테마파크 사물함은 고객이 바뀔 때 마다 다른 물건이 저장될 것이다. 이와 같이 변수는 저장하고 있는 데이터(고객들의 물건)가 변할 수 있기 때문에 변수(varible)이라는 이름을 갖게 되었다. 자, 그렇다면 프로그래밍을 통해 변수를 조금 더 이해해보자.

예를 들어, 변수(즉, 닉네임) 하나는 a라는 이름으로 지정하고 데이터로 정수 5(즉, 물건)를 메모리(사물함)에 보관하며 다른 변수는 bokdan이라고 지정한 다음 데이터로 '복단이'라는 문자열을 메모리에 저장하려면 다음과 같은 명령을 내린다.

```
a = 5
bokdan = '복단이'
print(a)
print(bokdan)
```

```
5
복단이
```

위의 파이썬 명령에서 첫 번째 줄과 두 번째 줄은 고객에 해당되는 프로그램이 a와 bokdan이라는 닉네임으로 각각 정수 5와 문자열 '복단이'라는 물건을 보관해 달라는 의미이다. 그리고 세 번째 줄과 네 번째 줄은 각각 닉네임 a와 bokdan으로 보관하고 있는 물건을 화면에 출력(print)하라는 의미이다.

이때 등호(=)는 **대입 연산자**라고 하며 '같다'는 뜻이 아니라 '**오른쪽에 있는 내용을 왼쪽의 닉네임으로 대표되는 사물함에 보관하자**'라는 의미이다. 이 경우 원래 사물함에 물건이 있더라도 기존 물건을 폐기하고 새로운 물건을 넣게 된다(그림 7.4의 ❶번을 다시 확인하자).

또한 이 과정에서 테마파크에서와 마찬가지로 고객에 해당하는 프로그래머나 프로그램 코드에게는 실제 물건이 보관되는 사물함 번호가 노출되지 않는다는 점에 주목하자. 다시 말해서 프로그래머나 프로그램 코드는 다른 프로그램이 사용 중인 사물함을 피해서 빈 사물함을 찾고, 그 빈 사물함의 번호를 기억할 필요가 없이 닉네임에 해당되는 a, bokdan이라는 이름만 알면 된다.

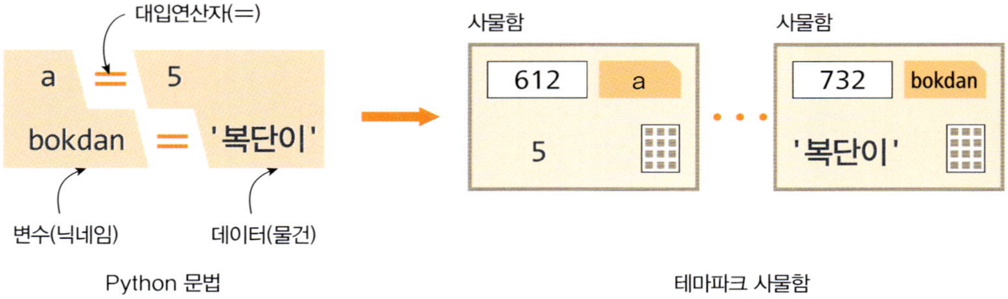

그림 7.7 파이썬에서 변수에 데이터 대입하기

잠깐!

스크래치에서는 변수를 어떻게 사용할까?

스크래치에서 변수는 '변수' 블록 모음에서 구현할 수 있다. 변수 블록을 클릭하면 변수와 관련된 블록들이 생성된다.

변수를 생성하기 위해 스크래치에서는

❶ 상단에 있는 [변수 만들기] 를 클릭한다.

❷ 변수 만들기를 클릭하면 새로운 변수를 생성할 수 있는 팝업창이 뜨게 된다.

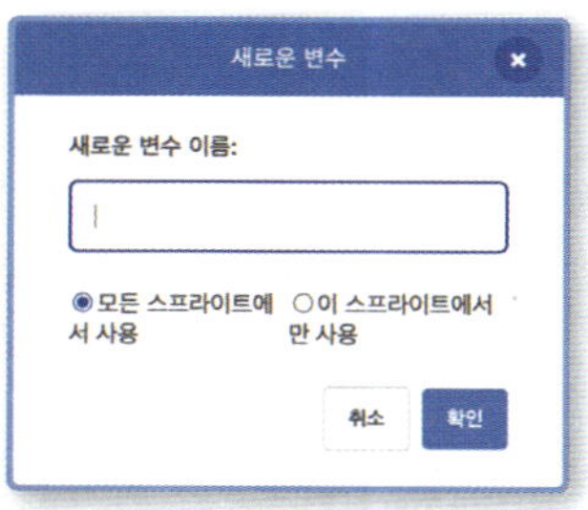

❸ 여기에 새로운 변수 이름을 적고 확인 [확인] 을 누르면 변수가 생성된다.

단, 지금 생성하는 변수를 모든 스프라이트에서 생성할지, 아니면 현재 스프라이트에서만 생성할지를 정하는 것은 향후 지역변수와 전역변수를 설명하면서 더 자세하게 언급하자. 특별하게 지정하지 않으면 ◉모든 스프라이트에서 사용 ○이 스프라이트에서만 사용 과 같이 모든 스프라이트에서 사용하는 것이 선택되어 있다.

그렇다면 지금부터 앞에서 파이썬 프로그램을 통해 구현한 것처럼 a와 bokdan이라는 변수를 생성하고, a에는 5를, bokdan에는 “복단이”를 대입한 후 각각을 출력해보자.

❶ 변수 만들기를 클릭한 후,

❷ 새로운 변수 이름으로 a를 적고 확인을 클릭한다. 왼쪽 변수 블록 창에 [변수 만들기 / ☑ a] 와 같이 변수 a가 생성되고 오른쪽 실행 화면 에는 [a 0] 가 생성되어 변수와 변수에 저장된 데이터를 보여준다.

❸ 같은 방법으로 변수 만들기를 통해 bokdan을 생성한다. 그러면 왼쪽 블록 모음과 오른쪽 실행화면 창에 만들어진 변수가 보일 것이다.

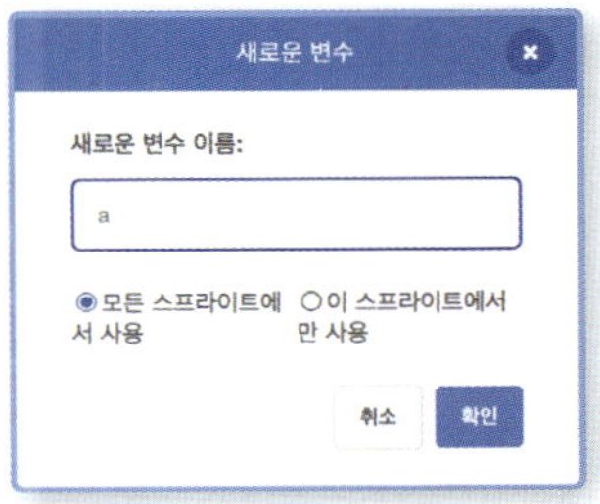

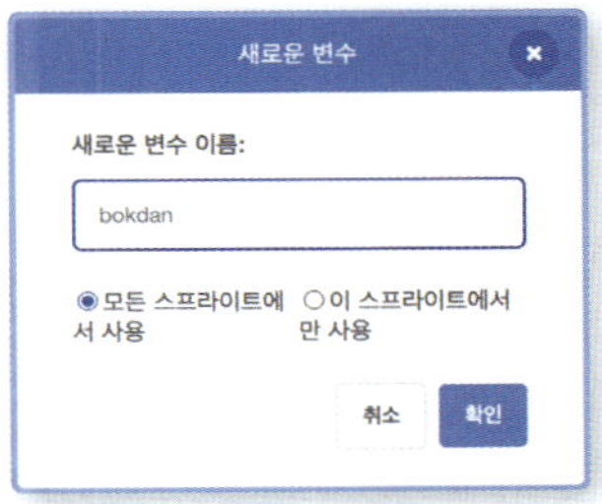

변수가 모두 생성되었다면 a에는 5를, bokdan에는 “복단이”를 대입해보자.

❶ 왼쪽에 있는 변수 블록 들 중 [a ▾ 을(를) 0 로 정하기]를 작업영역으로 드래그한다(이 작업 전에 [이벤트] 블록모음을 클릭하고 [🏴 클릭했을 때]를 먼저 작업영역에 드래그앤 드롭한다).

❷ 위의 블록에서 [0]에서 숫자 0을 클릭한 후 5를 적고 enter를 친다.

❸ [a ▾ 을(를) 0 로 정하기]에 마우스를 가져가서 손바닥 모양이 나오면 클릭한다. 오른쪽 실행화면의 변수 a가 5로 변경되는 것([a 5])을 확인할 수 있다.

❹ 2개 이상의 변수가 있다면 [a ▾]을 클릭하여 원하는 변수를 선택해야 한다. 이러한 방법으로 변수 bokdan에는 “복단이”를 저장해보자.

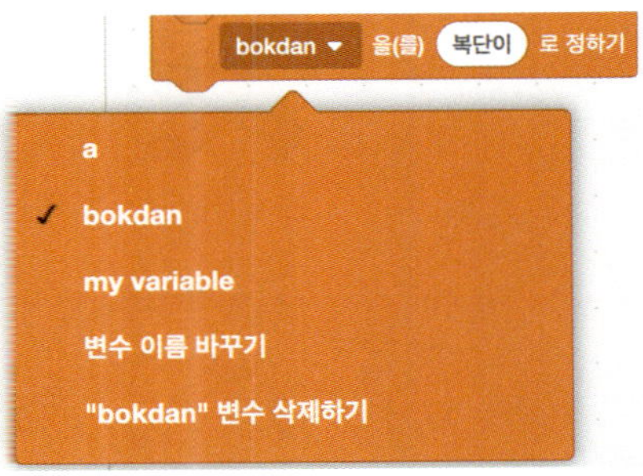

*파이썬 코드 중 print 함수는 스크래치의 블록 모음 중 에서 블록으로 표현할 수 있다.

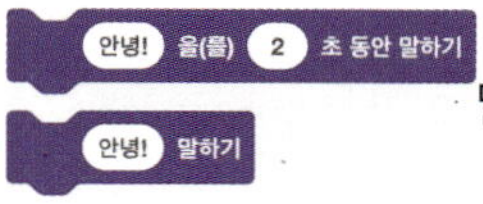

말하기 블록을 활용하면 5와 "복단이"를 각각 출력할 수 있다.

❶ 형태 블록 모음()을 클릭한 후, 를 작업 영역으로 드래그한다.

❷ 우리가 출력할 것은 변수 a에 저장된 데이터의 값이므로  대신에 변수 블록 모음()을 클릭하여  가까이로 드래그해서 가져가면 와 같이 하얀색 테두리가 그려졌을 때 드래그한 것을 드롭한다.

❸ 변수 bokdan이도 아래와 같이 동일한 작업을 한다.

❹ 실행화면 상단에 을 클릭하면 차례대로 5와 복단이를 냥이가 말하는 것을 확인할 수 있다.

잠깐!

스크래치에서 변수를 사용하게 되는 케이스를 좀 더 살펴보면?

1. 문제를 해결할 때 특정 범위에서 랜덤으로 숫자를 발생시켜야 하는 경우

이 때, 블록모음 중 [연산]를 클릭한 후 [1 부터 10 사이의 난수]를 사용하게 된다. 이 때, 특정 범위 사이에서 발생된 임의의 수(난수)는 변수에 저장을 해주어야 그 수를 활용할 수 있다. 임의의 수를 발생하도록 하고 그 수가 무엇인지 모른다면 활용할 수 없기 때문이다. 따라서 [1 부터 10 사이의 난수]를 사용하게 된다면 다음과 같이 반드시 변수를 생성하여 저장하자.

❶ 블록모음 중 [변수]를 클릭한 후, [변수 만들기]를 클릭한다.

❷ 새로운 변수 이름에 random을 입력하고 [확인]을 클릭한다.

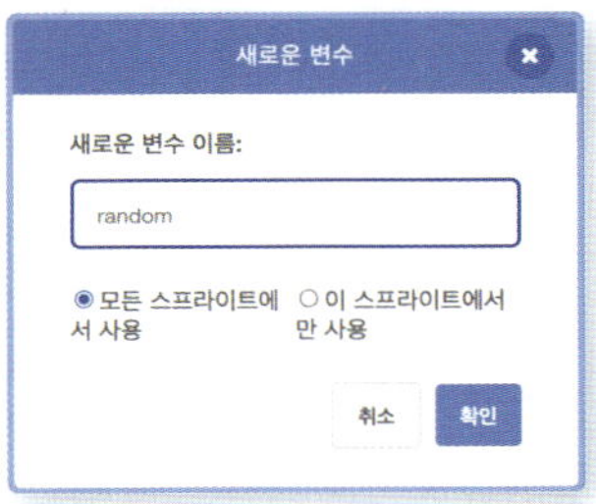

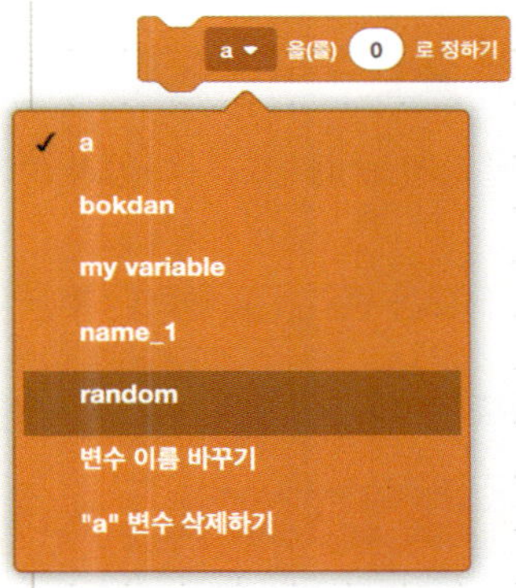

❸ [a 을(를) 0 로 정하기]을 드래그하여 작업영역으로 가져간다.

❹ [a ▾]를 클릭하여 random을 선택한다.

❺ 블록모음 중 [연산]를 클릭한 후 [1 부터 10 사이의 난수]을 작업영역으로 드래그하여 작업영역에 있는 [random 을(를) 0 로 정하기]의 [0] 안으로 드래그한다.

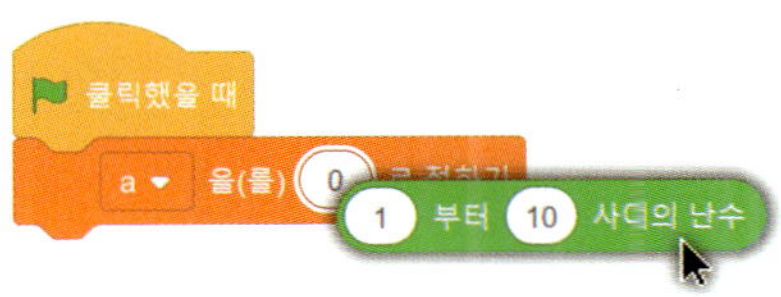

❻ 발생된 난수가 변수 random에 저장된다. 따라서, 이후 프로그램에서는 변수 random을 사용하면 발생된 난수를 프로그램에서 재활용할 수 있다.

2. 문제를 해결할 때 묻고 답하기를 하는 경우

이 때, 블록모음 중 [감지]를 클릭한 후, [너 이름이 뭐니? 라고 묻고 기다리기]를 사용하게 된다. 이를 실행시키면 실행화면에서는 "너 이름이 뭐니?"라고 묻는 창이 나온다.

입력 창에 '차덕성' 이라고 입력한 후, 변수에 저장을 해야만 다시 활용할 수 있다. 이 때, 입력창에 답한 것은 [너 이름이 뭐니? 라고 묻고 기다리기]아래에 있는 [대답]에 저장된다. 따라서 [너 이름이 뭐니? 라고 묻고 기다리기]을 사용하게 될 때 반드시 다음과 같이 변수를 생성하여 [대답]을 저장하자.

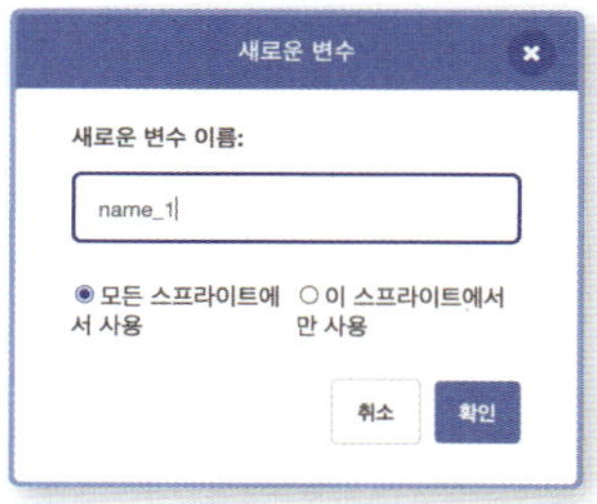

❶ 블록모음 중 [변수]를 클릭한 후, [변수 만들기]를 클릭한다.

❷ 새로운 변수 이름에 name_1을 입력하고 [확인]을 클릭한다.

❸ [a ▾ 을(를) 0 로 정하기]을 드래그하여 작업영역으로 가져간다.

❹ [a ▾]를 클릭하여 name_1을 선택한다.

❺ 블록모음 중 [감지]를 클릭한 후 [대답]을 작업영역으로 드래그하여 작업영역에 있는 [random ▾ 을(를) 0 로 정하기]의 [0] 안으로 드랍한다.

❻ 입력창에 작성한 대답이 변수 name_1에 저장된다. 따라서, 이후 프로그램에서는 변수 name_1을 사용하면 [너 이름이 뭐니? 라고 묻고 기다리기]을 사용하여 질문한 내용의 답을 프로그램에서 재활용할 수 있다.

변수의 재활용 – 새로운 값의 대입 또는 덮어쓰기

만일 그림 7.4의 ❷번처럼 bokdan이라는 닉네임(변수)을 그대로 유지한 채 다른 물건(데이터)를 보관하도록 하면 어떻게 될까? 파이썬 코드는 다음과 같이 표현할 수 있다.

```
bokdan = '복단이'
bokdan = '덕덕이'

print(bokdan)
```

```
덕덕이
```

위 코드의 결과를 보면 처음 보관했던 '복단이'는 폐기되고 새로 보관한 '덕덕이'만 남아서 화면에 출력되는 사실을 볼 수 있다. 이 과정은 그림 7.4의 ❷번과 그림 7.8을 통해 이해할 수 있는데, 기존 데이터인 '복단이'는 폐기되고 새로운 값인 '덕덕이'로 덮어쓰기가 이루어지고 있음을 확인할 수 있다.

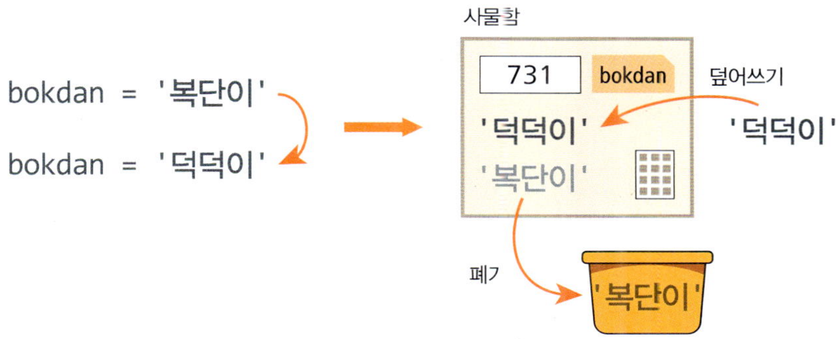

그림 7.8 파이썬에서 변수가 저장하는 값 덮어쓰기

스크래치로 파이썬과 같은 결과 나타내보기

다음 블록들을 조합하여 파이썬에서와 같은 결과를 나타내보자. 다음과 같은 결과를 나타내려면 다음의 블록들을 어떻게 조합하면 될지 <보기>에서 골라 나열해보자.

답:

참고

- 현재 변수 bokdan의 값을 출력해보고
- 변수 bokdan에 '덕덕이'이라는 새로운 값을 덮어쓰기한 후
- 변수 bokdan의 값을 출력해보자.

예상하지 못한 사물함 관리 문제 - 닉네임 할당 규칙

다시 테마파크의 사물함 관리 상황으로 돌아가 보자. 앞서 설명한 사물함 관리 규칙을 적용하면서 별다른 닉네임 지정 규칙을 두지 않은 채 사물함 관리 시스템을 몇 달간 운영해 본 결과, 처음에는 생각하지 못했던 다음과 같은 **몇 가지 문제**가 나타났다.

1. 고객들 중에 닉네임이 중복되는 경우가 빈번하게 발생되어 고객 불만 사항이 폭주하고 있다. 그림 7.9에서 3147번 사물함과 4148번 사물함은 서로 다른 두 고객이 닉네임으로 **나비**라는 이름을 사용했는데 그 결과로 두 고객의 물건이 서로 바뀌게 되었고 그 결과 **고객 불만 사항**으로 접수된 사례이다.
2. 단어 띄어쓰기 때문에 고객의 의도가 정확하게 닉네임에 반영되지 않아 불만 사항으로 접수되는 경우도 발생했다. 그림 7.9의 3149번 사물함은 고객이 닉네임을 요청했을 때

데스크 담당 직원이 띄어쓰기를 하지 않은 채로 **우리나라**라는 **한 단어**로 입력을 했고 4149번 사물함은 다른 데스크 담당 직원이 띄어쓰기를 해서 입력을 해서 **우리 나라**로 **두 단어**로 입력되어 혼란이 발생한 사례이다. 이 상황에서 고객이 닉네임으로 물건을 찾으려고 할 때 사물함 담당 직원은 3149번과 4149번 사물함 중 어떤 사물함을 의미하는지 바로 알기 어렵다.

3. 고객들이 닉네임으로 숫자를 사용하는 경우가 있어서 사물함 관리 직원이 실수하는 경우도 증가하고 있다. 그림 7.9에서 사물함 4147번에는 고객이 닉네임으로 **1024**라는 숫자를 지정했는데 사물함 관리 직원이 이 닉네임을 사물함 번호로 착각해서 1024번 사물함에 보관되어 있던 물건을 해당 고객에게 전달하는 바람에 고객이 항의하는 사건이 있었다.

4. 간혹 고객들 중에는 그림 7.9에서 표시한 3148번 사물함처럼 닉네임으로 **특수문자**(예를 들어 !@#$%^&*;:)를 사용할 때도 있는데 이 특수문자로 표현된 닉네임 때문에 직원들 사이의 의사소통에 문제가 생기고 처리 시간이 많이 소요되는 문제가 발생했다. 예를 들어 어떤 직원은 @ 기호를 '골뱅이'라고 읽고 다른 직원은 'at'이라고 표현하는 등 제각각이어서 데스크 직원과 사물함 관리 직원 사이의 의사소통이 어려워지고 처리 시간이 길어져 결국 실수로 이어지는 문제가 빈번하게 발생하게 되었다.

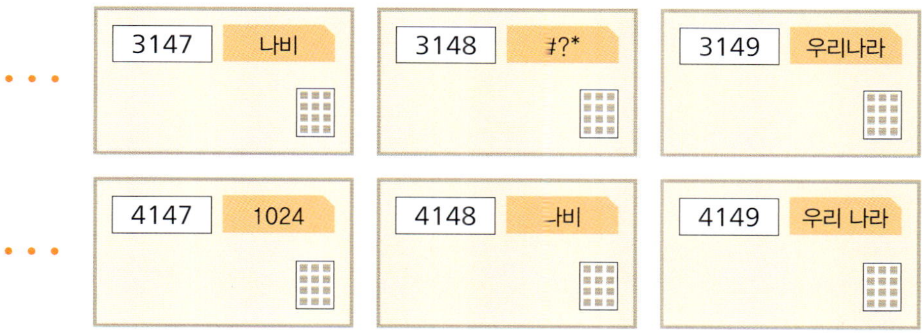

그림 7.9 사물함 닉네임에서의 문제들

테마파크에서는 이러한 예상치 못한 문제 사례들을 조사했고 해결 방안을 위해 다음과 같은 **닉네임 지정 규칙**을 마련하였다.

닉네임 중복 금지

고객이 원하는 닉네임이 이미 사용 중인지 확인하고 사용 중이라면 다른 닉네임을 쓰도록 권유함으로써 닉네임 중복을 방지하도록 한다. 단, 닉네임으로 영문자를 사용하는 경우 대소문자는 구분해서 서로 다른 것으로 간주한다. 예를 들어 Name과 name은 앞 글자가 각각 대문자와 소문자이기 때문에 서로 다른 닉네임으로 생각한다.

한 단어로만 닉네임 지정

직원 간 의사소통에서의 혼란을 피하기 위해 단어들 사이의 띄어쓰기를 금지하고 한 단어로만 닉네임을 지정한다. 단, 띄어쓰기로 인한 의미 파악이 힘든 경우 밑줄(_)을 사용해서 개별 단어들을 연결한다. 예를 들어, **아름다운 우리 나라**라는 닉네임은 빈 칸 대신 밑줄을 사용해서 **아름다운_우리_나라**로 표현한다.

숫자 닉네임 또는 숫자로 시작하는 닉네임 사용 금지

닉네임을 숫자로 명시할 경우 사물함 번호와 혼동될 가능성이 크기 때문에 닉네임은 숫자로 지정할 수 없다. 더 나아가서 사물함 번호와의 혼동 가능성을 완전히 배제하기 위해서 숫자로 시작하는 모든 닉네임들(예. 2myLove, 123OneTwoThree)도 사용을 금지한다.

닉네임 내 특수문자 사용 금지

앞서 살펴본 대로 특수문자가 닉네임에 포함되면 직원들 사이의 의사소통이 원활하지 못한 경우가 있다. 따라서 닉네임 내 특수문자를 단 하나라도 사용할 수 없다. 단, ❷번 규칙(**한 단어로만 닉네임 지정**)에서 빈 칸 대신 사용하는 밑줄(_)은 예외로 닉네임 내에 포함시킬 수 있으며 따라서 밑줄로 시작하는 닉네임(예. _yourName, _myUnderscore)도 사용 가능하다.

이러한 네 가지 닉네임 지정 규칙을 새롭게 적용함에 따라 사물함 관리로 인한 고객 불만은 크게 감소했으며 사물함 운영 역시 보다 효율적이고 체계적으로 운영될 수 있었다.

우리는 이미 이 테마파크 사물함 관리 구조와 운영 방식이 컴퓨터 내에서의 메모리 관리 구조와 운영 방식과 비슷하다는 사실을 알고 있고 테마파크 사물함에서의 닉네임이 파이썬 프로그래밍에서는 변수에 해당된다는 점도 알고 있다. 그렇다면 이곳에서 살펴 본 닉네임 지정 규칙은 컴퓨터 프로그래밍에서는 이러한 닉네임 지정 규칙이 어떠한 의미가 있을까?

파이썬 변수 이름 지정 규칙

앞서 살펴 본 사물함 닉네임 지정 규칙처럼 파이썬 프로그래밍에서의 변수 이름 지정에도 다음과 같은 비슷한 규칙이 적용되며 규칙의 적용 이유나 배경도 유사하다. 그림 7.10을 참고로 다음 규칙들을 숙지하자.

변수 이름 중복 금지

일반적으로 한 소스 코드 내에서는 특별한 상황이 아닌 경우 같은 변수 이름을 사용하지 않는다. 그러나 파이썬은 대문자와 소문자를 구분하기 때문에 그림 7.10에서처럼 **army**와 **Army**는 다른 변수로 인식한다.

한 단어로만 변수 이름 지정

코드를 읽고 이해할 때 혼란을 피하기 위해 단어들 사이의 띄어쓰기를 금지하고 한 단어로만 변수 이름을 지정한다. 단, 띄어쓰기로 인한 의미 파악이 힘든 경우 밑줄(_)을 사용해서 개별 단어들을 연결한다. 그림 7.10에서 **BTS_Army**처럼 두 단어를 밑줄로 연결한 올바른 변수 이름에 주목하자.

전체 숫자로 구성되거나 숫자로 시작하는 변수 이름 사용 금지

사물함 닉네임 사례처럼 숫자로 시작하는 변수(예. **2bad, 3x3eyes**) 또는 숫자로만 이름이 구성된 변수(예. **1234**)는 올바른 파이썬 변수가 아니다. 단, 그림 7.10에서 제시한 **perm-2dance**라는 변수 이름처럼 중간에 숫자가 들어가는 단어들을 구성해서 올바른 변수 이름으로 지정할 수는 있다.

변수 이름 내 특수문자 사용 금지

사물함 닉네임과 마찬가지로 변수 이름에는 밑줄(_)을 제외한 특수문자를 단 하나라도 사용할 수 없다. 따라서 그림 7.10에서 제시한 **#you, home@here**는 올바른 파이썬 변수 이름이 아니다. 단, ❷번 규칙(**한 단어로만 닉네임 지정**)에서 빈 칸 대신 사용하는 밑줄(_)은 예외로 변수 이름에 포함시킬 수 있다. 따라서 그림 7.10에서 제시한 **BTS_Army, _oh_my** 등은 올바른 변수 이름이다.

파이썬 변수 이름 지정 시에 컴퓨터라는 특수한 구조로 인해서 테마파크 사물함 닉네임 지정 규칙에는 등장하지 않는 추가적인 규칙들이 몇 가지 더 적용이 된다. 이러한 규칙들도 함께 알아 보자.

예약어(=명령어) 이름을 변수 이름으로 사용 불가

파이썬 프로그래밍 언어에는 변수 이외에도 컴퓨터에게 특정한 작업을 지시하기 위한 영단어들이 준비되어 있는데 이러한 것들을 **예약어** 또는 **명령어**라고 한다. 예약어나 명령어에는 앞으로 우리가 공부하게 될 for, if, while, else, print, format, def 등이 있는데 컴퓨터는 이미 이러한 예약어 또는 명령어를 미리 기억한 상태로 우리가 작성한 파이썬 프로그램 소스 코드를 읽으면서 해야 할 일들을 수행한다. 따라서 이러한 단어들은 변수 이름으로 사용할 경우 컴퓨터가 혼동을 일으키기 때문에 변수 이름으로 사용할 수 없다.

한글 변수 이름 사용 가능

파이썬에서는 한글로 변수명을 지정할 수 있다. 그러나 최근에는 오픈소스 형태로 자신의 소스 코드를 공개하고 공동으로 개발하는 사이트인 github 등을 통해 자신이 만든 코드를 전세계 개발자들과 공유하고 공동 개발하는 방식이 일반적이다. 따라서 전세계 개발자들이 코드를 읽을 수 있도록 영어 단어로 변수 이름 등을 지정한다는 사실을 고려해 보면 한글로 변수 이름을 지정하는 방식은 어느 정도의 한계와 문제점이 있을 수도 있다.

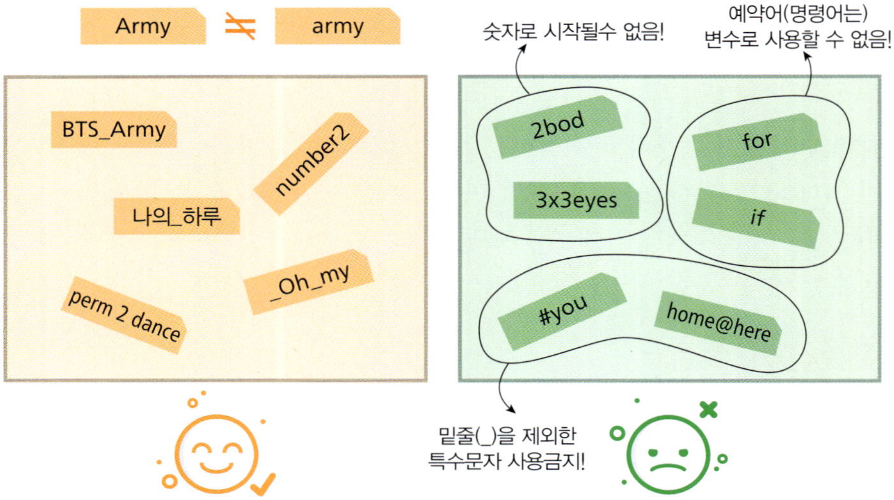

그림 7.10 파이썬 변수 이름 지정 규칙

변수를 사용하는 이유

프로그래밍 언어에서 변수를 사용해야 하는 이유는 무엇일까? **변수를 사용하는 이유는 상황이나 적용 대상에 따라서 값이 변하는 경우에 효과적으로 대응할 수 있기 때문이다.** 예를 들어 여러분이 우리 대학교의 운영에 필요한 소프트웨어를 제작한다고 생각해 보자. 이 소프트웨어는 대학 운영과 관련된 여러 행정 업무들을 처리하도록 설계되어야 하는데 여러 중요 정보 중에서도 **학생 인원수**라는 값(정수)은 여러 곳에서 사용될 것이다. 예를 들어 다음과 같은 계산을 수행하기 위해 구체적인 학생 인원수가 필요할 것이다.

- 장학금 지급 비율 계산
- 교수 1인당 학생 수 계산
- 학생 1인당 정부 지원 교육비 예측
- 학생 1인당 강의실 면적 산출
- 기타 여러 정보 산출

이 소프트웨어는 상당히 다양한 기능을 제공하기 때문에 이외에도 많은 곳에서 학생 인원수가 계산에 활용된다고 가정해 보자. 그런데 여러분이 이 코드를 변수를 사용하지 않고 현재 시점의 학생수를 직접 정수로 입력해서 코드를 작성한다면 어떤 문제가 발생하게 될까?

복잡한 기능을 제공하는 소프트웨어인만큼 코드는 상당히 길어질 것이고 개발자는 매번 학생수에 해당하는 숫자(예. 5421)를 코드에 정확하게 입력해야 할 것이다. 그런데 이렇게 숫자를 반복해서 입력하다보면 – 우리가 흔히 경험하는 일이지만 – 개발자의 실수로 인해서 잘못 숫자가 입력될 가능성이 높다. 따라서 만일 학생수가 특정한 코드 위치에서 한 번이라도 잘못 입력이 되었다면 이 소프트웨어가 제공하는 정보의 신뢰성이 상당히 저하될 것이다.

개발자가 몇 번 반복 확인을 해서 학생수를 정확한 숫자로 입력했다 하더라도 더 큰 문제들이 기다리고 있다. 소프트웨어를 개발한 학기에는 이렇게 개발한 소프트웨어를 어떻게든 쓸 수 있겠지만, 다음 학기에 학생수가 달라지면 어떻게 해야 할까? 소스 코드 전체에서 일일이 5421이라는 숫자를 찾아서 다음 학기의 학생수로 바꿔야 할 것이다. 그런데 우연히 코드 중 5421이라는 숫자가 다른 의미를 가지는데(예를 들어서 학교 내 특정 전화번호일 수도...) 다음 학기 학생수로 바꾼다면 이 소프트웨어가 제대로 실행될 수 없을 것이다.

다른 한편으로, 이 소프트웨어를 개발해서 다른 학교에서 운영하려고 할 때에도 학교마다 학생수가 다르기 때문에 문제가 발생하게 된다.

따라서 학생수를 변수로 지정해서 코드를 작성한 후 학기나 학교가 달라질 때 마다 제일 처음 변수를 초기화할 때 매번 달라지는 값으로 변경하면 코드 내 숫자를 하나하나 고칠 필요 없이 올바로 코드가 작동하게 될 것이다.

표 7.1 변수의 사용

변수를 사용하지 않을 때 (현재 시점의 우리 대학 학생수는 5421명으로 가정)	변수를 사용할 때
장학금비율=전체장학금 / 5421 * 100 ...(중략)... 교수1인당학생수 = 5421/교수인원수 ...(중략)... 학생1인당교육비 = 전체교육비/5421 ...(중략)... 학생1인당면적 = 전체면적/5421	학생수 = 5421 장학금비율=전체장학금 / 학생수 * 100 ...(중략)... 교수1인당학생수 = 학생수/교수인원수 ...(중략)... 학생1인당교육비 = 전체교육비/학생수 ...(중략)... 학생1인당면적 = 전체면적/학생수

03 자료형

테마파크의 사물함에 여러 물건들을 넣어 둘 수 있는 것처럼, 컴퓨터의 메모리에도 다양한 형태의 자료가 들어 갈 수 있다. 이러한 다양한 형태의 자료들을 종류별로 구분한 것을 자료형이라고 한다.

자료형에는 숫자형(integer type), 문자형(character type, 문자열형(string type)도 있음)그리고 참 또는 거짓을 구분하는 불린형(boolean type)이 있다. 불린형은 and, or, not의 논리연산과 연관이 있으므로 2장 연산자와 컨테이너에서 자세히 설명할 예정이다. 이 장에서는 파이썬, 스크래치 등과 같은 프로그래밍 언어에서 기본적으로 다루는 자료형인 숫자형과 문자형을 주로 설명하고자 한다.

물론 스크래치에서는 다음에 소개하는 자료형들을 최대한 신경쓰지 않도록 도와주지만 컴퓨터가 다룰 수 있는 자료의 형태에 어떤 것이 있는지를 아는 것은 파이썬, 스크래치 이외에 다른 프로그래밍 언어를 배우게 될 때에도 가장 기본이 되는 것이므로 반드시 이해하고 넘어가도록 하자.

부울(bool)형 – 참/거짓

불린(boolean)형 또는 부울(bool)형은 참(True), 거짓(False) 두 가지 중 한 가지 값을 가지는 자료형으로 주로 논리와 관련된 정보를 표현하기 위해 사용한다. 파이썬 코드에서는 다음과 같이 변수에 참(True), 거짓(False)을 대입할 수 있다.

```
a = True
b = False
print(a)
print(b)
```

```
True
False
```

참고

그림 7.11 조지 불(George Boole), 1815-1864

파이썬 뿐만 아니라 대부분의 프로그래밍 언어에서 참 또는 거짓을 표현하는 자료형을 bool 또는 boolean으로 표현하는데 이 명칭은 19세기 영국에서 활동했던 수학자인 조지 불(George Boole)의 이름에서 유래되었다. 조지 불은 최초로 논리학을 수학의 영역에 도입한 학자로 인정받고 있다.

원래 서양 학문 체계에서 논리학은 기원전부터 토론을 통해 중요한 결정을 내리던 고대 그리스에서 토론에서 이기기 위해 상대방보다 말을 논리적으로 잘하는 방법을 연구하는 학문인 수사학(Rhetoric)의 일부로 시작되었다.

그러나 19세기에 조지 불이 수학에서 정립한 논리학은 이후 영국의 버트런드 러셀(Bertrand Russell) 같은 학자들의 연구로 심화 발전되었고 결국 20세기에 접어들면서 영국 수학자 앨런 튜링(Alan Turing)에 의해 컴퓨터라는 개념으로 진화하게 되었다.

또한 20세기 초반부터 전자공학의 급속한 발전 속에서 전기 신호 5V는 True로 표현하고 전기 신호 0V는 False로 표현하는 현대 디지털 전자 기술이 등장하는 이론적 토대가 되어 결국 디지털 컴퓨터의 탄생으로 이어지게 되었다.

이 부울형 자료는 2장에서 배우게 될 논리연산자와 관계연산자와 관련성이 높기 때문에 구체적인 활용 방법과 그 의미에 대해서는 2장에서 자세하게 다루기로 한다.

숫자형 - 정수형, 실수형

숫자형에는 구체적으로 정수형 변수와 실수형 변수가 있다. 파이썬에서는 각각 다음과 같은 코드로 정수형 변수와 실수형 변수를 정의할 수 있다.

```
n = 10
m = 10.0
```

이러한 숫자형 변수들은 사칙연산 등을 포함해서 앞으로 배우게 될 여러 연산들을 수행하고 그 결과를 또다른 변수에 저장할 수 있다. 다음 코드에서는 변수 a, b에 각각 정수 10과 20을 대입하고 두 수를 곱한 결과를 또 다른 변수 c에 대입한다. 마찬가지로 변수 m과 n에는 실수(숫자 뒤의 .0에 주목하자)로 10.0과 5.0을 각각 대입한 후 m을 n으로 나눈 실수값을 변수 q에 대입한다.

```
a = 10
b = 20
c = a * b

m = 10.0
n = 5.0
q = m / n
```

이때 컴퓨터에서 곱하기 계산은 ×가 아니라 * 기호를 사용하고 나누기 계산은 ÷가 아니라 / 기호를 사용한다는 점에도 주의하자.

코드 작성 후에 각각의 변수에 저장된 값을 확인하고 싶으면 Colab 환경에서 값을 보려고 하는 함수 이름을 마지막에 입력하거나 print 명령을 이용한다.

참고

Colab에서 다음과 같이 변수값을 출력하기 위해 연속으로 변수 이름을 한줄씩 입력할 경우 제일 마지막에 등장하는 변수가 저장하고 있는 값만 출력된다.

```
a = 10
b = 20
c = a * b

m = 10.0
n = 5.0
q = m / n

c
q
```

```
2.0
```

이 문제를 해결하기 위해서는 다음과 같이 print 명령을 사용해서 개별 변수값을 출력한다.

```
a = 10
b = 20
c = a * b

m = 10.0
n = 5.0
q = m / n
```

```
print(c)
print(q)
```

```
200
2.0
```

참고

위에서 살펴 본 파이썬 코드가 테마파크의 사물함 관리 방식에서는 어떻게 작동할까? 먼저 주의해야 할 사항은 a, b 또는 m, n에 저장된 숫자형 데이터들이 c와 q의 연산에 '소비'되어 사라지지 않고 해당 변수에 그대로 남아 있다는 점이다. 다시 말해서 현실에서는 사물함에 보관된 물건을 똑같이 복제하는 것이 쉽지 않지만 컴퓨터 내부 구조에서는 물건(즉, 데이터)을 쉽게 복사할 수 있기 때문에 a, b 또는 m, n에 저장된 숫자형 데이터들은 그대로 두고 이 값들을 읽어서 복사한 후에 계산을 수행하고 다른 변수(여기에서는 각각 c와 q)에 넣게 된다(그림 7.12).

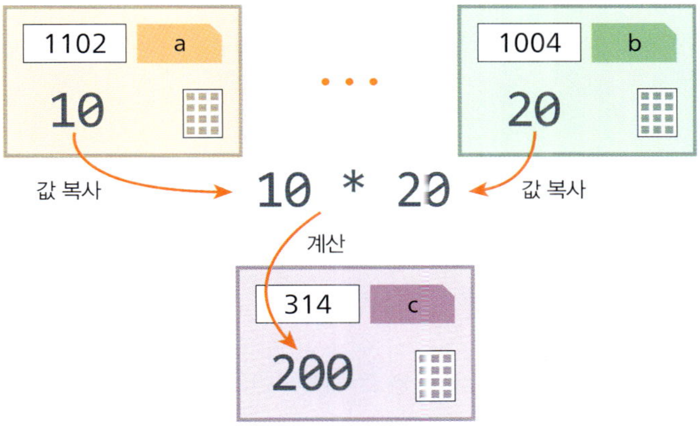

그림 7.12 변수 a, b, c에 대한 사물함의 작동 방식

지금까지처럼 반드시 한 줄에 변수 하나씩 대입해야 할 필요는 없고 한 줄로 변수값들을 대입할 수도 있다. 예를 들어 위의 코드는 다음과 같이 바꿀 수 있다. 변수에 값을 할당할 때 쉼표로 구분한다는 점에 주목하자.

```
a, b, m, n = 10, 20, 10.0, 5.0
c, q = a * b, m / n
print(c)
print(q)
```

```
200
2.0
```

참고) 위 코드에서 변수 c, q는 다른 변수인 a와 b, m과 n을 각각 이용하기 때문에 한 줄에 모두 표현할 수 없다는 점에 주목하자. 예를 들어 변수들의 값이 알려지지 않은 상태에서 다음과 같이 모두 한 줄로 표현하면 다음과 같이 오류가 발생한다.

```
x1, x2, x3, y1, y2, y3 = 10, 20, x1*x2, 10.0, 5.0, y1/y2

print(x3)
print(y3)
```

```
Traceback (most recent call last):
File "<string>", line 1, in <module>
NameError: name 'x1' is not defined
```

파이썬에서 변수에 값이 저장되려면 해당되는 코드가 포함된 한 줄의 실행이 완전히 완료되어야 하는데 위 코드에서 x3을 계산하기 위해서는 이미 값이 완전히 저장된 x1과 x2가 필요하다. 그런데 이 첫 번째 줄의 실행이 아직 완전히 끝난 상태가 아니어서 x1 값조차 완전히 기억하지 않았기 때문에 'x1'이 정의되지 않았다(NameError: name 'x1' is not defined)라는 오류가 발생된 것이다. 이후 x2, y1, y2도 비슷하게 정의되지 않은 것으로 보지만 첫 번째 오류가 발생한 이후 코드 작동이 중단되기 때문에 x1이 정의되지 않았다는 내용만 출력된다.

잠깐!

스크래치에서는 숫자형을 어떻게 구현할 수 있을까?

블록모음 중 변수 과 연산 을 사용하면 위의 파이썬 코드를 구현할 수 있다.

❶ 블록모음 중 변수 를 클릭하고 변수 만들기를 통해 a, b, c, m, n, q를 만든다.

❷ [나의 변수 ▾ 을(를) 0 로 정하기] 을 활용하여 각각의 변수에 a 에는 10, b에는 20를 입력한다.

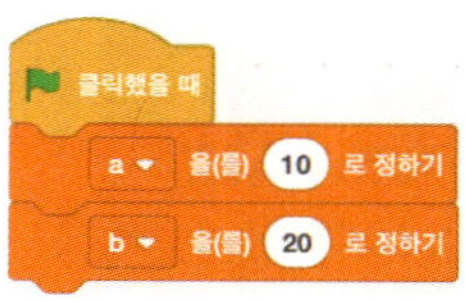

❸ 작업영역에 [나의 변수 ▾ 을(를) 0 로 정하기] 를 drag and drop하고 나의 변수 [나의 변수 ▾] 을 클릭하여 c로 변경한다.

❹ 연산 에서 [( ) · ( )] 를 drag하여 아래와 같이 [0] 안에 drop한다.

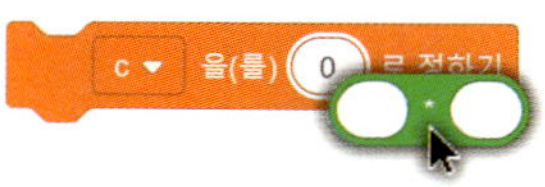

❺ 안으로 에서 만들어놓은 를 타원형 입력창에 각각 drag and drop 한다.

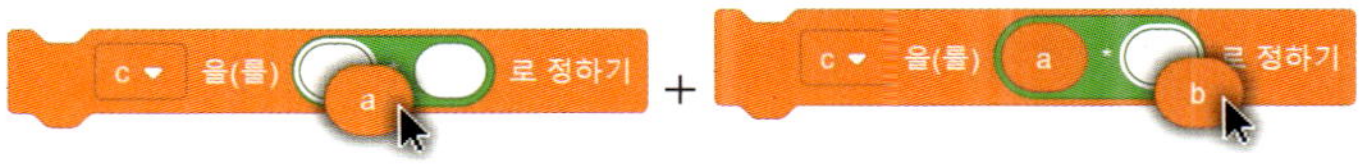

❻ print 함수를 구현하기 위해 블록모음 중 에서 을 작업영역에 drag and drop하고

❼ 안으로 블록모음 중 의 를 drag and drop한다.

- 동일한 방식으로 나누기 연산 블록인 를 활용하여 m = 10.0/ n = 5.0 / q = m / n 을 구현해보자.

문자형

변수 a, b, m, n에 저장된 값이 그대로 유지된다는 사실은 각 변수의 값을 출력함으로써 쉽게 알 수 있다. 이번에는 어떤 값이 어떤 변수에 저장되었는지 쉽게 확인하기 위해 print 명령에 ' (변수 이름) = ' 형식을 추가해서 출력해 보자.

```
a = 10
b = 20
c = a * b

m = 10.0
n = 5.0
q = m / n

print('c = ', c)
print('q = ', q)
print('a = ', a)
print('b = ', b)
```

```
print('m = ', m)
print('n = ', n)
```

```
c = 200
q = 2.0
a = 10
b = 20
m = 10.0
n = 5.0
```

위 코드에서 볼 수 있는 것처럼 print('a = ', a) 같이 print 명령 괄호 내부에 a 뿐만 아니라 작은 따옴표로 묶은 'a = '라는 표현이 추가되었다. 자세히 보면 이 괄호 안에는 쉼표(,)로 구분된 두 부분이 포함된 것을 알 수 있다. 이때 작은 따옴표로 묶은 표현은 출력 결과에서 그대로 표시되고 그 다음 쉼표 이후에 나오는 표현은 값이 출력된다(그림 7.13).

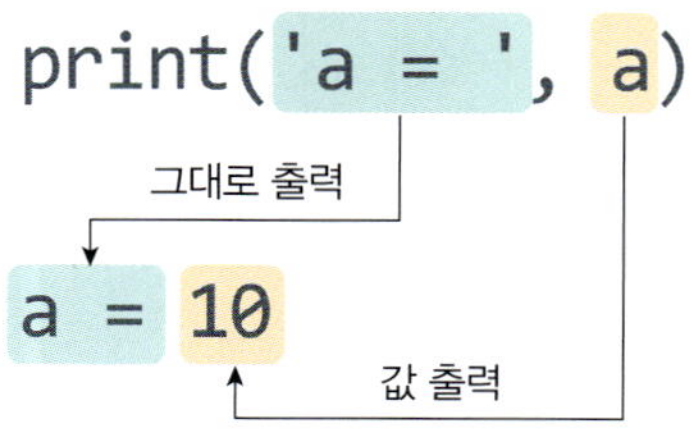

그림 7.13 print 명령의 구조

살펴 본 대로 작은 따옴표로 묶은 부분은 **글자 그대로 표시**되는데 이것을 **문자열(string)**이라고 한다. 참고로 **문자열은 "a=" 같이 큰 따옴표로도 표현할 수 있으며 의미는 동일하다.**

문자열끼리도 덧셈이 가능한데 두 문자열을 더하면 순서대로 연결한 문자열 하나로 통합된다. 다음 코드를 입력해서 살펴보자.

```
str1 = '제 이름은 '
name = '덕덕이'
str2 = '입니다.'
new_str = str1 + name + str2
print(new_str)
```

```
제 이름은 덕덕이입니다.
```

위 코드에서 문자열이 저장된 문자열 변수 str1, name, str2를 연결하면 연결 순서대로 하나의 문자열이 되어서 new_str이라는 변수에 대입되는 것을 볼 수 있다.

어떻게 보면 당연한 이야기이지만 덧셈을 제외하고 문자열끼리의 뺄셈, 곱셈, 나눗셈은 불가능하다.

```
strA = '파이썬에서'
strB = '문자열끼리 뺄셈은 안돼요'

strX = strA - strB
print(strX)
```

```
---------------------------------------------------------------
TypeError                                 Traceback (most recent call last)
----> 5strX = strA - strB
      6 print(strX)
TypeError: unsupported operand type(s) for -: 'str' and 'str'
```

파이썬에서 특히 주의해야 할 점들 중 하나는 눈으로 보기에는 숫자로 보이지만 실제로는 문자열인 경우가 있다는 사실이다. 예를 들어 정수 76과 문자열 '76'은 엄연히 서로 다르다. 다음 코드를 통해 확인해 보자.

```
a = 100
b = 234
c = '100'
d = '234'

print(a+b)
print(c+d)
```

```
334
100234
```

위 코드에서 변수 a와 b에는 정수값으로 각각 100과 234(따옴표가 없다는 사실에 주목)를 대입했고 변수 c와 d에는 문자열로 각각 '100'과 '234'(따옴표에 주목)가 대입되었다. 우리가 이미 살펴 본 대로 a+b는 정수와 정수를 더하는 계산이기 때문에 정수 334가 출력된 반면, c+d는 문자열과 문자열을 더하는 연산이기 때문에 새로운 문자열 '100234'가 출력되었음을 볼 수 있다.

참고

문자열 '100234'가 출력된 결과를 보면 따옴표가 없기 때문에 마치 정수처럼 보인다. 그렇다면 문자열과 정수를 구분할 수 있는 방법은 없을까? 파이썬에서는 자료형을 확인할 수 있는 type이라는 명령을 제공하는데 이 명령을 사용하면 다음과 같이 문자열인지, 정수인지, 실수인지 구분할 수 있다.

```
var1 = 7234                              # var1에 정수 7234 대입
var2 = '7234'                            # var2에 문자열 '7234' 대입
var3 = 7234.0                            # var3에 실수 7234.0 대입
print(type(var1))
print(type(var2))
print(type(var3))
```

```
<class 'int'>
<class 'str'>
<class 'float'>
```

즉, print문을 이용해서 type(var1)을 화면에 출력해 보면 <class 'int'>가 출력되어 var1이 정수(integer, int)임을 알 수 있고 type(var2)의 경우 <class 'str'>이 출력되어 문자열(string, str)임을 알 수 있다.

참고

문자열 또는 정수를 실수로 바꾸는 명령어는 float문이다. 다음과 같이 활용할 수 있다.

```
pi_str = '3.14'
pi_float = float(pi_str)                 # 문자열 pi_str을 실수형으로 변환
print(type(pi_float))                    # pi_float의 자료형(type)을 확인
print(pi_float)
r = 4                                    # 반지름 4
S = pi_float * r**2                      # 원의 넓이 공식
print('반지름', r, '인 원의 넓이는', S, '입니다.')
```

```
<class 'float'>
3.14
반지름 4 인 원의 넓이는 50.24 입니다.
```

잠깐!

스크래치에서는 위의 파이썬 코드를 어떻게 구현할 수 있을까?

블록모음 중 [형태]와 [연산]을 사용하면 위의 파이썬 코드를 구현할 수 있다. 먼저, print('c = ', c)에서 우리가 주목할 부분은 'c='은 문자형(문자열)이고 c는 변수라는 것이다. 즉, 속성이 다르다. 이 때 스크래치에서는 [연산]에서 [가위 와(과) 나무 결합하기] 블록을 사용한다. [가위 와(과) 나무 결합하기]는 이와 같이 서로 다른 속성을 가진 것을 합쳐서 구현해야 할 경우 활용한다.

❶ print 함수를 구현하기 위해 블록모음 중 [형태]에서 [안녕! 을(를) 2 초 동안 말하기]을 작업영역에 drag and drop하고

❷ [안녕!] 안으로 블록모음 중 [연산]에서 [가위 와(과) 나무 결합하기]을 drag and drop한다.

❸ [가위] 가위에는 c=을 입력하고, [나무]에는 블록모음 중 [변수]의 [c]를 drag and drop한다.

❹ 실행화면 상단에 [깃발]을 클릭하면  이 실행된다.

• 동일한 방식으로 q = 2.0/ a = 10 / b = 20 / m = 10.0/ n = 5.0를 화면에 나타내보자.

요약

01 컴퓨터의 메모리는 연속적인 번호와 저장 공간을 가지는 사물함과 비슷한 구조이고 사물함에 넣어 두는 물건은 자료 또는 데이터라고 할 수 있다.

02 변수는 사물함에 붙여 두는 '닉네임' 태그와 같은 역할을 하며 사물함 번호 대신 이 태그를 통해 특정 사물함에 다양한 물건(즉, 자료 또는 데이터)을 저장하고 저장한 사물함 위치도 쉽게 기억할 수 있다.

03 실제로 물건이 저장되는 곳은 해당 태그(변수)가 붙은 사물함이다. 이 때 해당 사물함의 번호는 '레퍼런스', '포인터'라고도 한다.

04 등호(=)는 대입연산자라고 하며 '오른쪽에 있는 내용을 왼쪽의 닉네임으로 대표되는 사물함에 보관하자'라는 의미로 원래 사물함에 있던 물건은 폐기하고 새로운 물건으로 대체된다.

05 같은 변수에 대입연산자(=)로 다른 값들을 대입하면 가장 마지막에 대입한 값만 저장된다.

06 파이썬 변수 이름은 대소문자를 구분하며 보통은 한 소스 코드 내에서 중복되지 않도록 한다. 단, 스크래치에서는 변수 이름을 블록으로 지정하기 때문에 각각의 블록으로 구분한다.

07 파이썬 변수 이름은 한 단어로 쓰며 중간에 띄어쓰기를 할 수 없다. 가독성을 높이기 위해 띄어쓰기를 하는 것이 좋을 경우 빈칸 대신 밑줄(_)로 단어들을 연결한다. 스크래치의 경우에는 변수 이름의 띄어쓰기가 가능하나 일반적으로 텍스트 기반의 언어들이 띄어쓰기 대신 밑줄(_)을 사용하므로 이 습관을 들이는 것이 좋다.

08 파이썬 변수 이름은 숫자로 시작할 수 없으며 반드시 숫자나 특수문자가 아닌 영문자나 한글, 밑줄(_)로 시작할 수 있다. 대신 숫자는 첫 글자를 제외한 나머지 부분에 사용할 수 있다. 스크래치의 경우에는 변수이름의 지정 규칙이 없으나 텍스트기반 언어는 대부분 숫자로 시작할 수 없으므로 동일하게 변수 지정 습관을 들이는 것을 권장한다.

09 변수 이름 내에는 !, @, #, $, % 등의 특수문자를 사용할 수 없다. 단, 밑줄(_)은 사용 가능하다. 스크래치의 경우에는 변수이름의 지정 규칙이 없으나 텍스트기반 언어는 대부분 숫자로 시작할 수 없으므로 동일하게 변수 지정 습관을 들이는 것을 권장한다.

10 파이썬 프로그래밍 언어의 예약어, 혹은 명령어를 변수 이름으로 사용할 수 없다. 스크래치의 경우에는 변수이름의 지정 규칙이 없으나 텍스트기반 언어는 대부분 숫자로 시작할 수 없으므로 동일하게 변수 지정 습관을 들이는 것을 권장한다.

11 한글이나 일본어, 한자, 이모지(emoji) 등 유니코드로 표현할 수 있는 문자로 변수 이름을 지정할 수 있으나 전세계 개발자들과 공동으로 코드를 개발하는 기회가 빈번하기 때문에 가급적이면 표준

영어로 변수 이름을 지정하는 것이 좋다. 스크래치의 경우에는 변수이름의 지정 규칙이 없으나 텍스트기반 언어는 대부분 숫자로 시작할 수 없으므로 동일하게 변수 지정 습관을 들이는 것을 권장한다.

12 변수를 사용하는 이유는 상황이나 적용 대상에 따라서 값이 변하는 경우에 효과적으로 대응할 수 있기 때문이다.

13 자료형은 자료의 종류를 의미한다.

14 불린 또는 부울 자료형은 참/거짓을 표현한다.

15 숫자형은 정수형과 실수형이 있는데 정수형은 소숫점이 없는 숫자, 실수형은 소숫점이 있는 숫자로 기억하자.

16 문자형은 큰 따옴표(")와 작은 따옴표(')로 묶은 표현이며 문자 정보들을 다루기 위해 사용한다.

17 '41', '2', '2.45' 등과 같이 문자형으로 표시한 숫자들은 사칙연산을 할 수 없으며 int( )나 float( )을 이용해서 정수형이나 실수형으로 변환한 후에 계산해야 한다.

08

연산자와 입출력

학습목차

학습목표

- 저장된 데이터를 이용해서 필요한 계산을 수행하는 연산자의 개념을 이해하고 응용할 수 있다.
- 컴퓨터에서 입출력의 의미를 이해하고 파이썬과 스크래치에서 키보드 입력과 화면 출력 방법을 이해하고 코딩에 활용할 수 있다.

1장에서는 자료 또는 데이터를 저장하는 방식을 테마파크의 사물함 운영 정책을 통해 이해했고 파이썬에서 다룰 수 있는 몇 가지 자료형을 학습했다. 그런데 이렇게 자료를 저장만 하고 있다면 어떤 쓸모가 있을까? 컴퓨터를 사용하는 사용자 입장에서는 자료를 의미있게 사용할 수 있으려면 ❶ **자료를 쉽게 컴퓨터에 알려 주고** ❷ **적절하게 자료를 처리해야 하며** ❸ **편리한 방식으로 처리된 결과를 확인**할 수 있어야 할 것이다.

이 때 ❶번에 해당하는 단계는 자료 입력이라고 하고 ❷번 단계는 연산, ❸번 단계는 자료 출력이라고 한다. 흔히 ❷번 단계에 해당하는 작업을 수행하는 기능을 **연산자**라고 부르고 ❶번과 ❸번 단계를 묶어서 **입출력**이라고 부른다.

2장에서는 먼저 자료와 자료형을 쓸모있고 의미있게 활용하기 위한 연산자를 학습한다. 그리고 컴퓨터가 처음 세상에 등장했을 때 사용이 불편했던 초창기 입출력 방식에서부터 시작한 이후, 보다 사용하기 편리한 입출력 기술로 진화하면서 어떠한 역사적 과정을 거쳤는지 조망해 보고 대표적인 입출력 장치인 키보드 입력과 모니터 화면 출력을 파이썬에서 어떻게 활용하는지 학습한다.

01 연산자

연산자란?

앞서 우리는 테마파크에 마련된 고객 사물함의 관리 방식을 통해서 실제로 응용프로그램(테마파크 고객)이 운영체제(데스크 직원)와 CPU(사물함 관리 직원)의 도움을 받아서 필요한 정보(물건들)를 컴퓨터 메모리(사물함)에 어떻게 보관하고 찾는지 살펴 보았다. 컴퓨터가 자료를 처리하고 여러 가지 계산을 수행하는 방식을 좀 더 자세하게 이해하기 위해서 다시 이 테마파크로 돌아가서 이 테마파크의 사물함이 어떻게 운영되는지 계속 살펴보자.

이 테마파크에서는 고객들을 위해 고객들이 사물함에 보관하고 있는 자신들의 물건들을 관리하기 위한 요청을 접수한 후 대신 수행하는 새로운 서비스를 제공하기로 했다. 데스크 직원은 고객들로부터 정해진 형식으로 작성된 물품 관리 요청 양식을 받은 후에 내부적인 작업 지시서를 작성해서 사물함 관리 직원에게 전달한다. 내부 작업 지시서를 받은 사물함 관리 직원은 지시 내용에 따라 고객의 사물함에 보관된 고객의 물건들을 여러 가지 방식으로 처리하게 된다. 예를 들어 그림 8.1처럼 어떤 고객이 732번 사물함(태그 **복단이들**), 1011번 사물함(태그 **임시복단이**)에 물건을 보관하고 있다고 가정해 보자.

그림 8.1 732번 사물함과 1011번 사물함의 상황

이때 이 고객이 태그를 이용해서 임시복단이(1011번) 사물함에 들어 있는 물건들과 복단이(732번) 사물함에 들어 있는 물건들을 모두 합한 다음 복단이 사물함(732번)에 다시 넣어 달라는 **요청 양식**을 보냈다고 하자. 이 요청 양식은 정해진 규칙에 따라 다음과 같이 작성한다.

요청 양식 **복단이들 = 복단이들 + 임시복단이**

이렇게 작성한 요청 양식을 데스크 직원에 전달하면 데스크 직원은 특별한 **해석 도구**를 이용해서 사물함 관리 직원이 잘 이해할 수 있는 구체적인 표현으로 해석된 **작업 지시서**를 만들고 사물함 관리 직원에게 보낸다. 위의 요청 양식은 다음과 같은 작업 지시서로 해석된다.

작업 지시서: "**(태그)복단이들**에 포함된 복단이들과 **(태그)임시복단이**에 포함된 복단이들을 모두 더 한 후 **(태그)복단이들**에 보관해 주세요."

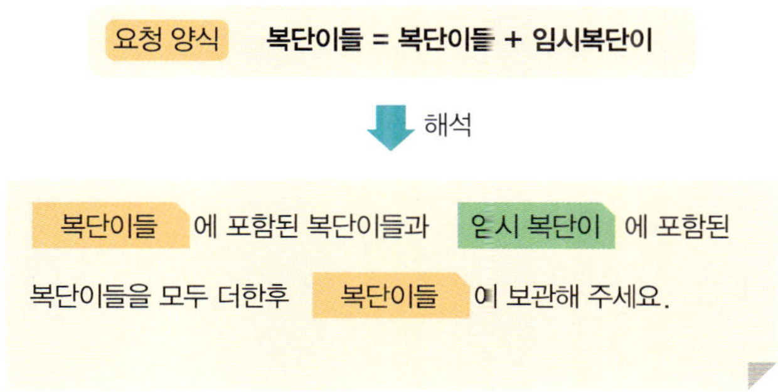

그림 8.2 고객의 요청 양식(위)를 해석한 작업 지시서(아래)

사물함 관리 직원은 이 작업 지시서에 따라서 고객들이 원하는 작업을 실행한다. 이 때 사물함 관리 직원은 특수한 **운반 용기**를 사용하며 – 실제 사물함 관리 상황이라면 불가능하겠지만 – **사물함에 보관되어 있는 물건들을 몇 개라도 그대로 복사할 수 있는 능력을 활용한다**.

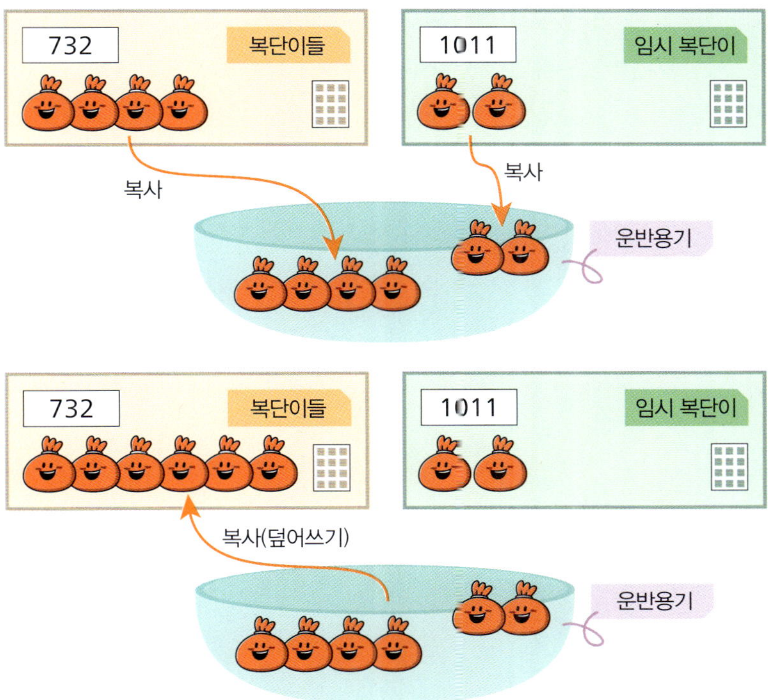

그림 8.3 사물함 관리 직원의 작업 수행 방식

예를 들어, 사물함 관리 직원이 현재 작업 지시서("(태그)복단이들에 포함된 복단이들과 (태그)임시복단이에 포함된 복단이들을 모두 더 한 후 (태그)복단이들에 보관해 주세요.")를 처리할 때 다음과 같은 순서로 실행한다.

1. 먼저 복단이들 태그(즉, 변수명)가 붙은 732번 사물함의 물건을 복사해서 복사본을 해당되는 운반 용기에 저장한다.
2. 그 다음 임시복단이 태그(역시 변수명)가 붙은 1011번 사물함에 있는 물건을 그대로 복사해서 복사본을 또 다른 운반 용기에 저장한다.
3. 사물함 관리 직원은 두 운반 용기를 **작업실**로 가져가서 적절한 처리(여기에서는 더하기 작업)를 수행하고 그 값을 두 운반 용기 중 하나에 다시 복사한다.
4. 사물함 관리 직원은 운반 용기를 가지고 사물함 보관 라커로 돌아 온 후에 지시서 내용대로 결과 값을 복단이들 태그가 붙어 있는 732번 사물함에 복사해서 넣는다. 이 때 이전에 있던 물건들은 새로 복사하는 물건으로 완전히 바뀐다.

조금 복잡하게 느껴질지 모르겠지만 실제로 컴퓨터 내부에서도 이와 유사한 방식으로 처리된다. 위 과정에서 더하기 작업을 수행하는 **작업실**처럼 컴퓨터의 CPU 내에도 숫자 계산만을 전문적으로 처리하는 회로(ALU, Arithmetic Logic Unit이라고 한다)가 있다. 또한 각 단계에서 사물함 관리 직원은 크게 '**복사 작업**'과 '**더하기**' 작업을 수행했는데, 이 작업이 바로 우리가 이 장에서 살펴볼 **연산자**에 해당된다. 또한 연산의 대상이 되는 항목들(여기에서는 사물함에 들어 있는 물건들)은 **피연산자**라고 한다.

대입연산자와 산술연산자

이제 실제 연산자가 파이썬 프로그래밍 언어와 스크래치 언어에서는 어떻게 적용되는지 살펴보자. 위의 과정을 각각의 문법에 따라 표시하면 다음과 같다.

파이썬에서

```
복단이들 = 4
임시복단이 = 2
복단이들 = 복단이들 + 임시복단이
print(복단이들)
```

```
6
```

스크래치에서

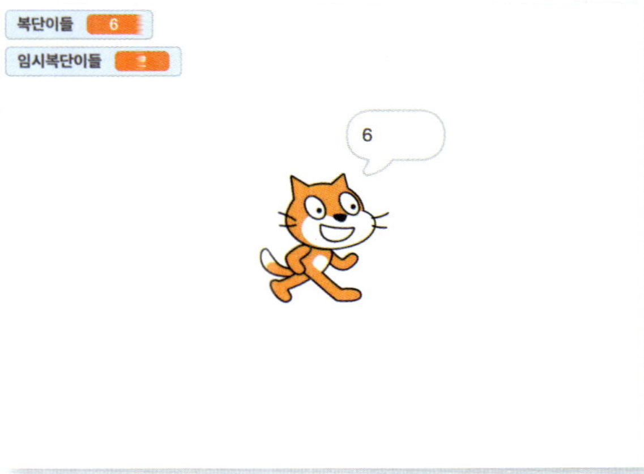

참고

위 코드에서처럼 파이썬은 한글을 지원하기 때문에(좀 더 정확하게는 유니코드라고 하는 문자 체계를 지원하기 때문에) 코드 중 변수 이름을 한글이나 한문, 일본어 등과 같은 다른 언어로도 표현 가능하다(심지어 이모지 같은 기호도 변수 이름으로 사용할 수 있다). 그러나 최근에는 github와 같은 코드 공동 개발 사이트를 통해 전세계 개발자들이 함께 개발하는 경우가 많아서 영어로 변수 이름을 지정하는 것이 일반적이다.

스크래치 프로그래밍 언어에서는 앞서 살펴 본 바와 같이 블록모음 중 [변수]에서 [변수 만들기] 블록, 이를 통해 생성된 [나의 변수] 블록, [나의 변수 ▾ 을(를) 0 로 정하기] 블록과 [연산]에서 [+] 블록, 그리고 [형태]에서 [안녕! 을(를) 2 초 동안 말하기] 블록을 활용하면 구현할 수 있다.

스크래치에서 <보기>를 참고하여 위의 파이썬 코드를 구현해서 아래의 결과를 나타내 보자.

보기

블록 모음	변수		
블록	변수 만들기	나의 변수 ▾ 을(를) 0 로 정하기	나의 변수
작업 횟수	2	3	3

블록 모음	연산	형태
블록	( ) + ( )	안녕! 을(를) 2 초 동안 말하기
작업 횟수	1	1

위 코드에서 등호(=)의 의미는 오른쪽에 있는 값(물건)을 왼쪽에 있는 변수(태그로 표시된 사물함)에 복사해서 넣으라는 의미이며 **대입 연산자**라고 부른다.

참고

참고) 대입연산자(=)에서 조심해야 할 점은, 일반적인 수학에서 등호는 말 그대로 왼쪽과 오른쪽이 동일하다는 의미이지만 컴퓨터 프로그래밍 언어에서는 오른쪽 항목의 값을 왼쪽으로 덮어 쓰기(즉, 대입 또는 복사)하라는 의미이며 **양쪽이 동일하다는 의미로는 사용하지 않는다**. 이후에 **관계 연산자** 항목에서 자세하게 살펴보겠지만, 양쪽이 동일하다는 의미로 사용할 때에는 등호를 두 번 연속으로 사용해서 ==로 표현한다는 점에 주의하자.

또한 우리에게 익숙한 덧셈 기호(+)는 **산술 연산자**라고 한다. 더하기, 빼기, 곱하기, 나누기와 같은 사칙연산이 모두 산술 연산자에 해당되며 파이썬 코드와 스크래치 블록에서 다음과 같이 표현할 수 있다.

파이썬에서

```
a = 60
b = 33
c = a+b # 덧셈 계산
print(c)

d = a-b # 뺄셈 계산
print(d)

e = a * b # 곱셈 계산
print(e)

f = a / b # 나눗셈 계산
print(f)

g = a // b # 나누기에서 몫 계산
print(g)

h = a % b # 나누기에서 나머지 계산
print(h)
```

스크래치에서

```
93
27
1980
1.8181818181818181
1
27
```

위 코드에서 곱셈은 ×가 아니라 *으로, 나눗셈은 ÷ 대신 /으로 표현하고 있다는 점에 주의하자. 이렇게 곱셈과 나눗셈을 다른 기호로 나타내는 이유는 곱셈의 경우 알파벳 x와의 혼

동을 피하기 위해서, 그리고 나눗셈의 경우 / 기호로 나눗셈의 또 다른 표현인 분수처럼 나타내기 위해서라고 볼 수 있다.

그리고 # 기호로 시작하는 부분은 **주석(comment)**이라고 하며 코드 내에서 설명을 나타내기 위해 사용한다. 다시 말해서 컴퓨터는 # 이후로 등장해서 줄이 바뀌기 전에 명시되는 모든 내용은 직접 실행해야 하는 내용이 아니라 설명을 위한 내용으로 간주한다.

또한 위 코드에서는 나누기와 관련된 세 가지 연산 기호(/, //, %)가 등장하는데 각각 소숫점까지 계산하는 일반적인 나누기 연산(/), 나누기로 몫을 계산하는 연산(//), 나머지를 얻는 연산(%)으로 이용한다.

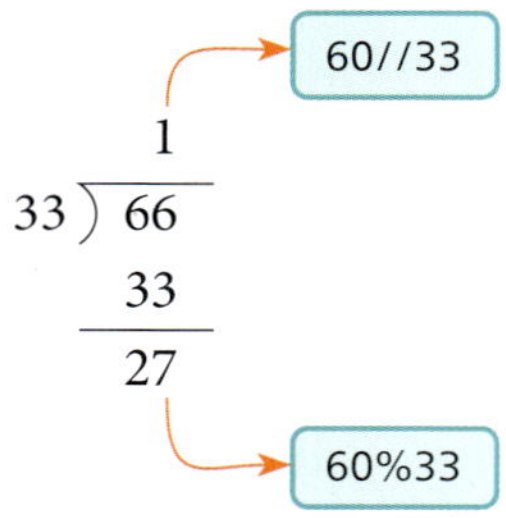

그림 8.4 나누기의 세 가지 연산

이외에도 파이썬과 스크래치에서 다른 산술연산자들도 이용할 수 있는데 정리하면 다음 표와 같다.

표 8.1 산술연산자

산술 연산자	용도	파이썬 프로그램	스크래치 프로그램	결과
+	더하기	43 + 21	43 + 21	64
-	빼기	40 - 2	40 - 2	38
*	곱하기	5 * 6	5 * 6	30
/	나누기	120 / 50	120 / 50	2.4
//	나누기(몫)	120 // 50	버림 ▾ (120 / 50)	2
%	나누기(나머지)	120 % 50	120 나누기 50 의 나머지	20
**	제곱	2 ** 5	2 * 2 * 2 * 2 * 2	32

그리고 앞서 살펴본 대입연산자도 다음과 같이 정리할 수 있다.

표 8.2 대입연산자

<table>
<tr><th>대입 연산자</th><th>용도</th><th>참고</th></tr>
<tr><td>=</td><td>대입연산자의 오른쪽 값을 왼쪽에 덮어 쓰기한다.</td><td>대입 연산자의 왼쪽에는 반드시 값을 변경할 수 있는 변수가 와야 한다. 오른쪽에는 상수나 이미 값을 가지고 있는 다른 변수가 올 수 있다.
★양쪽이 동일하다는 의미로는 절대로 사용하지 않는다.</td></tr>
<tr><th colspan="2">파이썬 코드</th><th>스크래치 코드</th></tr>
<tr><td colspan="2"><pre>variable = 20
나의_변수 = variable</pre></td><td>블록모음 중 연산 에서 변수 만들기
↓
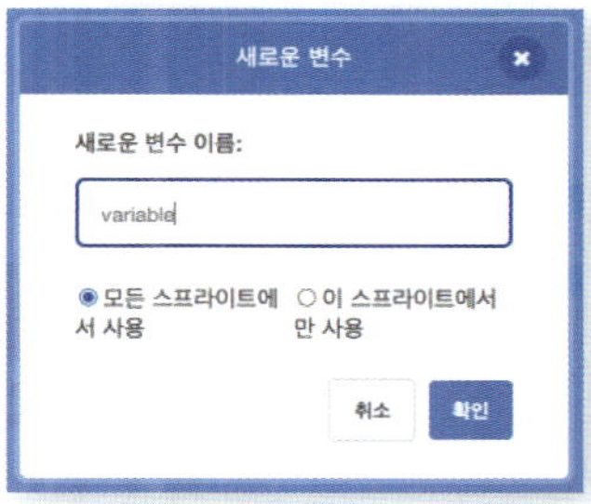

↓
'나의_변수'도 동일한 과정으로 생성하기
↓

↓
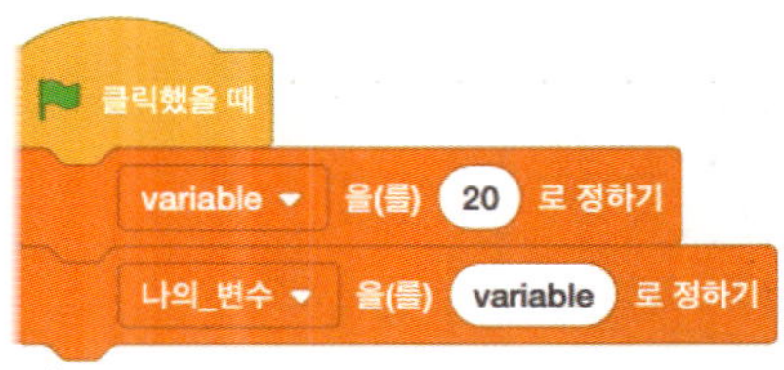
</td></tr>
</table>

관계연산자

이미 우리에게 익숙한 다음 부등식을 살펴보자.

```
3 < 4
5 ≦ 2
```

위 수식은 덧셈, 곱셈, 뺄셈, 나눗셈처럼 어떤 새로운 값을 계산하지 않으며 단순히 크기를 기준으로 참인지, 거짓인지만 알려 준다. 다시 말해 첫 번째 줄은 4가 3보다 크기 때문에 참(True)이라고 할 수 있고 두 번째 줄은 5가 2보다 작지도 않고, 같지도 않기 때문에 거짓(False)이라고 말할 수 있다. 이는 자료형에서 불린형과 연관된다고 할 수 있다. 스크래치에서는 불린형은 마름모꼴 입력항으로 활용할 수 있다.

파이썬과 스크래치에서도에서도 다음과 같이 코드를 입력해서 확인해 볼 수 있다.

표 8.3 코드의 입력

파이썬	결과	스크래치
3 < 4	True	
5 <= 2	False	 ※ 스크래치에서는 부등호(≦)를 나타내는 블록이 없기 때문에 작거나 같다를  의 각각에  를 결합하여 표현하게 된다. 자세한 것은 아래 논리연산자에서 설명하겠다.

파이썬 코드에서 등호가 포함된 부등호(≦)를 <=처럼 풀어서 표현한다는 점에 주목하자. 위 코드는 파이썬 개발환경에서 쉼표로 구분을 해서 한 줄로 입력할 수도 있다.

```
3 < 4, 5 <= 2
```

```
(True, False)
```

참고

파이썬에서 여러 줄의 코드를 한 줄로 표현할 때에는 위 예제와 같이 쉼표로 구분을 해서 표현할 수 있는데, 출력되는 결과는 쉼표로 구분되어 괄호 안에 표시된다. 이 때 쉼표로 구분된 여러 개의 항목을 가지는 괄호 표현을 **튜플(tuple)**이라고 하는데 튜플은 여러 개의 항목을 묶어서 한 단위로 편리하게 나타낼 수 있는 컬렉션(collection)의 한 종류이다. 이와 관련된 자세한 내용은 이 장의 후반부에서 자세하게 살펴볼 예정이다.

앞서 산술연산자 코드에서 일반적으로 등호(=)는 대입연산자로만 사용되며 두 값이 같다라는 뜻으로는 사용되지 않고 두 값이 같은지의 여부를 파악하는 용도로는 등호 두 개(==)로 표현한다는 사실을 살펴보았다. 역시 등호 두 개로 어떤 두 값이 같은지 아닌지를 판단할 수 있고 그 결과로 참(True) 또는 거짓(False)을 얻을 수 있다. 파이썬과 스크래치 개발 환경에서 다음 코드도 입력해서 결과를 살펴보자. 스크래치의 경우 작업환경에 관련 블록을 드래그 앤 드롭을 한 후, 블록을 클릭하면 false와 true가 나타난다.

마름모형의 블록은 불린형(boolean type)이므로 참과 거짓이 결과이다.

표 8.4 false 또는 true

파이썬	결과	스크래치
102 == 101	False	102 = 101
435 == 435	True	435 = 435
※ 파이썬에서는 같다는 의미를 ==을 사용함		※ 스크래치에서는 같다는 의미를 ( ) = 50 블록을 사용함

이렇게 어떤 값들에 대해서 '같다', '다르다', '크다', '작다', '크거나 같다', '작거나 같다' 등의 관계를 파악할 수 있는 연산자를 **관계연산자**라고 한다.

파이썬과 스크래치에서 사용하는 관계연산자들은 다음과 표와 같이 정리할 수 있다.

표 8.5 관계연산자

관계연산자	용도	파이썬 예제	스크래치 예제
==	같으면 참, 다르면 거짓	3 == 4	3 = 4
!=	다르면 참, 같으면 거짓	55 != 55	5 = 5 이(가) 아니다
>	왼쪽이 오른쪽보다 크면 참, 그렇지 않으면 거짓	4 > 2	4 > 2
<	오른쪽이 왼쪽보다 크면 참, 그렇지 않으면 거짓	4 < 2	4 < 2
>=	왼쪽이 오른쪽보다 크거나 같으면 참, 그렇지 않으면 거짓	4 >= 2	4 > 2 또는 4 = 2
<=	오른쪽이 왼쪽보다 크거나 같으면 참, 그렇지 않으면 거짓	4 <= 2	4 < 2 또는 4 = 2

지금까지 살펴본 것처럼 상수뿐만 아니라 변수들에 대해서도 관계연산자를 적용할 수 있으며 계산한 결과를 화면에 출력하기 위해 주로 사용하는 print 명령을 사용해서 관계연산자의 결과를 확인할 수도 있다.

```
a, b, c, d = 10, 20, 30, 55
print(a > b, c < d, a >= c, b <= d, c == c )
```

```
False True False True True
```

이를 스크래치로 구현하면,

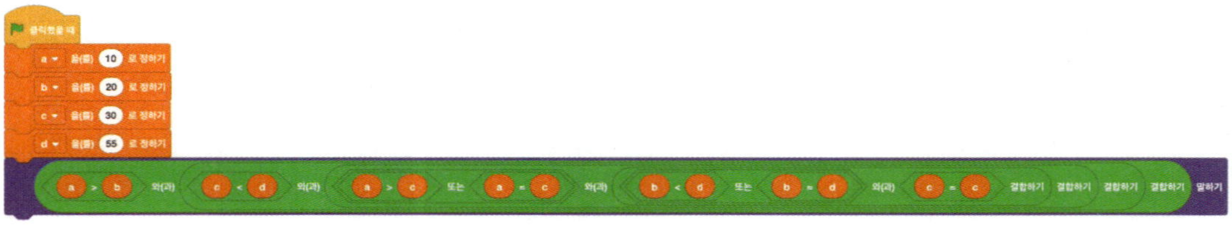

변수에 각각의 값을 저장한 후, 파이썬에서처럼 한 번에 모두 출력하도록 하기 위해 (가위 와(과) 나무 결합하기)을 중복하여 사용하였다. 나무 (나무)라고 쓰여있는 타원형 입력창에 다시 (가위 와(과) 나무 결합하기)를 넣고를 반복하여 입력할 수 있는 창을 5가지로 만들었다. 그리고 각각에 연산 블록을 사용하여 a > b, c < d, a >= c, b <= d, c == c을 구현하였다.

참고

파이썬에서 관계연산자 등호(==)를 써야할 지점에 대입연산자 등호(=)를 쓰지 않도록 주의하자. 예를 들어 실수로 다음과 같이 코드를 작성하면 오류가 발생한다.

```
a, b = 10, 20
print(a = b) # a == b 대신 실수로 a = b로 입력
```

```
TypeError Traceback (most recent call last) in <module>
   1 a, b =10,20
----> 2print(a = b)# a == b 대신 실수로 a = b로 입력
TypeError: 'a' is an invalid keyword argument for print()
```

이후에 조건문 등이 나올 때 좀 더 자세하게 살펴보겠지만, 컴퓨터 프로그래밍에서는 관계연산자가 양쪽에 있는 값들에 따라서 코드 내에서 양쪽의 피연산자와 함께 True나 False로 바뀌는 존재라고 생각하면 코드를 이해하기가 쉽다. 위 코드에서도 print 명령 내에 있는 a

> b, c < d... 등이 a, b, c, d에 저장된 값에 따라 전체가 True나 False로 바뀌어 출력되는 상황을 볼 수 있다.

논리연산자

컴퓨터에서 가장 간단하면서도 중요한 연산 중 하나는 논리연산으로 True와 False 사이의 관계를 나타내며 연산 결과는 True나 False로 얻게 된다. 논리연산은 and, or, not 세 가지가 있고 그 연산 내용을 정리하면 다음과 같다.

표 8.6 논리연산자

and 연산	결과
True and True	True
True and False	False
False and True	False
False and False	False

or 연산	결과
True or True	True
True or False	True
False or True	True
False or False	False

not 연산	결과
not True	False
not False	True

위의 표를 다음과 같이 정리할 수 있다.

1. and 연산자는 좌우의 피연산자가 모두 True일 때만 True 결과를 얻고 나머지는 모두 False를 얻는다.
2. or 연산자는 둘 다 False일 때만 False이고 나머지 경우(최소한 True가 하나라도 있는 경우)에는 True가 된다.
3. not 연산자는 and나 or와는 다르게 뒤쪽에 피연산자를 하나만 가지며 True는 False로, False는 True로 바꾼다.

스크래치 개발환경에서는

을 사용하여 논리연산자를 사용할 수 있다. 논리 연산자는 앞서 살펴 본 관계연산자와 함께 조합해서 사용하는 경우가 많다. 다음 파이썬 코드를 입력한 후 결과를 확인해 보자.

논리 연산자는 앞서 살펴 본 관계연산자와 함께 조합해서 사용하는 경우가 많다. 다음 파이썬 코드를 입력한 후 결과를 확인해 보자.

```
v1, v2, v3, v4 = 100, 102, 104, 107
print( (v1 > v2) and ( v1 == v2 ) or (v3 < v4) )
True
```

위의 파이썬 코드를 스크래치로 구현하여 다음과 같은 결과를 나타낼 수 있다.

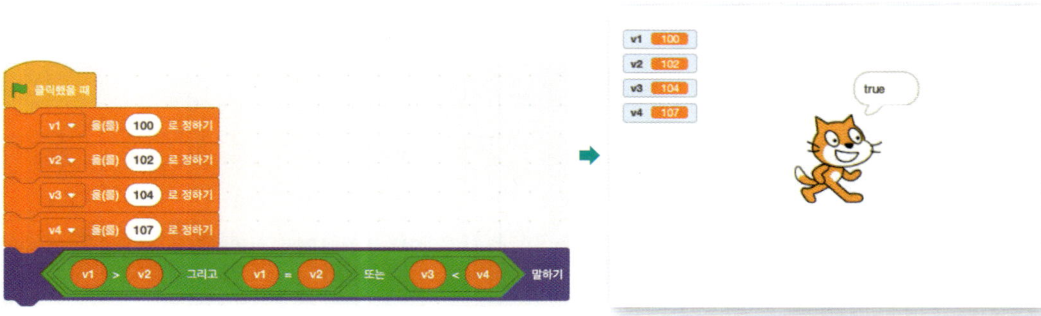

스크래치 코드 실행 결과

그림 8.5 스크래치 코드와 실행 결과

위 코드는 False and False or True가 되는데 괄호가 없는 경우 왼쪽에서부터 오른쪽으로 연산을 진행한다. 다시 말해 다음과 같은 과정을 거친다.

False and False or True ➡ **False or True** ➡ **True**

연산자의 우선순위

다음과 같은 수식을 계산하면 어떤 결과를 얻을까?

$$2 + 3 \times 4 - 6 \times (4 - 3) = ?$$

이미 우리는 이러한 사칙연산을 수행할 때에는 - 마치 글을 읽듯이 - 왼쪽에서 오른쪽으로 순서대로 계산을 하는 것이 아니라 덧셈, 뺄셈, 곱셈, 나눗셈(그리고 괄호)에는 먼저 계산해야 할 연산자와 나중에 계산해야 할 연산자가 있다는 사실을 알고 있다. 즉, 올바른 계산 순서와 그 결과는 다음과 같다.

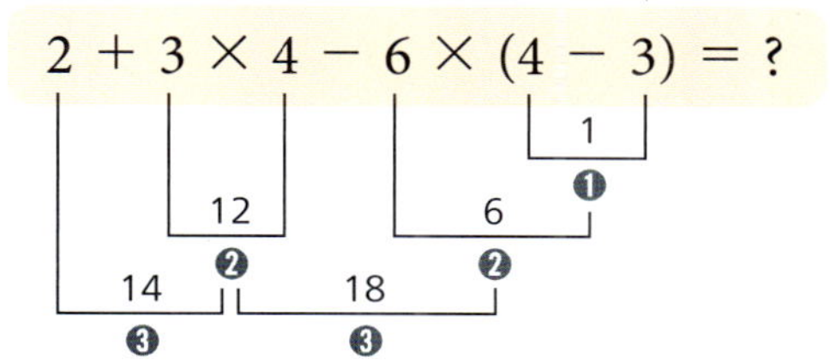

그림에서 원 안의 숫자는 계산 순서를 나타내고 그 우 의 숫자는 중간 계산 결과를 의미한다. 이 순서를 간단하게 정리하면 ❶ 괄호 내부를 가장 먼저 계산하고 그 다음 ❷ 곱셈과 나눗셈, 마지막으로 ❸ 덧셈과 뺄셈 순서로 계산한다.

파이썬에서도 위의 식을 입력해 보면 동일한 결과를 얻는 것을 볼 수 있다.

```
2+3*4-6/(4-3)
```

```
8.0
```

이렇게 파이썬과 같은 컴퓨터 프로그래밍 언어에서도 동일한 연산 규칙을 가지고 있는데 이러한 규칙을 **연산 우선순위**라고 한다.

이 장에서 다룬 파이썬 연산자들의 연산 우선순위를 정리하면 다음 표와 같다.

표 8.7 파이썬 연산자의 우선순위

우선순위	연산자	의미
높음	( )	괄호
	**	지수 계산
	+ -	부호 (예. +3, -56.4)
	* / % //	곱하기 및 나누기 관련 연산
	+ -	더하기 및 빼기 (예. 4 + 5 11.2 − 6.5)
	> < <= >=	부등호
	== !=	같음, 같지 않음
	=	대입
	not	논리 연산자 not
	and	논리 연산자 and
낮음	or	논리 연산자 or

02 입출력

컴퓨터의 입력과 출력

컴퓨터는 사람들과 적절한 의사소통을 수행하면서 사람들이 원하는 작업을 수행하는 장치라고 할 수 있다. 그리고 최근에는 스마트폰, 스마트 가전, IoT(사물인터넷) 장비 등 수많은 기술 제품의 등장으로 과거와는 달리 컴퓨터라는 범주가 상당히 넓은 범위로 확장되고 있다. 2차 세계대전 중에 최초로 등장한 디지털 컴퓨터의 입출력은 지금으로서는 상상도 하기 힘들 정도로 단순하였으며 그림 8.6처럼 스위치를 통한 입력과 2진수를 표현하는 전구의 켜짐 또는 꺼짐을 통한 출력을 이용하는 수준이었다.

그림 8.6 IBM 704 컴퓨터의 입출력 장치, 1954년

2차 세계대전이 끝난 1940년대 후반에는 천공카드(그림 8.7)라고 부르던 종이 위의 지정된 위치에 키펀치 장치(그림 8.8)를 이용해서 구멍을 뚫어서 정보와 코드를 입력하는 방식이 사용되기 시작했다. 이 방식에서는 천공카드 한 장에 담을 수 있는 정보의 양이 얼마되지 않았기 때문에 과학 계산 등에 사용되는 소프트웨어 소스 코드 입력을 위해서는 엄청난 숫자의 천공카드가 필요했다.

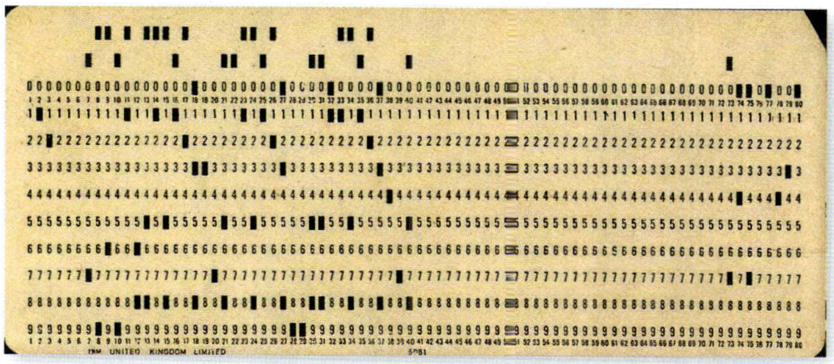

그림 8.7 구멍을 뚫어 소스 코드를 작성한 천공카드. 그림에서 검은색 사각형으로 보이는 부분이 구멍을 뚫은 부분이며 세로 방향으로 한 줄(열 방향)이 문자 하나를 표현한다. 이 카드에 기록된 언어는 과거 과학기술 계산에 널리 쓰였던 프로그래밍 언어인 FORTRAN으로 작성한 코드 한 줄을 나타내며 그 내용은 다음과 같다.

```
12 PIFRA=(A(JB,37)-A(JB,99))/A(JB,47) PUX 0430
```

그림 8.8 1949년에 출시된 IBM 026 키펀치 장비. 천공카드 제작에 사용되었다.

1960년대에는 그림 8.8처럼 프린터를 이용해서 종이에 소스 코드나 결과물을 인쇄 형태로 출력하는 방식도 등장했다. 그림 8.9은 인류 최초로 사람이 달에 착륙했던 아폴로 프로젝트에서 개발된 아폴로 우주선의 항법 소프트웨어 소스 코드를 프린터로 출력한 사진이다. 이 프로젝트에 투입된 컴퓨터에는 지금의 컴퓨터와는 비교가 되지 않을 정도로 단순하고 낮은 성능의 하드웨어가 적용되었지만 출력된 소스 코드의 규모를 통해 개발된 소프트웨어가 어느 정도로 복잡하고 방대했을지 상상해 볼 수 있다.

그림 8.9 마가렛 헤밀턴(Margaret Hamilton)이 팀동료들과 함께 개발한 아폴로 우주선 항법 소프트웨어 소스 코드 출력 리스트와 함께 촬영, 1969년. 아폴로 프로젝트는 미국 항공우주국에서 수행한 프로젝트로 인류는 이 소프트웨어를 통해 최초로 달에 착륙할 수 있었다.

그 후 1970년대 후반부터 키보드, 모니터로 대표되는 보다 사용이 편리한 입출력 장치들이 보편화되면서 개인용 컴퓨터의 시대가 도래했다. 그림 8.10에서는 오늘날 널리 사용되는 Mac 컴퓨터와 아이폰, 아이패드의 시초라고 할 수 있는 Apple I 컴퓨터를 볼 수 있다.

그림 8.10 1976년 스티브 잡스(Steve Jobs)와 스티브 워즈니악(Steve Wozniak)이 만든 Apple I 개인용 컴퓨터.

이 컴퓨터는 1976년에 출시되었는데 출력 장치는 가정용 아날로그 텔레비전을 사용했고 입력 장치는 타자기와 유사한 키보드를 채택함으로써 사용자들이 좀 더 쉽게 접근할 수 있었다. 텔레비전 화면과 키보드를 각각 출력 장치와 입력 장치로 사용하는 이러한 방식은 비슷한 시기에 등장한 다른 개인용 컴퓨터(Personal Computer, PC)에서도 그대로 적용되었으며 좀 더 이후에 보편화된 마우스와 함께 지금까지도 대표적인 입출력 방식으로 널리 사용되고 있다.

가장 최근에는 인공지능 및 스마트 기술의 고도화와 함께 입출력 장치들도 터치패드, 진동 햅틱(haptic, 촉각) 장치, 펜 입력 장치, 신체 활동 트래커, 음성 인식, 3차원 가상현실(VR) 헤드마운트 디스플레이(HMD), 증강현실(AR) 웨어러블 디스플레이, 3D 프린터 등 다양하게 발전하고 있다. 이러한 추세는 새로운 개념의 컴퓨터가 등장하고 편리한 컴퓨터 활용 방식이 연구되고 개발됨에 따라 앞으로도 지속적으로 변화하고 빠르게 발전할 것으로 예상된다.

이렇게 상당히 다양한 입출력 장치들이 등장하고 활용되고 있는 시점이지만 여전히 키보드를 사용한 데이터 입력과 화면을 통한 결과 출력은 1970년대 중후반에 등장한 이후로도 여전히 가장 일반적인 데이터 입출력 방식으로 사용되고 있다. 따라서 이제부터는 가장 기본이 되는 키보드 입력과 화면 출력을 파이썬으로 어떻게 다루는지 알아보도록 하자.

키보드를 이용한 입력 처리

스크래치의 경우

키보드를 통해 사용자의 입력을 받는 스크래치의 명령어 블록은 ch01에서 소개한바 있는 블록모음 중 감지 중 너 이름이 뭐니? 라고 묻고 기다리기 이다.

해결하고자 하는 문제 중에 키보드를 이용해서 입력을 해야 할 일이 있다면 블록모음 중 감지 를 클릭한 후, 너 이름이 뭐니? 라고 묻고 기다리기 를 사용해보자. 명령어 블록을 작업영역으로 가져와 실행시키면 실행화면에서는 그림 8.11과 같이 "너 이름이 뭐니?"라고 묻는 창이 나온다.

그림 8.11 스크래치에서 입력 블록을 실행한 결과

입력 창에 나의 이름인 '미리사'를 입력하면 입력창에 답한 미리사가 너 이름이 뭐니? 라고 묻고 기다리기 아래에 있는 대답 에 저장된다. 아래에 자세하게 배우겠지만 출력에 대한 스크래치 명령어는 블록 모음 중 감지 에서 안녕! 을(를) 2 초 동안 말하기 블록으로 표현할 수 있다.

입력창에 입력을 한 후, 내가 입력한 내용을 다시 사용하려면 2가지 방법이 있다. 하나는 변수를 만들어 변수에 입력한 내용을 저장하여 사용하는 것이며, 또 다른 하나는 변수를 지정하지 않고 감지 블록 모음의 대답 을 바로 사용하는 것이다. 단, 변수를 만들지 않고 대답 을 바로 사용하는 경우에는 입력을 하는 것이 1회일 때 가능하다. 여러 개의 입력을 받는다면 대답 은 새로운 입력으로 계속 업데이트 되기 때문이다.

다음은 변수를 사용해서 입력된 내용을 저장하는 방법이다.

❶ 변수 블록 모음에서 [나의 변수 ▾ 을(를) 0 로 정하기] 을 작업영역으로 드래그한다.

❷ [나의 변수 ▾ 을(를) 0 로 정하기] 의 [나의 변수 ▾] 를 클릭해서 [✓ s] 을 클릭하여 변경한다.

❸ [s ▾ 을(를) 0 로 정하기] 블록의 (0) 안으로 (0) (감지 블록 모음)을 drag & drop한다.

또 다른 방법인 대답 을 바로 사용하는 방법이다.

❶ 형태 블록 모음에서 [안녕! 을(를) 2 초 동안 말하기] 을 작업영역으로 드래그 한다.

- (안녕!) 안으로 대답 (감지 블록 모음)을 drag & drop한다.

각각의 방법으로 작업 영역에 코딩을 한 결과는 그림 8.12와 같다.

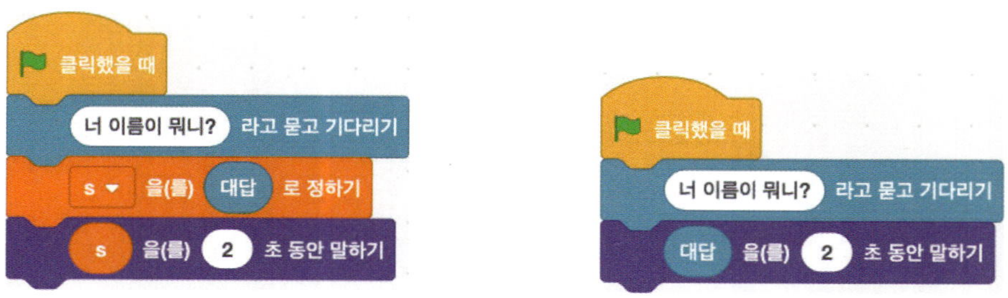

변수 사용한 작업 영역 변수를 미사용한 작업 영역

그림 8.12 변수를 사용한 경우와 변수를 사용하지 않은 경우

변수를 사용하든 사용하지 않든 상관없이 그림 8.12와 같이 코딩을 하면 그림 8.13과 같은 실행 결과를 얻을 수 있다.

그림 8.13 스크래치 작업 환경과 실행 결과

파이썬의 경우

키보드를 통해 사용자의 입력을 받는 파이썬 명령어[9]는 input이다. input 명령어의 괄호 안 부분('인자(argument)'라고 부르기도 한다)은 비워 둘 수도 있고 사용자에게 어떠한 입력을 받는 것인지 설명을 표시하기 위한 문자열을 명시할 수도 있다.

먼저, 파이썬 코드에서 입력이 어떻게 처리되는지 살펴보자.

아래 코드에서처럼 input 명령이 실행되면 이 안내 문자열이 화면에 표시되고 사용자가 키보드로 어떤 내용을 입력하면 input 명령은 그 내용을 문자열 형식으로 바꾼 후에 왼쪽에 있는 변수에 대입(= 연산자에 주목하자)한다.

```
s = input('이름을 입력하세요')
print(s)
```

```
이름을 입력하세요 미리사
미리사
```

좀더 간단하게 이야기하자면 input(...) 함수 자체가 사용자가 입력한 문자열로 완전히 바뀐다고도 이해할 수 있다. 다시 말해 위의 코드에서 사용자가 **미리사**라고 입력했다면 다음 코드와 같은 효과를 얻는다.

[9]input( ) 또는 print( ) 등에 대해 명령어라는 표현을 사용하고 있으나 사실 이러한 명령어들은 이후에 배우게 될 함수(function)이다. input( )이나 print( )와 같이 사용자가 직접 만들지는 않았지만 파이썬이 기본적으로 제공해주는 기능들은 내장(built-in) 함수라고도 한다.

```
s = '미리사'
print(s)
```

```
미리사
```

스크래치 언어에서는 입력한 것이 숫자이면 숫자로 인식하고 문자이면 문자로 인식한다. 하지만 파이썬에서는 input 명령을 사용하는 경우 모두 문자로 인식한다는 점에 주의해야 한다.

잠깐!

파이썬에서 input 명령을 사용해서 숫자를 입력하면? 문자로 인식한다고?

파이썬에서 input 명령과 관련해서 주의해야 할 내용은 사용자가 숫자를 입력하더라도 input 명령은 이 숫자를 문자열로 바꿔서 넘겨준다는 점이다.

다음 파이썬 코드에서 input 함수를 활용해서 숫자를 입력한 후에 실행해 보자.

```
n1 = input('첫 번째 숫자를 입력하세요:')
n2 = input('두 번째 숫자를 입력하세요:')
print(n1+n2)
```

```
첫 번째 숫자를 입력하세요: 12
두 번째 숫자를 입력하세요: 67

1267
```

사용자는 위 코드를 실행시키고 첫 번째 숫자로 12를 입력했고 두 번째 숫자로 67을 입력했다. 그리고 두 숫자를 더한 다음(n1+n2) 그 결과를 출력(print)했는데 우리가 예상한 결과인 79가 아니라 1267이 출력되는 문제를 볼 수 있다. 이렇게 실제 두 숫자의 합이 아니라 두 숫자를 순서대로 연결한 1267이 나오는 이유는 파이썬이 input을 통해 숫자를 입력받았지만 정수(즉, 12와 67)가 아니라 문자열(즉, '12'와 '67')로 해석하기 때문이다.

이전 장에서도 확인한 내용이지만 문자열끼리의 덧셈(문자열+문자열)은 두 문자열을 순서대로 하나로 통합한 새로운 문자열이 된다는 사실을 기억하자. 그렇다면 원래 사용자의 의도대로 문자열이 아니라 정수로 입력 받아서 정수끼리의 덧셈(정수+정수)를 실행하려면 어떻게 해야 할까? 이때에는 문자열을 정수로 변환하는 int( ) 명령을 사용한다. 다음과 같이 코드를 수정해 보자.

```
n1 = int(input('첫 번째 숫자를 입력하세요:'))        #int로 문자열을 정수로 변환
n2 = int(input('두 번째 숫자를 입력하세요:'))        #int로 문자열을 정수로 변환
print(n1+n2)
```

```
첫 번째 숫자를 입력하세요: 12
```

```
두 번째 숫자를 입력하세요: 67

79
```

이후에 함수 부분에서 좀 더 자세하게 살펴보겠지만 이 때 nput('....') 대신 전체가 사용자가 입력한 내용을 가진 문자열로 바뀐다고 생각할 수도 있다. 그 후 int( ) 명령을 통해 문자열을 정수로 변환한다. 이 과정은 그림 8.14를 참고하자.

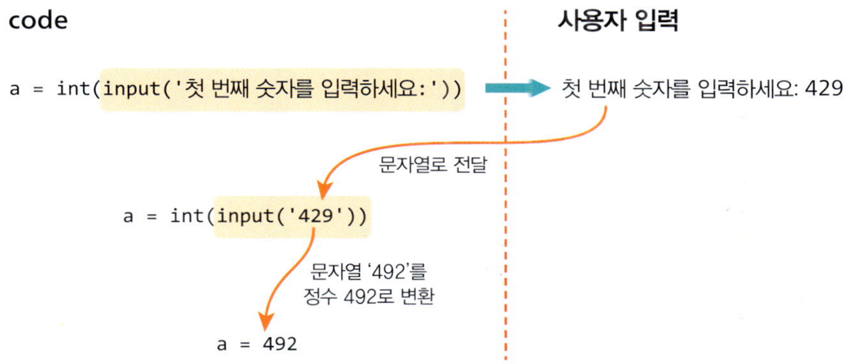

그림 8.14 input( )과 int( )의 작동 방식

모니터 화면을 이용한 출력

스크래치의 경우

스크래치에서는 원하는 숫자 또는 문자를 실행 화면에 나타낼 때 사용하는 블록은 블록 모음 중 에서 블록, 블록이다. 스프라이트(특별한 지정을 하지 않을 경우 냥이)에 말풍선이 나오면서 제시한 숫자나 문자가 표현된다. 스크래치에서는 그 밖에 다양한 형태의 출력이 가능하다. 예를 들어보자.

그림 8.15와 같이 2 + 3을 더한 결과를 수식으로 알려주려고 한다면 스크래치에서 어떻게 프로그래밍하게 될까?

그림 8.15 실행 화면 출력 결과

먼저 작업영역에 있어야 할 블록에는 어떤 것들이 있는지 생각해보자.

화면에 해당하는 글자를 출력하기 위한 블록과 각각 다른 형태(숫자, 문자, 그리고 2와 3을 더한 처리 결과)의 자료형을 구분하기 위한 블록이 필요하다. 따라서 그림 8.16과 같이 정리할 수 있다.

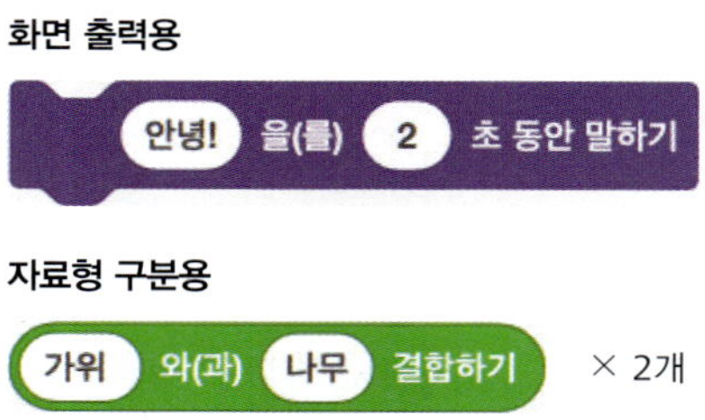

그림 8.16 필요한 블록

이 블록들을 활용해서 작업 영역에 코드를 작성해보자.

❶ 실행 화면에 나타난 "**2 + 3 = 5입니다.**"에서 '5'라는 값을 처리한 산술연산자를 제외한 나머지는 **숫자형과 문자형(문자열)**이기 때문에 구분해 야 한다.

- 블록모음의 에서 를 통해 물리적으로 결합시킨다.
- 이 때, **2 + 3 =** 과 **5**, 그리고 **입니다.**로 구분되기 때문에 총 3가지가 결합한다.
- 따라서 블록이 2번 사용된다.

▸ (가위 와(과) 나무 결합하기)을 작업영역에 drag & drop 한다.

▸ (나무) 안에 (가위 와(과) 나무 결합하기)를 다시 drag & drop한다.

➡ (가위 와(과) (가위 와(과) 나무 결합하기) 결합하기)를 완성한다.

❷ 맨 앞 부분 (가위) 안에 2 + 3 = 을 적고

❸ 두 번째 (가위) 안에 (2 + 3)의 **산술연산자**를 만들고

❹ 마지막으로 (나무) 안에 **입니다.**를 적는다.

❺ [안녕! 을(를) 2 초 동안 말하기] 블록의 (안녕!) 안으로 ❹번에서 완성한 (2+3= 와(과) (2 + 3 와(과) 입니다. 결합하기) 결합하기)를 drag & drop 한다.

그림 8.17 완성된 스크라치 코드

스크래치에서는 이외에도 스프라이트와 관련된 다양한 블록이 있기 때문에 움직임, 소리, 형태 등을 변형할 수 있는 등 다양한 화면을 연출할 수 있다.

연습문제

다음 상황을 읽고 생년월일을 입력하면 나이가 계산되는 시스템을 프로그래밍해보자.

보기

주민센터에 방문한 미리사는 신청서에 만 나이를 기재하도록 되어 있어 당황했다. 만나이를 생각해본 적이 없기 때문이다. 당황한 것도 잠시, 만 나이는 어떻게 계산하는지 휴대폰을 검색한 후에 만나이를 계산하고 바로 작성할 수 있었다.

이에 미리사는 이러한 불편함을 해소하기 위해 주민센터 신청서 작성하는 장소에 자동 만나이 계산 시스템을 설치하면 좋겠다는 생각을 했다.

자~ 지금부터 자신의 생년월일을 입력하면 만 나이를 계산해주는 시스템을 프로그래밍해보자.

Q 해결해야 할 문제는?

A 생년월일을 입력하면 만 나이를 자동으로 계산해주도록 하는 문제

Q 문제를 분해해 볼까?

A 생년월일을 입력하는 문제 + 만 나이를 계산하는 문제

Q 반복되는 패턴은?

A 출생년도(알고보니 생일이 지났는지 아닌지에 따라 달라짐 따라서 출생년도만 입력하고 생일이 지난 경우 +1을 하라고 알려줄 예정)

Q 필요한 것을 추출해서 그것들 간의 관계를 정리해보면?

A 꼭 필요한 것은 출생년도

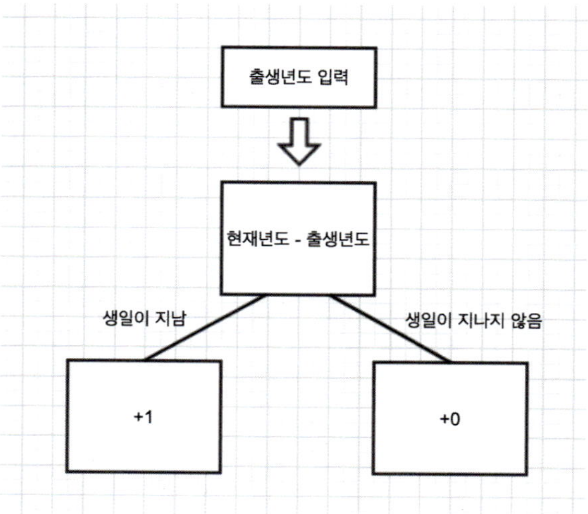

Q 문제해결을 위한 단계적 절차는?

A (선택구조 및 반복구조와 관련된 명령어를 배우지 않았기 때문에 선택구조와 반복구조를 사용하지 않음)

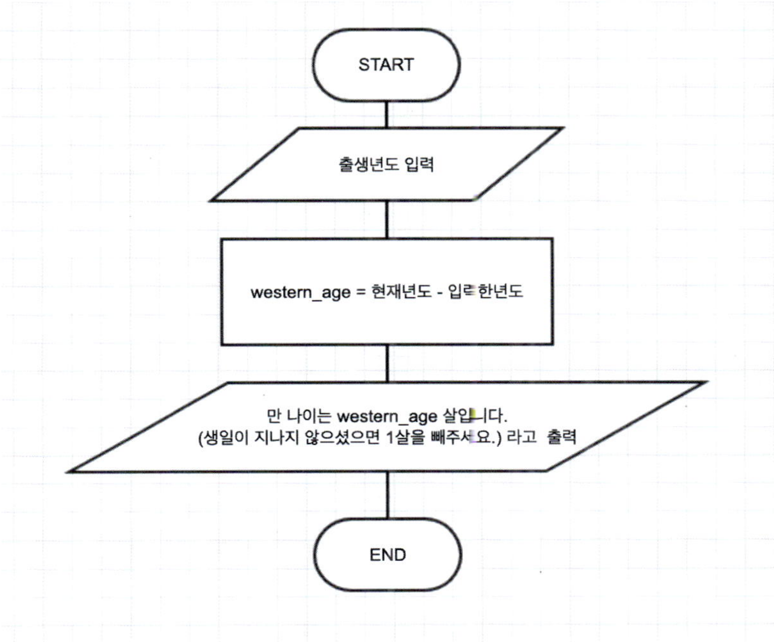

Q 위의 알고리즘을 실행하면 입력과 출력은 어떻게 되나요?

A

입력

출력

필요한 코드 블록

용도	블록 모음	코드 블록
입력	감지	[너 이름이 뭐니? 라고 묻고 기다리기], [대답], [현재 년 ▾]
만 나이 계산을 위한 변수 사용	변수	[변수 만들기] ([western_age]) [나의 변수 ▾ 을(를) 0 로 정하기]
만나이 계산식	연산	[( ) - ( )]
자료형 구분을 위함	연산	[가위 와(과) 나무 결합하기] X2
출력	형태	[안녕! 말하기]

1. [너 이름이 뭐니? 라고 묻고 기다리기]를 작업영역으로 가져온다.
2. 너 이름이 뭐니?를 출생년도를 입력해주세요 로 수정한다.
3. [변수 만들기]에서 western_age 변수명을 가진 새로운 변수를 생성한다([western_age]).
4. [나의 변수 ▾ 을(를) 0 로 정하기]를 작업영역으로 가져온다.
5. 나의 변수는 western_age으로 수정하고,
6. [0]안으로 [( ) - ( )]를 넣는다.
7. [( ) - ( )]안으로 [현재 년 ▾]와 [대답]을 차례대로 넣는다.
8. [안녕! 말하기]를 작업영역으로 가져온다.
9. [안녕!] 안으로 [가위 와(과) 나무 결합하기]를 넣는다.
10. [western_age], **살입니다.(생일이 지나지 않은 경우 1살을 빼주세요.)** 를 차례대로 넣는다.

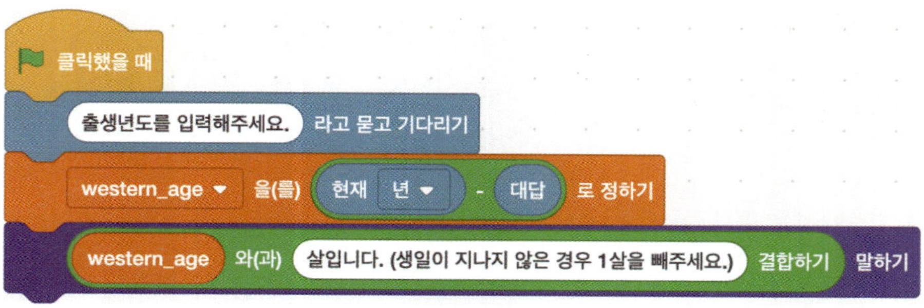

완성된 코드

스크래치의 블록모음 중 (형태)에 대해 조금 더 살펴보면...

(형태)에 포함된 코드블록들은 현재 선택된 스프라이트(기본은 고양이) 또는 배경(기본은 무지)의 형태를 변형하는 것과 관련된 코드 블록들이 모여있는 곳이다. 앞에서는 [안녕! 을(를) 2 초 동안 말하기]와 [안녕! 말하기]만을 소개했으나 그 이외에도 다양한 코드들이 있으므로 필요에 따라 사용해보자.

코드 블록	기능
안녕! 을(를) 2 초 동안 말하기	타원형 안에 적혀있는 **안녕!**이 달풍선으로 (2)초 동안 표시되다 사라진다.
안녕! 말하기	위와 같이 **안녕!**이 표시되지만 사라지지 않고 계속 보인다는 차이가 있다.
음... 을(를) 2 초 동안 생각하기	타원형 안에 적혀있는 **음...**이 말풍선으로 (2)초 동안 표시되다 사라진다. 말하기와는 다른 생각하는 말풍선 모양이 보인다.
음... 생각하기	위와 같이 **음...**이 표시되지만 사라지지 않고 계속 보인다는 차이가 있다.
모양을 모양 2 ▾ (으)로 바꾸기	기본으로 제시된 스프라이트인 고양이에는 모양1과 모양2가 정의 되어있는데 표현 모습을 1 또는 2로 바꿀 수 있다.
다음 모양으로 바꾸기	현재 모양이 1이면 2로 바뀌고 2였으면 1로 바뀐다.
배경을 배경 1 ▾ (으)로 바꾸기	배경을 여러 개 설정했다면 다양한 배경으로 바꿀 수 있다.
다음 배경으로 바꾸기	배경이 설정되어있다면 순서대로 설정된 배경으로 바뀐다.
크기를 10 만큼 바꾸기	현재 스프라이트(기본은 고양이)의 현재 크기에서 (10) 만큼 더 커진다.
크기를 100 %로 정하기	현재 스프라이트(기본은 고양이)의 크기를 원래 크기에서 (100)%로 크기로 정한다.
색깔 ▾ 효과를 25 만큼 바꾸기	현재 스프라이트(기본은 고양이)의 현재 색깔 효과에서 (25)만큼 바꾼다.
색깔 ▾ 효과를 0 (으)로 정하기	현재 스프라이트(기본은 고양이)의 현재 색깔 효과를 (0)으로 바꾼다.
그래픽 효과 지우기	현재 스프라이트(기본은 고양이)에게 적용된 그래픽 효과들을 모두 지운다.
보이기	현재 스프라이트(기본은 고양이)를 보이게 한다.
숨기기	현재 스프라이트(기본은 고양이)를 숨긴다.
맨 앞쪽 ▾ 으로 순서 바꾸기	현재 스프라이트(기본은 고양이)가 두 개이상 겹쳐 있을 때 뒷쪽에 있었다면 앞쪽으로 순서를 바꾼다.
앞으로 ▾ 1 단계 보내기	현재 스프라이트(기본은 고양이)가 두개이상 겹쳐 있을때 뒷 쪽에 있었다면 (1)단계 앞쪽으로 순서를 바꾼다.

코드 블록	기능
모양 번호 ▾	현재 스프라이트(기본은 고양이)의 모양중에 어떤것이 표시되는지 화면에 표시한다.
배경 번호 ▾	여러 가지 배경이 설정되어 있다면 현재 배경이 어떤 것인지 화면에 표시한다.
크기	현재 스프라이트(기본은 고양이)의 크기를 표시한다.

연습문제

다음과 같은 결과를 나타내도록 위의 블록을 사용해서 코딩해보자.

1. 순서대로 안녕!(1초) → 나는 미리사야~(1초) → 반가워(2초) 라고 말하는 고양이

HINT!

안녕! 을(를) 2 초 동안 말하기

2. 순서대로 음...(1초) → IT 관련 전공만 선택하는 것이 나을까?(1초) → 아니면 제 2전공은 인문학을 선택해볼까?(1초) 라고 생각하는 고양이

HINT!

음... 을(를) 2 초 동안 생각하기

3. 고양이에게 투명도 → 밝기 → 모자이크 → 픽셀화 효과를 차례대로 바꿔서 적용해보기

HINT!

색깔 ▾ 효과를 25 만큼 바꾸기

4. 고양이를 걷도록 해보자.

HINT!

그래픽 효과 지우기 그리고 모양을 모양 2 ▾ (으)로 바꾸기

5. 커졌다 작아졌다 하는 고양이

HINT!

크기를 10 만큼 바꾸기

6. 앞에 있다 뒤에 있다 하는 고양이

HINT!

오른쪽 하단의  을 클릭해서  중 하나를 선택해서 스프라이트를 1개 더 추가해보기. 그리고

맨 앞쪽 ▾ 으로 순서 바꾸기 와 앞으로 ▾ 1 단계 보내기 사용해보기

파이썬의 경우

파이썬에서는 원하는 정보를 모니터 화면에 출력하기 위해 대표적으로 사용하는 명령어는 print문이다.

이전 장 그림 7.13을 통해 설명한 것처럼 파이썬에서는 print문은 괄호 안에 인쇄할 내용들을 쉼표(,)로 연결하면 그 내용들을 모니터 화면에 한 줄로 출력한다. 자료형이 다른 경우 쉼표(,)로 구분한다. 2(숫자형), +(문자형), 3(숫자형), =(문자형), 2+3(산술연산자)이므로 인접해있는 자료형들이 모두 다르기 때문에 모두 쉼표(,)로 구분하고 있다.

```
print(2,'+',3,'=',2+3,'입니다.')
```

```
2 + 3 = 5 입니다.
```

그런데 좀더 자세하게 살펴보면 한 줄이 출력된 다음, 마치 키보드에서 Enter 키를 누른 것처럼 줄바꿈을 하는 것을 볼 수 있다. 이런 효과는 print문을 연속으로 몇 번 실행해 보면 알 수 있다.

```
print('첫 번째 줄입니다.')
print('두 번째 줄입니다.')
print('세 번째 줄입니다.')
print('네 번째 줄입니다.')
```

```
첫 번째 줄입니다.
두 번째 줄입니다.
세 번째 줄입니다.
네 번째 줄입니다.
```

이렇게 print문을 실행할 때마다 새로운 줄로 바꾸지 않도록 하려면 print문 괄호 안에서 출력할 내용 가장 마지막 부분에 end=' '라고 입력한다. 다음과 같이 코드를 수정한 다음에 다시 실행해 보자.

```
print('첫 번째 줄입니다.', end='')
print('두 번째 줄입니다.', end='')
print('세 번째 줄입니다.', end='')
print('네 번째 줄입니다.', end='')
```

```
첫 번째 줄입니다.두 번째 줄입니다.세 번째 줄입니다.네 번째 줄입니다.
```

결과를 보면 줄바꿈이 일어나지 않고 print로 화면에 출력할 내용이 한 줄로 출력되는 것을 볼 수 있다. 사실 end=''라고 명시하는 것은 end라고 하는 입력값[10]을 빈 문자열로 설정하겠다는 것이다. end 입력값 또는 인자는 일종의 선택 사항으로 print문이 실행된 후에 가장 마지막에 출력할 값을 지정할 수 있다. 기본적으로 end 입력값은 Enter 키를 눌렀을 때 해당하는 문자가 할당되어 있어서 이 입력값을 생략하면 출력 후 제일 마지막에 Enter 키를 누른 것처럼 줄바꿈을 하게 된다. 그런데 위 코드에서는 end=''라고 설정해서 이 Enter 키에 해당하는 문자까지 삭제해 버려서 한 줄에 모든 내용들이 표시되는 것이다.

[10] 나중에 함수 부분에서 배우게 되겠지만 이러한 입력값은 인자(argument)라고 부른다.

참고

print문에서 end 입력값을 명시하지 않으면 Enter 키 입력에 해당하는 문자가 기본으로 지정된다고 하는데 그렇다면 Enter 키 입력(즉, 줄바꿈)에 해당하는 문자는 어떻게 표현할까? 컴퓨터 프로그래밍 언어에서는 Enter 키나 Tab 키 등 특수한 기능을 가지는 문자를 특별한 방법으로 표시하도록 약속을 하는데, 보통 문자열 안에서 **백슬래시**(backslash) + **알파벳 형태**로 표현한다. 이 백슬래시는 나누기 기호(/)의 반대 방향으로 표준 키보드에서는 Enter 키 위에 위치하고 영문 키보드나 영문 글꼴에서는(나누기와 방향이 반대인) \로 표시되고 한글 키보드나 한글 글꼴에서는 우리나라 원화 화폐 표시(₩)로 표시된다(그림 8.18). 이 두 키는 표현만 다를 뿐 코드에서는 완전히 동일한 의미를 가진다.

그림 8.18 한글 키보드(위)와 영문 키보드(아래)에서 백스페이스 키의 위치와 형태

이 방식을 통해 Enter 키 등 특수 문자들은 다음과 같은 방식으로 표시한다.

- Enter 키: `'\n'` (일부 한글 글꼴에서는 `'₩n'`)
- Tab 키: `'\t'` (일부 한글 글꼴에서는 `'₩t'`)
- Backspace 키: `'\b'` (일부 한글 글꼴에서는 `'₩b'`)

print문에서는 end 값을 생략하면 자체적으로 `end = '\n'`으로 간주하고 작업을 수행한다.

주의할 점은 문자열 내에서 백슬래시가 등장하면 그 다음에 바로 오는 알파벳은 특수한 의미를 가지는 동시에 백슬래시와 그 다음의 알파벳은 문자열 안에서 문자 2개가 아니라 문자 1개로 간주된다는 점이다. 이렇게 백슬래시+알파벳 형태로 한 문자로 간주되는 문자들을 특히 **이스케이프 문자**(escape character)라고 부른다. 이러한 이스케이프 문자들은 반드시 `print`문 안의 end 입력값에만 할당될 필요는 없고 `print`문으로 화면에 출력할 문자열 안에 들어갈 수도 있다.

이스케이프 문자들의 작동 방식을 확인하기 위해 다음 코드들을 실행해 보자.

```
print('살되,\n네 생명을 살아라\n생각하되,\n네 생각으로 하여라')
```

```
살되,
네 생명을 살아라
생각하되,
네 생각으로 하여라
```

위 코드에서 `print`문에 주어진 문자열 속에 있는 `\n`을 주의해서 보자. 코드에서 `print`문 내에서 출력할 문자열은 한 줄로 입력되었지만 실행해 보면 `\n`에 해당하는 부분은 마치 Enter 키를 누른 것 같이 줄바꿈되어 표현되는 것을 볼 수 있다.

위 코드에서 \n을 \t(Tab 문자)로 변경한 다음 실행해 보자.

```
print('살되,\t네 생명을 살아라\t생각하되,\t네 생각으로 하여라')
```

```
살되,	네 생명을 살아라	생각하되,	네 생각으로 하여라
```

실행 결과를 보면 이제 \t로 표시된 부분이 줄바꿈이 아니라 키보드에서 Tab 키를 누른 것처럼 간격이 벌어지는 것을 확인할 수 있다.

이제 마지막으로 \t를 \b(Backspace 문자)로 변경한 다음 또 실행해 보자.

```
print('살되,\b네 생명을 살아라\b생각하되,\b네 생각으로 하여라')
```

```
살되네 생명을 살아생각하되네 생각으로 하여라
```

실행 결과를 보면 마치 입력 중에 \b로 표시된 부분에서 키보드에서 Backspace 키를 누른 것처럼 바로 앞 문자가 삭제된 후 나머지 문자열이 출력되는 것을 볼 수 있다.

print문 안에 명시되는 end의 의미와 이스케이프 문자의 의미를 파악했으니 이제 좀 더 다양하게 print문을 활용해서 출력해 보도록 하자.

다음 코드에서는 end = '.\n\n'으로 지정해서(마침표 하나와 \n이 두 개라는 사실에 주목) print문 내부의 모든 문장의 가장 마지막에 마침표를 찍고 줄바꿈을 두 번 적용한다.

```
print('글을 쓰다 보면 가끔 마침표를 잊어버립니다', end = '.\n\n')
print('문장이 끝날 때마다 알아서 마침표를 찍어 줬으면 해요', end = '.\n\n')
print('한 줄에 한 문장만 표시되도록 하는 것도 좋겠네요', end = '.\n\n')
print('이런 걸 자동으로 할 수 있으면 얼마나 편할까요', end = '.\n\n')
```

```
글을 쓰다 보면 가끔 마침표를 잊어버립니다.

문장이 끝날 때마다 알아서 마침표를 찍어 줬으면 해요.

한 줄에 한 문장만 표시되도록 하는 것도 좋겠네요.

이런 걸 자동으로 할 수 있으면 얼마나 편할까요.
```

심지어는 출력할 내용을 아예 비워두고 end만으로도 출력할 내용을 명시할 수도 있다.

```
print(end='말할 내용이 없는데 그만 이야기하려고 하니까 서운하네요.')
```

```
말할 내용이 없는데 그만 이야기하려고 하니까 서운하네요.
```

print문에 적용되는 선택 사항에는 우리가 살펴본 end 이외에도 쉼표로 구분해서 출력할 때 그 사이에 출력되는 내용을 바꿀 수 있는 sep[11]라는 선택 사항도 있다. sep의 기본값은 빈칸 하나(즉, sep = ' ')로 설정되어 있다. 다음 코드를 입력해서 결과를 확인해 보자.

```
print(1,2,3,4,5,6)
```

```
1 2 3 4 5 6
```

위 코드는 쉼표로 구분한 6개의 정수(1,2,3,4,5,6)를 화면에 출력한다. 그런데 출력 결과를 살펴보면, 쉼표로 구분한 정수들 사이에 한 칸씩 빈칸이 들어간 것을 볼 수 있다. 이제 sep 선택 사항을 변경해서 다음과 같이 코드를 수정해 보자.

```
print(1,2,3,4,5,6, sep='-')
```

```
1-2-3-4-5-6
```

실행 결과를 보면 숫자들 사이에 sep으로 지정한 하이픈(-)이 들어 간 것을 볼 수 있다. 물론 다음과 같이 쉼표로 표시되는 항목들 사이에 아무 것도 표시되지 않도록 할 수도 있다.

```
print(1,2,3,4,5,6, sep='')
```

```
123456
```

또는 방금 배운 이스케이프 문자들 중 줄바꿈을 의미하는 '\n'을 이용해서 항목들 각각을 한 줄씩 출력할 수도 있다.

```
print(1,2,3,4,5,6, sep='\n')
```

```
1
2
3
4
5
6
```

print문은 print문 안에 제시된 문자열을 여러분이 키보드로 그 내용을 직접 입력하는 것과 동일한 결과를 보여 준다고 가정하면 결과를 예측하기 쉽다. 다시 말해 print(1,2,3,4,5,6, sep='\n')이라는 표현은 키보드에서 1을 입력하고 Enter 키를 누르고(sep='\n'), 2를 입력하

[11] separator(구분 문자)의 약어 표현.

고 Enter 키를 누르고, 3을 입력하고...를 반복하는 과정이라고 생각할 수 있다. 그렇다면 위 코드에서 sep='\b'로 설정하면 어떤 결과가 나올까? 1을 입력하고 Backspace 키(sep='\b')를 눌러서 1을 지우고, 2를 입력하고 Backspace 키를 눌러서 2를 지우고, 3을 입력하고... 마지막으로 6을 누르면 결국 결과는 화면에 6만 남게 될 것이다. 코드를 다음과 같이 수정한 후 실행해서 결과가 예상한 것과 동일한지 확인해 보자.

```
print(1,2,3,4,5,6, sep='\b')
```

```
6
```

요약

01 컴퓨터의 종류에 상관없이 사용자는 컴퓨터를 사용하면서 ❶ **자료를 쉽게 컴퓨터에 알려 주고** ❷ **적절하게 자료를 처리해야 하며** ❸ **편리한 방식으로 처리된 결과를 확인**한다.

02 자료를 컴퓨터에게 알려주는 것을 **입력**, 처리된 결과를 확인하는 것을 **출력**이라고 하고 이 두 가지 과정을 묶어서 **입출력**이라고 한다.

03 적절하게 자료를 처리하는 작업은 **연산**이라고 부르며 이러한 작업을 수행하도록 하는 기능을 **연산자**라고 한다. 이때 연산의 대상이 되는 자료는 **피연산자**라고 한다.

04 연산자에는 대입연산자, 산술연산자, 관계연산자, 논리연산자 등이 있다.

05 스크래치에서는 연산 블록 모음에 산술연산자, 관계연산자, 논리연산자가를 구현할 수 있다.

06 **대입연산자**는 등호(=)로 표현하며 오른쪽에 있는 값을 왼쪽에 있는 변수에 복사해서 넣으라는 의미이다. 따라서 왼쪽에는 값(상수)가 올수 없으며 반드시 변수가 와야 한다. 이전에 변수에 저장된 값은 사라지고 새로 대입된 값만 기억된다.

07 대입연산자(=)는 같다는 의미로 사용되지 않는다. 파이썬에서 양쪽이 같다라는 의미로 사용하려면 등호를 두 번 연속으로 사용하는 관계연산자(==)를 사용한다.

08 정수형과 실수형에 대해 더하기(+), 빼기(−), 곱하기(*), 나누기(/)와 같은 사칙연산을 사용할 수 있다. 이러한 연산을 수행하는 연산자는 **산술연산자**라고 한다. 곱셈은 ×가 아니라 *으로, 나눗셈은 ÷ 대신 /으로 표현하고 있다는 점에 주의하자.

09 **관계연산자**는 부등호(<, >, <=, >=), 등호(==), 다름(!=)으로 표현하며 피연산자들 사이의 크고 작음, 또는 같음이나 다름을 계산한다. 관계연산자의 계산 결과는 항상 True나 False 중 하나임을 기억하자.

10 **논리연산자**는 and, or, not 세 가지가 있고 각각 규칙에 따라 True 또는 False 중 하나로 계산되며 컴퓨터 작동과 하드웨어 회로의 가장 기초가 되는 연산이다.

11 논리연산자 and는 좌우의 피연산자가 모두 True일 때만 True 결과를 얻고 나머지는 모두 False를 얻는다.

12 논리연산자 or는 둘 다 False일 때만 False이고 나머지 경우(최소한 True가 하나라도 있는 경우)에는 True가 된다.

13 논리연산자 not은 and나 or와는 다르게 뒤쪽에 피연산자를 하나만 가지며 True는 False로, False는 True로 바꾼다.

14 먼저 계산해야 할 연산자와 나중에 계산해야 할 연산자가 정의되는 **연산 우선순서**가 연산자들 사이에서 정의된다.

15 2차 세계대전 중에 처음 탄생한 초창기 디지털 컴퓨터의 입출력 장치는 단순한 스위치와 전구로 구성되었다.

16 2차 세계대전 이후 여러 입출력 장치들이 개발되었으며 1970년대 경에 개인용 컴퓨터(PC)에 키보드와 모니터 화면이 적용되면서 점차 표준 입출력 장치로 확산되었다.

17 스크래치에서 키보드로 입력을 받는 코드블록은 [감지]의 [너 이름이 뭐니? 라고 묻고 기다리기]이다. 키보드로 입력한 값은 [대답]에 저장된다.

18 스크래치에서 키보드로 입력을 받은 값을 재 사용하기 위해서는 변수를 사용해서 [대답]을 생성된 변수에 저장하거나, 변수를 사용하지 않는 경우에는 [대답]에 저장된 값을 그대로 사용하면 된다. 단, [대답]을 그대로 사용하려면 [너 이름이 뭐니? 라고 묻고 기다리기] 코드블록이 연속적으로 사용되지 않아야 한다. 왜냐하면, [대답]은 최종 입력된 값으로 계속적으로 업데이트 되기 때문이다.

19 파이썬에서 키보드로 입력을 받는 명령어는 input문이며 사용자가 입력한 모든 값들을 문자열로 변환해서 알려 준다.

20 스크래치에서 모니터 화면에 출력하는 명령어들이 모여있는 블록 모음은 [형태]이다.

21 스크래치에서 모니터 화면에 출력하는 대표적인 경령어는 [형태]의 [안녕! 을(를) 2 초 동안 말하기] 또는 [안녕! 을(를) 2 초 동안 말하기]이다.

22 파이썬에서 모니터 화면에 출력하는 대표적인 명령어는 print문이며 end 옵션과 sep 옵션을 이용해서 여러 방식으로 출력을 할 수 있다.

23 print문으로 Enter키, Tab키, Backspace키와 같은 특수 문자를 출력하려면 백슬래시(\)+알파벳으로 구성된 특수한 문자를 사용하는데 이러한 문자를 이스케이프 문자라고 한다.

09

조건문과 반복문

학습목차

학습목표

- 상황을 판단하고 판단에 따라 다른 일들을 수행할 수 있는 조건문을 이해하고 적용할 수 있다.
- 특정한 조건이 충족되는 동안 특정한 일들을 반복해서 수행할 수 있는 반복문을 이해하고 적용할 수 있다.

일상생활 속에서 컴퓨터가 어떤 용도로 사용되고 있는지 잠시 관찰하고 생각해보자. 당장 눈앞에 있는 여러분의 데스크탑 또는 노트북 같은 개인용 컴퓨터, 또는 스마트폰, 태블릿 컴퓨터가 생각나겠지만 조금 더 시야를 넓혀 보면 엘리베이터, 교통 신호등, 세탁기, 전기밥솥 등과 같은 곳에도 컴퓨터가 적용되어 보이지 않는 곳에서 우리가 일상을 보다 편리하게 살아갈 수 있도록 돕고 있다.

이런 컴퓨터들은 개인용 컴퓨터나 스마트폰에 비해서 기능이 단순한 반면 그 목적과 하는 일은 좀 더 명확하다. 예를 들어 엘리베이터에 설치된 간단한 컴퓨터는 탑승자들이 선택한 층수는 물론, 각 층의 엘리베이터 위/아래 버튼 중 어떤 버튼이 눌러졌는지 기억하고 있다가 정확하게 각 층에서 멈춰 서고 문열림 버튼이나 문닫힘 버튼이 눌러졌는지를 조사해서 눌러졌다면 필요한 작동을 충실하게 반복해서 수행한다. 또한 센서를 이용해서 문을 닫을 때 사람이 다치지 않도록 사람이 출입문 위치에 없는지 확인한 후 안전하게 문을 닫는다.

이렇게 컴퓨터가 적용된 장비 또는 기계가 작동하는 방식을 살펴보면, 특정한 **조건**(예를 들면 문열림 버튼과 문닫힘 버튼, 층수 선택 버튼의 눌러짐 여부, 센서로 사람을 감지했는지의 여부)을 조사해서 그 결과에 따라 합당한 행동을 수행하는 한편, 같은 동작을 끊임없이 **반복**한다는 점이 두드러진다. 이렇게 조건에 따른 행동 수행과 작업 반복은 결국 사람이 일일이 신경 쓰지 않아도 되는 **단순 작업의 자동화**를 구성하는 중요한 요소로 컴퓨터를 사용하는 가장 중요한 목적 중 하나라고도 볼 수 있다.

9장에서는 이렇게 컴퓨터의 중요한 기능 중 하나인 자동화를 실현하는 조건문과 반복문에 대해 학습하고 파이썬에서 어떻게 활용하는지 알아보자.

01 조건문

일상 생활에서 판단 – 판단 기준과 판단에 따른 행동

사람들은 매일매일 가장 좋은 결과를 얻기 위해 살아가면서 많은 판단을 내리게 된다. 예를 들어 내일 날씨가 영하로 내려가면 따뜻한 패딩을 입고 영상으로 유지되면 학과 마크가 표시된 야구점퍼를 입기로 했다면 이러한 판단을 한 것이라고 볼 수 있다.

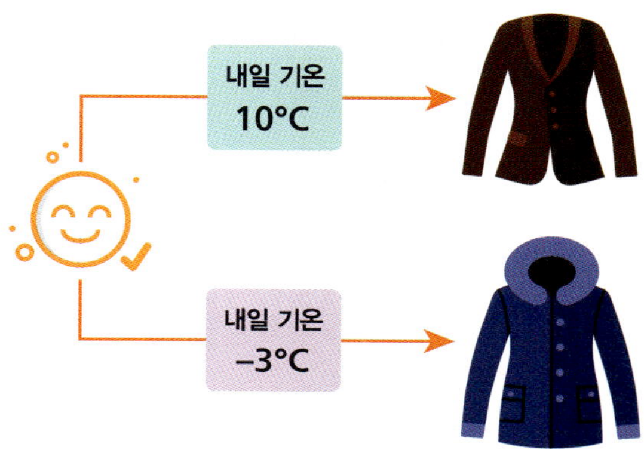

그림 9.1 기온에 따른 옷 선택

이러한 판단에는 **판단 조건**이 있고, 그 이후에는 **판단에 따른 행동**이 뒤따른다. 방금 살펴본 사례에서는 기온이 영상인지, 영하인지가 판단 기준이 되고 야구점퍼를 입는 행동과 패딩을 입는 행동이 각각 그 판단에 따른 행동이라고 볼 수 있다.

이러한 일상적이고 개인적인 판단 이외에도 좀 더 넓게 세상을 보면, 자동차 운전 시에도 **판단 조건**(교통 신호등)과 **판단에 따른 행동**(주행 또는 정지)이 적용된다는 사실을 쉽게 알 수 있다. 또한 공항에 착륙하고자 하는 비행기는 관제탑의 지시에 따라 착륙하거나 계속 비행하면서 하늘에서 대기하게 되는데 이때에도 **판단 조건**(관제탑의 지시)과 **판단에 따른 행동**(착륙 또는 비행하면서 대기)이 존재한다.

만일 판단의 조건이 잘못되면 어떻게 될까? 또는 판단의 조건은 적절했는데 판단에 따른 행동이 잘못되었다면 어떤 일이 발생하게 될까? 기온에 따른 적절한 옷입기 문제 같은 경우라면 너무 추운데 비교적 얇은 옷을 입게 되어서 실외에서 추위 때문에 고생하다 감기가 걸릴 수도 있고 반대로 비교적 온화한 날씨에 너무 두꺼운 옷들을 껴입어서 더워서 힘들고 땀이 날 수도 있을 것이다. 이 정도의 문제라면 큰 피해라고 볼 수 없지만, 운전이나 항공기의 착륙에서 판단 조건과 그에 따른 행동에서 오류나 착오가 있다면 큰 사고로 이어질 가능성이 매우 높다. 따라서 우리가 살아가는 세상의 여러 측면들이 복잡해지고 정교해짐에 따라 이러한 판단 조건과 판단에 따른 행동의 정확성은 점점 더 중요해지고 있으며 – 실수를 할 가능성이 높은 – 인간의 한계를 극복하고 엄격하고 정확하게 판단 조건을 준수하며 판단에 맞는 행동을 정확하게 적용하고자 현재 많은 판단과 판단에 따른 행동을 컴퓨터를 이용해서 처리하고 있다. 그리고 컴퓨터가 이러한 목적으로 사용될 수 있도록 대부분의 컴퓨터 프로그래밍 언어에서는 **조건문**을 제공한다.

스크래치에서의 조건문

스크래치에서는 블록 모음 중 제어에서 그림 9.2과 같은 블록을 활용하여 단일조건문과 중첩 조건문을 구현할 수 있다.

(가) (나) (다)

그림 9.2 스크래치에서의 조건문의 코드 유형

(가)는 조건을 만족하는 경우(참일 경우)에는 실행해야 할 결과가 있지만 만족하지 않을 경우(거짓일 경우)에는 실행해야 할 결과가 없을 때 사용하게 된다. 만약 ~ 라면 ~이다. 의 형태이다. 로 표현할 수 있다.

반면에 (나)는 조건을 만족하는 경우(조건이 참일 경우)이거나 만족하지 않는 경우(조건이 거짓일 경우) 모두 실행할 결과가 존재할 때 사용하게 된다. 만약 ~ 라면 ****이고 그렇지 않으면 ----- 이다.로 표현할 수 있다. 파이썬과 같은 텍스트 기반 언어에서는 대부분 if ~ else ~ 를 사용한다(188 페이지 참고).

(가)와 (나)는 조건이 1가지이기 때문에 단일 조건문이라고 불린다. 반면 (다)는 조건이 2가지로 나타나고 있으며 첫 번째 조건을 만족하지 않을 경우 다시 또 다른 조건이 제시되고

이 때에도 만족할 경우와 만족하지 않을 경우에 실행할 결과가 모두 존재한다. 조건이 2가지 이상일 경우가 중첩조건문이라고 한다. 파이썬과 같은 텍스트 기반 언어에서는 대부분 if ~ else if ~ else ~를 사용한다. 파이썬에서는 if ~ elif ~ else ~를 사용하게 된다(190 페이지 참고).

이 때 조건에 해당하는 마름모형 입력창에는 논리연산자, 비교연산자를 포함하여 마름모 형태를 가진 블록은 모두 포함될 수 있다.

(예. 마우스 포인터 ▾ 에 닿았는가?, myList ▾ 이(가) 항목 을(를) 포함하는가? 등).

연습해보기) 내 나이를 입력하고 상대방의 나이를 입력한 후 내 나이가 더 많으면 언니 동생 할까?라고 말하고 내 나이가 더 적으면 언니~ 언니라고 불러도 되요? 라고 말하는 프로그램을 작성해보자.

문제를 확인해보면 조건은 1가지이다. 조건이 1가지이며 조건을 만족할 때와 만족하지 않을 때 모두 실행해야 하는 작업이 있다. 따라서 단일 조건문 중 (나)를 사용하면 된다.

조건문의 코드 유형은 결정이 났으므로 조건이 무엇인지를 파악할 필요가 있다.

조건은 2명의 나이를 비교하는 것이며 큰지 작은지에 따라 결과가 달라진다. 따라서, 조건은 a > b 로 할 수 있다.(물론 a < b 로 해도 무방하다.) 조건이 성립하는 경우(Y)와 조건이 성립하지 않는 경우(N)에 따라 호칭이 달라진다.

그렇다면, 직접 프로그램을 작성해보자.

Q 해결해야 하는 문제를 분류해보면? [문제분해]

❶ 내 나이와 상대방의 나이를 변수에 저장하는 문제

❷ 내 나이와 상대방의 나이를 비교하는 문제

❸ 상대방의 나이에 따라 호칭 관련한 이야기를 하는 문제

Q 계속적으로 반복되는 것은? [패턴인식]

내 나이와 상대방의 나이

핵심요소를 추출해보고 핵심요소와의 관계를 정리해보면? [추상화]

핵심요소:

내 나이, 상대방의 나이, 우리 언니, 동생 할까?, 언니~ 언니라고 불러도 되요?

핵심요소 간의 관계(도식화):

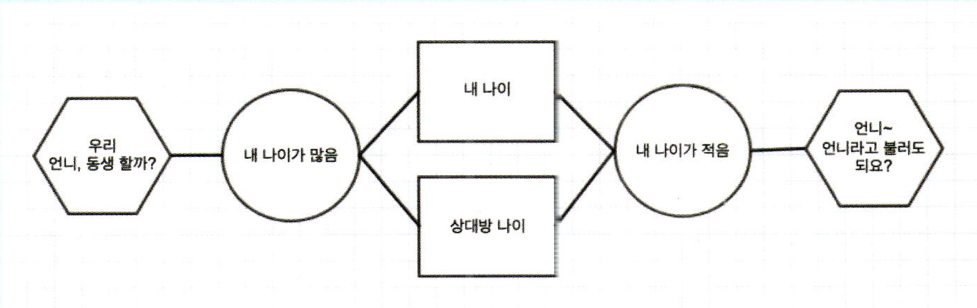

미션을 해결하기 위한 단계적 절차 [알고리즘]

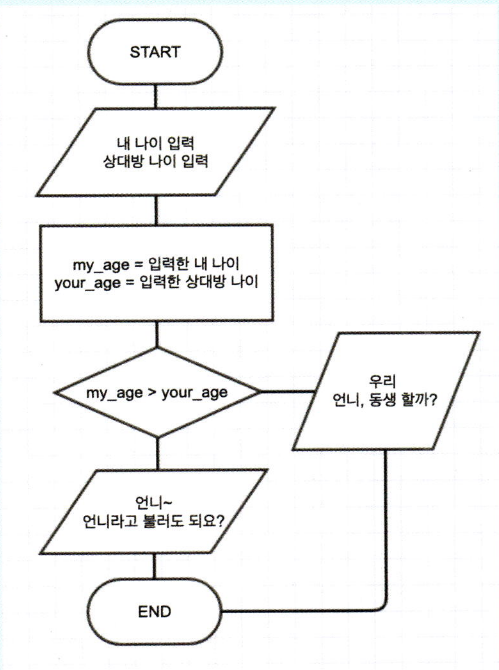

지금까지 컴퓨팅 사고를 한 대로 코딩을 하기 위해 표 9.1과 같이 블록 코드를 사용했다.

표 9.1 문제해결을 위해 사용한 스크래치 코드 블록들

용도		블록 모음	코드
시작		이벤트	클릭했을 때
내 나이와 상대방 나이를 각각 입력		감지	너 이름이 뭐니? 라고 묻고 기다리기 X 2번 대답 X 2번
대답(입력한 나이)을 변수에 저장		변수	변수 만들기 X 2번(my_age , your_age 생성) 나의 변수 ▾ 을(를) 0 로 정하기 X 2번 (my_age , your_age 를 각각의 대답 으로 정하기)
2가지 숫자 비교하기	조건문 작성	제어	만약 ◇ (이)라면 / 아니면
	조건 (관계연산자)	제어	◯ > 50 (my_age , your_age 넣기)
출력		형태	안녕! 을(를) 2 초 동안 말하기

위의 컴퓨팅 사고를 바탕으로 프로그램을 작성해보면 그림 9.3과 같다.

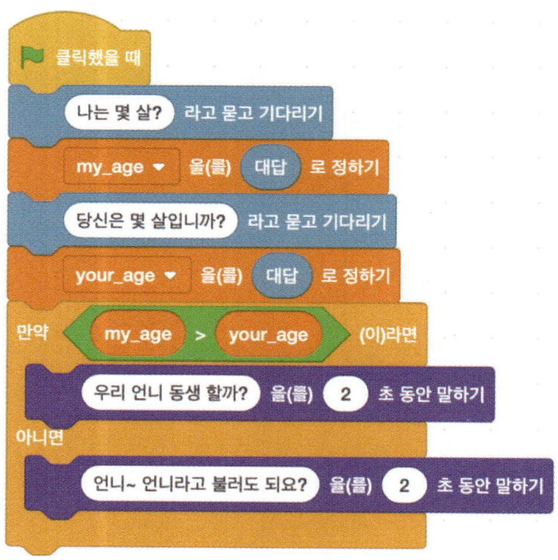

그림 9.3 스크래치 코드

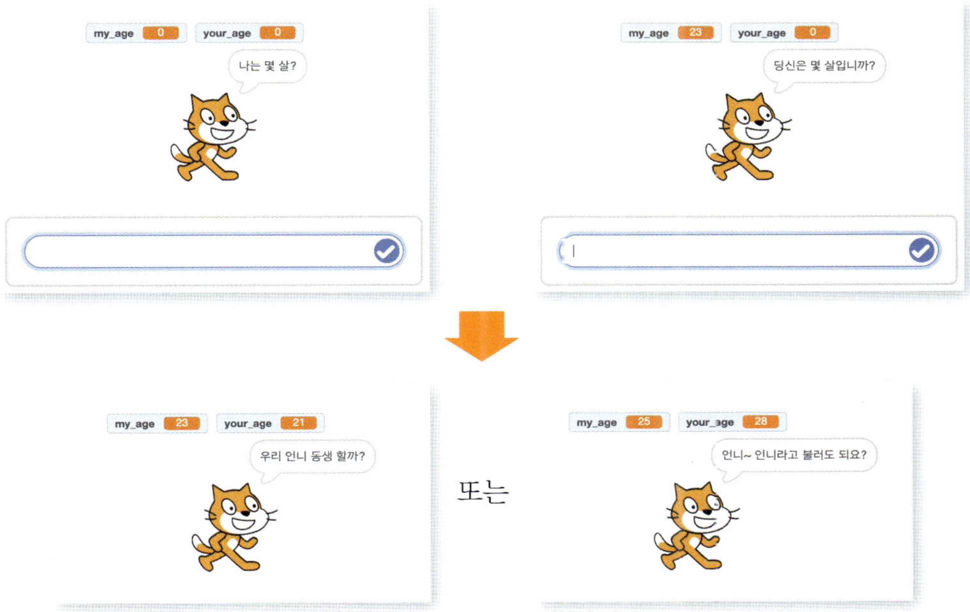

그림 9.4 실행 결과

연습하기

내 나이와 상대방의 나이가 동갑인 경우도 있을 것이다. 다중 조건문을 사용하여 동갑인 경우, 우리 친구네~ 라고 말하는 것을 추가해보자. 위의 문제의 컴퓨팅 사고 각 단계를 참고하여 추상화와 알고리즘을 다시 작성해보자.

추상화	알고리즘

연습하기

조건문에 따라 우리 언니 동생할까? 대신에 우리 (   )차이네, 언니 동생할까?로 변경해보고, 언니~ 언니라고 불러도 되요? 대신에 언니~ 저보다 (   )살 언니시네요. 언니라고 불러도 되요? 로 변경해보자. 위의 문제의 컴퓨팅 사고 각 단계를 참고하여 추상화와 알고리즘을 다시 해보자.

HINT!

문자열만 있던 문장이 숫자도 포함하도록 하였다. 자료형이 다르므로 [가위 와(과) 나무 결합하기] 을 사용해보자.

추상화	알고리즘

앞 장에서 만 나이를 계산해주는 프로그램을 작성한 적이 있다. 앞장에서는 조건문을 배우기 이전이기 때문에 생일이 지난 사람과 생일이 지나지 않은 사람을 구분해서 알려주지 못했다. 지금 조건문을 배웠으니 만 나이를 정확하게 알려주자.

연습하기

다음의 코드를 수정하여 순서도에 맞춰 생일이 지난 사람과 지나지 않은 사람을 구분해서 만 나이를 정확하게 알려주자.

HINT!

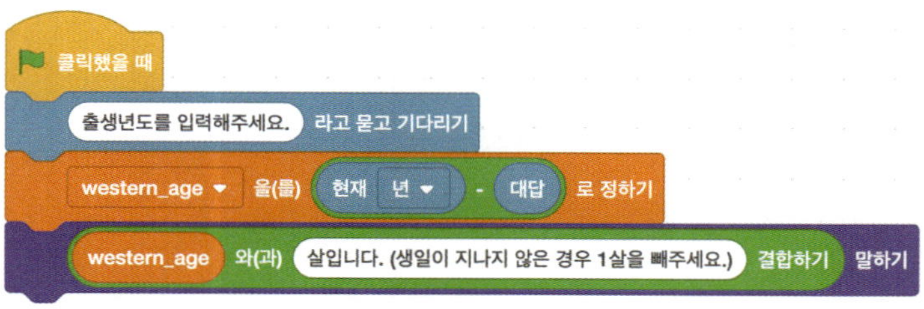

그림 9.5 수정해야 할 코드

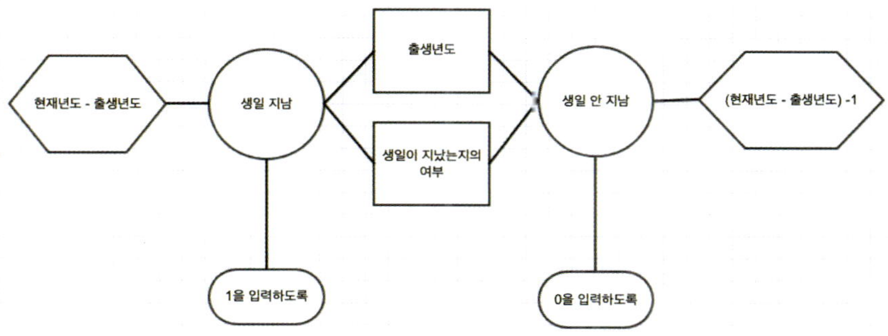

그림 9.6 수정하는데 참고가 될 추상화

연습하기

짝수와 홀수를 알려주는 프로그램을 만들어보자.

HINT!

짝수와 홀수는 2로 나누었을 때 나머지가 0과 1이 된다.

연습하기

자동으로 학점의 등급을 알려주는 프로그램을 작성해보자. 자신의 점수를 입력하고 입력된 점수가 95점 이상이면 A+, 90점 이상이면 A0, 85점 이상이면 B+, 80점 0 상이면 B0, 75점 이상이면 C+, 70점 이상이면 C0, 65점 이상이면 D+, 60점 이상이면 D0, 그 이하는 F로 판별해주자.

연습하기

조카와 놀이공원을 간 미리는 조카가 타고 싶어하는 놀이기구가 탑승이 가능한지 알고 싶었다. 조카가 타고 싶어하는 놀이기구 앞에 가서 키를 재면 탑승이 가능한지 가능하지 않은지 알려주는 프로그램을 만들어보자. 이번 프로그램에서는 키 120cm 이하는 탑승이 불가능하다고 가정하고 만들어보자. 탑승이 가능하면 탑승하라는 안내를 탑승이 불가능하면 안타까움을 말로 표현해보자.

연습하기

시골 장터에 놀러간 덕새는 맛있는 먹거리가 많은 것을 보고 군것질을 해야겠다고 마음 먹었다. 그런데 주머니에 1만원이 있는 덕새, 장터에 있는 먹거리들이 워낙 비싸서 먹을 수 있는 것이 너무 적다. 장터에 있는 먹거리 중에 1만원으로 먹을 수 있는 것과 먹을 수 없는 것을 나누어 알려주는 시스템이 있으면 좋겠다고 생각했다. 덕새를 위해 1만원 이하로 먹을 수 있는 먹거리들과 1만원 이상이어서 먹을 수 없는 먹거리를 정리해서 알려주자.

파이썬에서의 조건문

파이썬에서의 조건문은 다음 그림과 같은 구조를 가진다.

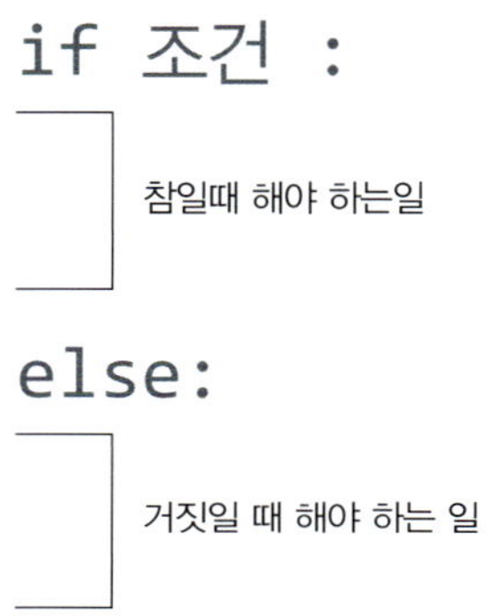

그림 9.7 파이썬에서의 조건문

위 그림에서 **조건**에는 True/False로 해석될 수 있는 내용들(예를 들면 관계연산자)이 포함된다. 그리고 그림에서 **참일 때 해야 하는 일**과 **거짓일 때 해야 하는 일**은 각각 여러 줄의 코드가 한 '그룹'을 구성하는데 반드시 탭(Tab) 키를 이용해서 들여쓰기를 하고 같은 '그룹'끼리는 왼쪽에서 시작하는 부분이 동일해야 한다. 컴퓨터 프로그래밍 언어에서는 보통 이러한 '그룹'을 **블록(block)**이라고 부른다.

참고

위 그림에서 들여쓰기를 해야 하는 부분을]으로 표시했는데 실제 코드에서는 이 부분은 탭 문자로 입력한다. 파이썬에서는 블록을 들여쓰기로 정확하게 표현하는 것이 매우 중요하다. 한 블록은 왼쪽 시작 지점을 중심으로 정확하게 동일한 위치에서 시작하지 않으면 오류가 발생하게 된다.
또한 Google Colab, Jupyter Notebook, PyCharm, Visual Studio Code 등 대부분의 개발 환경에서는 콜론(:) 다음에 엔터를 누르면 탭 키를 누르지 않더라도 자동으로 띄어쓰기가 적용된다는 점에도 주목하자.

다음 코드를 입력해서 실행한 후 결과를 확인해 보자.

```
a = 10
b = 44
if a > b :
   print('a가 b보다 큰 숫자입니다.')
   print('a는 ', a,'이고 ', 'b는 ', b,'입니다.')
else :
   print('b가 a보다 큰 숫자입니다.')
   print('b는 ', b,'이고 ', 'a는 ', a,'입니다.')
```

```
b가 a보다 큰 숫자입니다.
b는 44 이고 a는 10 입니다.
```

이 코드에서 변수 a에는 정수 10이 할당되고 b에는 정수 44가 할당되었는데 if 다음의 조건문(a>b)이 False이기 때문에 else : 다음에 나오는 블록이 실행되는 것을 확인할 수 있다.

이제 코드를 좀 더 개선해서 두 개의 숫자를 직접 키보드로 입력받은 후에 두 수의 크기를 비교해서 결과를 화면에 출력하는 코드로 수정해 보자.

```
a = int(input('첫 번째 숫자를 입력하세요:'))
b = int(input('두 번째 숫자를 입력하세요:'))
if a > b :
   print('a는 ', a,'이고 ', 'b는 ', b,'입니다.')
   print('a가 b보다 큰 숫자입니다.')
else :
   print('b는 ', b,'이고 ', 'a는 ', a,'입니다.')
   print('b가 a보다 큰 숫자입니다.')
```

```
첫 번째 숫자를 입력하세요: 492
두 번째 숫자를 입력하세요: 29

a는 492 이고 b는 29 입니다.
a가 b보다 큰 숫자입니다.
```

위 코드에서 이전 장에서 학습한 input 명령(또는 함수)은 괄호 안에 문자열을 명시할 수도 있고 그냥 비워둘 수도 있는데 문자열(여기에서는 각각 '첫 번째 숫자를 입력하세요:'와 '두 번째 숫자를 입력하세요:')을 명시하면 그대로 화면에 출력하고 사용자의 입력을 기다린다. 사용자가 정수를 입력하고 엔터키를 누르면 사용자가 입력한 내용은 문자열로 전달이 되며 int문으로 문자열이 정수로 변환된다.

만일 조건이 하나가 아니라 여러 개일 경우는 어떻게 해야 할까? 이 경우 else 대신 elif (else + if를 줄인 표현)를 사용해서 여러 조건들을 추가로 적용할 수 있다. 여러 조건들을 추가로 적용하도록 하기 위해 100점 만점에 점수대별로 100점부터 75점까지는 A, 74점부터 50점까지는 B, 49점부터 25점까지는 C, 24점부터 1점까지는 D, 0점은 F를 출력하는 프로그램을 만들어 보자.

```
score = int(input('점수를 입력하세요(100점 만점 기준):'))

if score > 100 or score < 0:
   print('점수 범위를 벗어났습니다.')
elif 100 >= score and score >= 75 :
   print('A')
elif 74 >= score and score >= 50 :
   print('B')
elif 49 >= score and score >= 25 :
   print('C')
elif 24 >= score and score >= 1:
   print('D')
else :
   print('F')
```

```
점수를 입력하세요(100점 만점 기준): 75
A
```

참고

위 코드에서 100 >= score and score >= 75는 수식으로는 $75 \le score \le 100$에 해당되는 표현이다. 다른 프로그래밍 언어에서는 주로 이 코드처럼 and를 이용해서 표현하는데 파이썬에서는 다음 표현도 사용 가능하다.

```
75 <= score <= 100 또는 100 >= score >= 75
```

연습하기

위의 결과가 동일하게 나타나도록 스크래치로도 구현해보자.

HINT!

중첩조건문으로서 조건이 1개이다. 따라서 입력을 1번 받아야 하므로 [너 이름이 뭐니? 라고 묻고 기다리기] 코드를 1번 사용한다. 따라서 [대답] 코드는 변수의 역할을 할 수 있으므로 별도로 변수를 만들지 않아도 된다. 또한 100 >= score는 100보다 작거나 같다 이므로 연산 코드 모음 중 비교연산자를 사용하여 [( ) < 50] 또는 [( ) = 50] 로 코딩할 수 있다. 또한 '또는' 은 [◆ 또는 ◆] 라는 관계연산자를 사용하여 [대답 < 100 또는 대답 = 100] 로 코딩할 수 있다.

02 반복문

시간과 공간 속에서의 반복의 의미

자연 현상이나 사회 시스템이 시간의 흐름에 따라 운영되는 양상을 지켜보면 일회성으로 그치는 경우도 있지만 대부분은 일정한 주기 동안 반복되는 것이 대부분이다. 예를 들어 계절은 대략 1년 단위로 반복되며 하루는 24시간, 일주일은 7일 주기로 계속 반복된다. 사회 시스템 역시 이러한 자연의 반복적인 순환에 맞춰 운영되는 것이 일반적이다. 이러한 시간 속에서 패턴의 반복은 규칙성과 예측 가능성을 제공한다. 즉, 우리는 1월 다음에는 2월이 온다는 **규칙**을 잘 알고 있으며 반복되는 시간을 통해 아침이 되면 해가 뜨고 저녁이 되면 해가 진다는 사실을 **예측**할 수 있다.

하지만 이러한 시간은 동일하게 반복적으로 순환되지만, 그 흐름 속에서 모든 것들이 이전과 동일한 것은 아니며 조금 씩 달라져 가는 것을 볼 수 있다. 매년 한 해가 시작되면 1월 1일부터 12월 31일까지의 또 다른 1년이 지나가지만 우리는 1월이 되면 각자의 나이가 한 살씩 더 증가하기도 하고 '연도'라는 개념으로 기준점부터 몇 년이 지났는지 매년 기록을 한다. 은행에 저축해 둔 돈은 연도나 월이 반복되면서 동일하게 변하지 않는 것이 아니라 이자율과 이자 계산 방식(복리 또는 단리)에 따라서 시간의 흐름에 따라 액수가 증가한다. 절대로 변하지 않을 것만 같은 거대한 건축물도 시간의 반복적인 순환에 따라 조금씩 허물어져 가기도 한다.

그림 9.8 공간적으로 반복되는 패턴을 쉽게 볼 수 있는 고층 건물의 창

이러한 반복은 시간의 흐름 속에서만 발견할 수 있는 것이 아니라 건축물이나 자연물에서도 반복되는 패턴을 찾아 볼 수 있다. 예를 들어 그림 9.8에서 볼 수 있는 것처럼 고층 건물의 창은 보통 일정한 형태를 가지며 각 층마다, 각 방마다 반복되는 패턴을 가지는 것을 흔하게 볼 수 있다. 이러한 공간에서의 패턴 반복은 규칙성 속에서 인간의 생활을 편리하고 효율적으로 영위할 수 있도록 적용된다. 즉, 사람들은 건물 내에서 수직 방향으로 각 층이 연속적인 순서로 반복되고 같은 층 내에서는 비슷한 구조를 가진 공간 단위, 즉, 방이 반복된다는 사실을 인지하면서 원하는 활동을 수행할 수 있다.

그림 9.9 공간적으로 패턴이 반복되는 눈 결정

그림 9.9에서 제시된 눈 결정 확대 사진처럼 자연 현상에서도 공간적인 패턴 반복을 흔하게 볼 수 있다. 자연 현상에서의 규칙적인 공간 패턴의 반복은 주로 자연과학의 연구 대상이며 자연을 움직이고 구성하는 원리의 효율성과 대칭성, 그리고 미적인 아름다움으로 나타나기도 한다.

이렇게 세상의 많은 부분들은 시간과 공간 속에서 일정한 패턴으로 반복됨으로써 질서와 규칙성, 예측 가능성을 제공하면서 그 속에서 여러 가지 속성들은 새로운 의미를 가지며 다양한 현상과 활동으로 이어진다.

컴퓨터에서는 이러한 자연과 사회의 속성을 표현하고 활용하기 위해서 **반복문**을 사용한다. 본격적으로 컴퓨터 프로그래밍 언어에서의 반복문을 살펴보기 앞서 고등학교 교과 과정에서는 이러한 반복 현상을 어떻게 이해했는지 확인해 보자.

고등학교 수학에서 반복의 표현

고등학교 때 시간과 공간의 반복을 수학적으로 표현할 수 있는 도구를 이미 학습하였는데 이 수학적 도구는 바로 수열이다. 사실 여러분이 고등학교 때 배운 수열과 수열의 극한, 급수 등은 여러 중요한 컴퓨터 알고리즘의 이론적인 배경인 동시에 컴퓨터 프로그램의 실행 예측과 성능 평가를 위한 도구로 활용된다.

여기에서는 가장 간단한 수열인 등차수열을 살펴보자. 등차수열이란 첫 번째 숫자(첫째항)부터 시작해서 같은 수(등차)를 계속 반복적으로 더해서 만든 수열을 의미한다. 첫째항이 a_1이고 등차가 d인 수열의 n번째 항, 즉, 일반항 a_n은 다음과 같다.

$$a_n = a_1 + (n - 1)\mathrm{d} \qquad (n \geq 1)$$

문제에 따라서 n은 시간이나 공간의 흐름을 표현하는 변수라는 의미를 가질 수 있다. 예를 들어 매년 나무 기둥의 반지름이 1.5 cm씩 자라는 나무가 있고 측정을 시작한 첫 해의 반지름이 50 cm일 때 n년이 지난 다음 이 나무의 지름 R_n은 등차수열을 따르며 다음과 같이 구할 수 있다.

$$\begin{aligned} R_n &= 50 + 1.5(n - 1) \\ &= 48.5 + 1.5n(\mathrm{cm}) \qquad (n \geq 1) \end{aligned}$$

고등학교 수학 과정에서는 이러한 수열뿐만 아니라 수열의 합, 즉, 급수를 계산하는 몇 가지 방법들을 학습하였다. 이러한 수열의 합의 일반식은 고등학교 때 보통

$$S_n = \sum_{i=1}^{n} a_i$$

으로 표시했는데, 이러한 일반식을 계산할 수 있는 경우도 있었지만 일반식을 계산하기 힘든 수열도 있다. 다행스러운 점은 이 장에서 학습하게 될 컴퓨터의 **반복문**을 이용하면 수열의 합의 일반식을 알지 못하더라도 – 일반식의 공식을 알고 있는 경우까지 포함해서 – 이러한 수열의 합을 쉽게 계산할 수 있다는 사실이다. 대부분의 컴퓨터 프로그래밍 언어에서는 대표적인 반복문으로 for문과 while문을 제공하는데 다음에서 스크래치와 파이썬에서 이 두 가지 표현을 어떻게 활용하는지 살펴보자.

스크래치에서의 반복문

만일 스크래치에서 고양이 스프라이트()가 오른쪽 방향으로 10만큼 5번을 움직여야 한다고 가정해보자. 그렇다면 코드를 어떻게 작성하면 될까? 아마도 여러분은 바로 동작블록모음을 클릭해서 

를 작업 영역에 5번 옮겨놓을 것이다.

그림 9.10 고양이 스프라이트를 5번 움직이게 한 코드

5번 정도를 가져오는 것은 어렵지 않다고 생각할 수도 있다. 하지만 가 50번을 움직여야 한다면 어떨까? 

코드를 작업영역으로 50번 가져온다는 것은 굉장히 번거로운 일 일 것이다. 복사를 한다고 하더라도... 따라서, 우리가 Part I에서 배운 반복 구조를 활용하면 코드를 작성하는데 훨씬 효율적일 것이다.

스크래치에서는 반복구조를 표현하려면 제어 블록 모음(

)에서 관련 코드를 찾아볼 수 있다. 아래 그림은 스크래치에서 활용이 가능한 반복 코드들이다.

(가) (나) (다)

그림 9.11 스크래치에서의 반복 코드들

스크래치에서는 (가)와 같이 정해진 횟수만큼 반복할 수 있고 (나)와 같이 횟수를 지정하지 않고 무한하게 반복하게 할 수도 있다. 또한 (다)와 같이 제시된 내용을 만족할 때까지 반복

하는 것도 가능하다. (다)의 경우에는 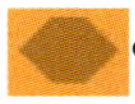에 제시된 내용을 만족하지 않으면 반복은 중지하게 된다.

(가)는 정해진 횟수를 반복하는 것이다. 파이썬과 같은 텍스트 기반의 프로그래밍을 할 때에 for문을 사용하는 것과 유사하다고 할 수 있다.

이는 반복하게 될 명령의 횟수가 명확할 때 사용하게 된다. 앞에서 

코드를 50번 반복하려고 했던 명령의 경우에 횟수가 50번으로 명확하게 정해져 있으므로 (가)의 코드를 그림 9.12와 같이 사용할 수 있다. 이 코드를 사용할 때에는 반복되는 명령을 (가)의 블록 사이에 위치시키면 된다.

그림 9.12 횟수 반복 코드를 사용한 경우

(나)는 해당되는 명령을 무한하게 반복하는 것을 의미한다. 이는 파이썬과 같은 텍스트 기반의 프로그래밍 언어에서는 While 문으로 표현할 수 있다. 위의 명령을 무한하게 반복한다고 가정하면 그림 9.13과 같이 코드를 작성할 수 있다. 이 때에는 횟수 반복 코드 대신에 무한 반복 코드를 사용하면 된다.

그림 9.13 무한 반복 코드를 사용한 경우

(다)는 어떤 조건이 만족될 때까지만 명령을 수행하는 것을 의미한다. 어떤 조건이 만족되는 동안에만 명령을 수행한다고 생각해도 좋다. 이는 파이썬과 같은 텍스트 기반의 프로그래밍 언어에서는 While 문으로 표현할 수 있다. 만약 고양이가 맞은 편 벽에 닿을 때 까지 움직이도록 한다면 (다)의 명령어를 사용할 수 있을 것이다. 이 명령을 실행하면 그림 9.14

와 같이 왼쪽 끝에 있던 고양이는 오른쪽 끝의 벽에 만날때까지 오른쪽으로 움직이다가 벽을 만나면 멈추게 된다. 즉, 이 명령어를 사용하면 일단 해당되는 명령을 수행하고 조건이 참인지의 여부를 계속 체크하게 되고 조건이 참이 되면 해당 명령을 멈추게 된다.

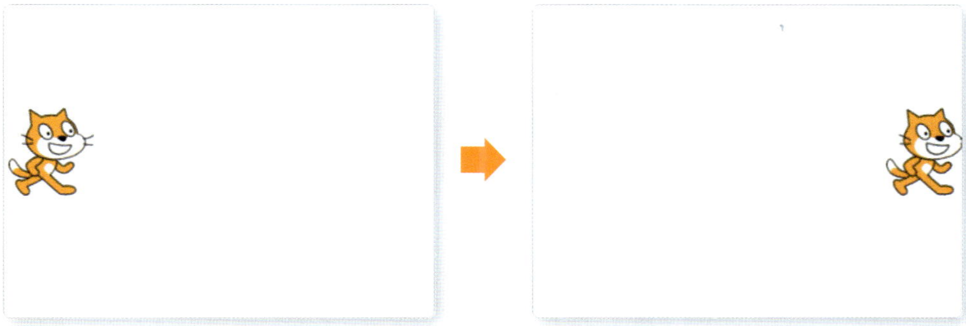

그림 9.14 (다)의 명령을 실행했을 때의 결과

자. 그렇다면 1부터 10까지를 화면에 출력하는 프로그램을 작성해보자. 언뜻보기에 무엇이 반복되는것이지? 라고 생각할 수 있다. 하지만 조금 더 생각해보면 숫자가 증가할 뿐 해당되는 숫자가 출력되는 것은 동일하다고 할 수 있다.

컴퓨팅 사고로 생각해보자. 먼저 해결해야 할 문제, 최종목표가 무엇인지 확인해보자. 1에서부터 1씩 숫자를 증가시켜서 10까지 화면에 나타내는 것이다. 이를 위해 해결할 문제를 분해해보면 1에서부터 10까지 숫자가 증가하는 것과 이를 화면에 나타내는 것으로 나눌 수 있다. 패턴을 인식해보면 해당숫자가 1씩 증가하는 것, 숫자가 출력되는 것이 반복된다. 그리고 이를 추상화로 정리해보면 다음과 같다.

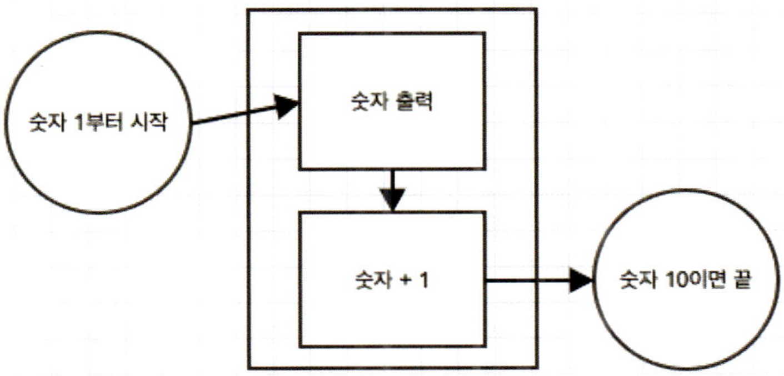

그림 9.15 추상화

추상화된 것을 바탕으로 알고리즘을 의사코드로 작성해보면

```
숫자 --> 1
10번 반복
   print 숫자
숫자 = 숫자 + 1
```

또는

```
숫자 --> 1
숫자 ≤ 10일 때까지 반복
   print 숫자
   숫자 = 숫자 + 1
```

자 그렇다면 알고리즘을 바탕으로 스크래치로 코드를 작성해보자. 사용하게 되는 코드는 이벤트 블록모음, 제어 블록모음, 연산 블록모음, 변수 블록모음, 형태 블록 모음에 있다.

기능	블록모음	코드
시작할 때	 이벤트	 클릭했을 때
10회 반복	 제어	 10 번 반복하기
숫자 출력하기(1 ~ 10까지)	 형태	 안녕! 을(를) 2 초 동안 말하기 (안녕 대신 num 을 넣기)
변하는 숫자 생성	 변수	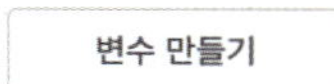 변수 만들기 (num 생성)
숫자 1씩 증가하기		 나의 변수 을(를) 1 만큼 바꾸기 (나의 변수를 num으로 변경)

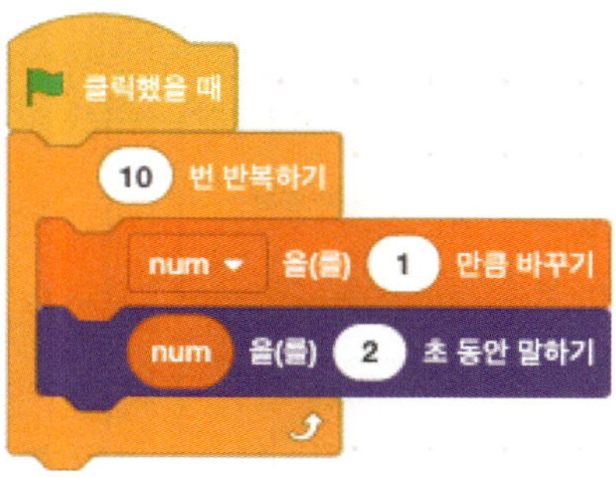

그림 9.16 반복문을 활용한 코드

만약 조건 반복을 사용한다면 코드를 어떻게 작성할 수 있을까? 조건 반복의 경우에는 num 이 10보다 작을 때와 10과 같을 동안까지 명령을 반복해야 할 것이다. 따라서, 다음과 같은 블록코드들이 추가적으로 변경되어 사용된다. 반복되는 명령은 위와 동일하다.

조건이 만족될 때까지 반복하기		
조건		 (앞의 빈 타원에 num 넣기, 뒤의 50을 10으로 바꾸기)
		 (위에 수정한 코드를 각각 넣기)

그림 9.17 조건 반복을 사용한 코드

다음은 3,6,9 게임을 스크래치로 구현해보자. 3,6,9 게임은 3의 배수가 되는 숫자가 나오면 박수를 치는 것이다. 즉 1부터 차례대로 말을 하다가 3의 배수가 나오면 박수를 친다는 것을 의미한다. 이를 구현하기 위해 컴퓨팅 사고로 생각해보자. 먼저 해결해야 할 문제, 최종 목표가 무엇인지 확인해보자. 1에서부터 숫자를 1씩 증가하다가 3의 배수가 나오면 박수를 치는 것이다. 이를 위해 해결할 문제를 분해해보면 1에서부터 10까지 숫자가 증가하는 것과 3의 배수를 확인하는 것, 3의 배수가 확인되면 박수를 치는 것이다. 패턴을 인식해보면 해당 숫자가 1씩 증가하는 것, 3의 배수 그리고 박수를 치는 것이 반복된다. 이 때 꼭 필요한 것은 1씩 변하는 숫자와 3의 배수 그리고 박수이다. 이를 추상화로 정리해보면 다음과 같다.

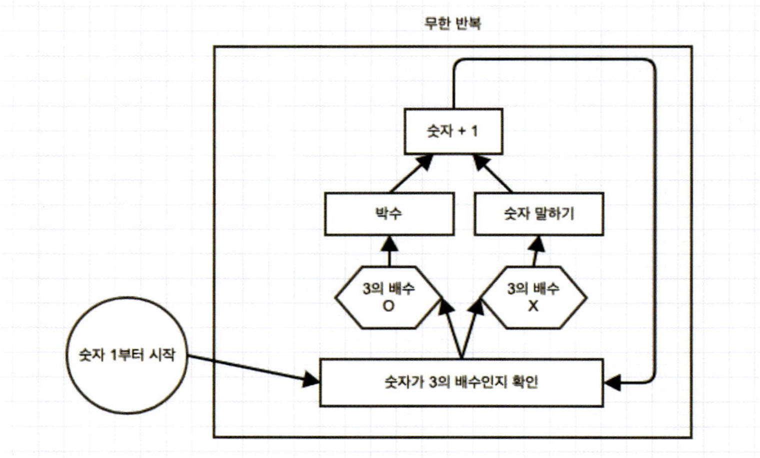

그림 9.18 추상화

추상화된 것을 바탕으로 알고리즘을 순서도로 작성해보면

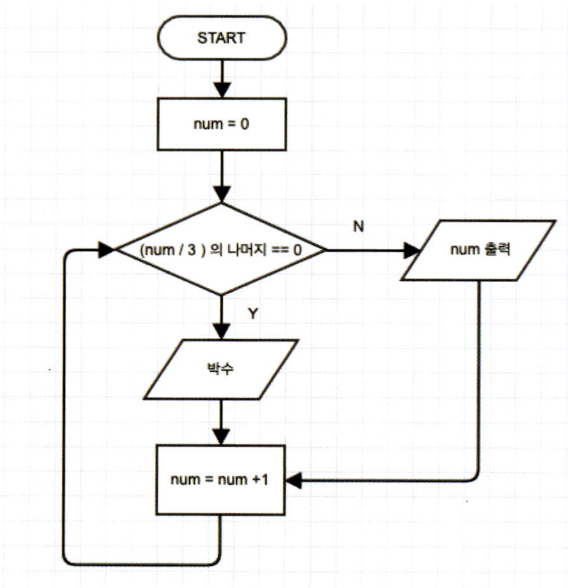

그림 9.19 순서도로 나타낸 알고리즘

자 그렇다면 알고리즘을 바탕으로 스크래치로 코드를 작성해보자.

사용하게 되는 코드는 이벤트 블록모음, 제어 블록모음, 연산 블록모음, 변수 블록모음, 형태 블록 모음에 있다.

표 9.1 각종 블록 모음

기능	블록모음	코드
시작할 때	이벤트	클릭했을 때
무한 반복	제어	무한 반복하기
조건 제시 (3의 배수인지 확인)		만약 (이)라면 아니면
자 출력하기(1 ~ 10까지)	형태	안녕! 을(를) 2 초 동안 말하기 (안녕 대신 num 을 넣기)
변하는 숫자 생성	변수	변수 만들기 (num 생성)
숫자 1씩 증가하기		나의 변수 ▾ 을(를) 1 만큼 바꾸기 (나의 변수를 num으로 변경)
3의 배수를 확인하기(3을 나눈 후의 나머지가 0임)	연산	나누기 의 나머지 (num 과 3을 차례대로 넣기)
조건문에 들어갈 조건		= 50 (앞의 타원에는 수정한 나누기 의 나머지 블록을 넣고, 50 대신 0으로 수정하기)
박수치기	소리	Meow ▾ 재생하기 (Meow를 Hand Clap으로 변경한다.)

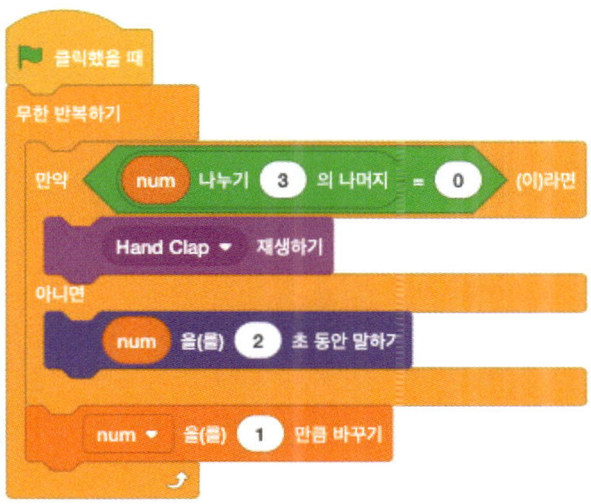

그림 9.20 스크래치로 구현한 3.6.9 게임

잠깐!

박수소리는 어떻게 추가할 수 있을까? 처음 Meow ▾ 재생하기 를 클릭하면 Meow와 녹음하기만 선택할 수 있다. 이는 소리가 추가되지 않았기 때문이다. 따라서 박수소리를 추가하려면 먼저 상단에 소리 탭 (소리)을 클릭한다.

❶ 하단에 을 클릭한다.

클릭하지 않고 마우스를 가져다대면  와 같이 하위 메뉴가 뜰 것이다. 이 때 돋보기 모양을 클릭해도 동일한 기능이 수행된다.

❷ 검색창에서 hand clap을 검색하면 나타나는 

아이콘을 클릭하면 추가한다.

- 을 클릭하면 녹음도 가능하고, 를 클릭하면 원하는 소리 파일을 업로드 할 수도 있다. 를 클릭하면 랜덤으로 소리파일이 추가된다.

연습문제

1. 1 ~ 20까지 중에서 짝수만을 선택해서 화면에 보여주는 프로그램을 작성해보자.

HINT!

3의 배수는 num 을 3으로 나눈 나머지가 0이라고 계산했다. 짝수는 num 을 2로 나눈 나머지가 항상 0이 될 것이다.

2. 1 ~ 50까지 중에 홀수만을 선택하여 합을 계산하는 프로그램을 작성해보자.

HINT!

위에서 짝수는 num 을 2로 나눈 나머지가 0이라고 계산했다. 홀수는 num 을 2로 나눈 나머지가 항상 1이 될 것이다.

연습하기

스프라이트를 공으로 설정한 후, 공이 무작위로 움직이다가 벽에 부딪히면 튕기는 것을 스페이스키를 누르면 멈추도록 프로그램을 작성해보자.

HINT!

3이 때 사용하는 반복문은 조건블록(◆ 까지 반복하기)을 사용하면 된다. 이 때 조건이 되는 '스페이스 키를 멈추면' 이라는 것을 묻는 블록은 감지 블록에 스페이스 ▾ 키를 눌렀는가? 를 사용하면 된다. 이 코드를 사용하면 스페이스가 키가 눌렸는지 확인하는 작업 즉, 스페이스 키가 눌릴 때까지 작업이 이루어진다. 공이 무작위로 움직이는 것은 동작블록에 무작위 위치 ▾ (으)로 이동하기 를 사용하면 된다.

3. 구구단을 외워보자. 우리가 외우는 것을 화면에도 출력해보자. 프로그램은 7단만을 작성해보자. 즉, 7 1은 7 이런식으로 출력해보자.

HINT!

자료형이 다를 경우에는 가위 와(과) 나무 결합하기 를 사용해서 다른 자료형을 결합해보자.

4. 이번에는 2단부터 9단까지 다 외워보고 화면에도 모두 출력해보자. 역시 2 1은 2 이런식으로 출력해보자.

HINT!

2단은 1 ~ 9까지 반복되고 이런 형태가 또 1단부터 9단까지 반복되는 것이므로 반복문 안에 반복문이 사용되어야 할 것이다. 고민해보세요.

5. 두더지 게임을 만들어보자. 두더지가 랜덤으로 나왔다 숨었다하는 것과 망치 스프라이트를 추가해서 특정한 키(예. 스페이스바)를 누르면 망치가 두더지를 때리도록 하자.

HINT!

두더지, 망치는 인터넷에서 사진을 찾아서 업로드하거나 스크래치에 있는 캐릭터(예. 두더지 대신 monkey, 망치대신 바나나)를 사용해도 무방하다.

파이썬에서의 반복문

첫 번째 반복문 for

만일 파이썬 코드로 '컴퓨팅 사고'라는 단어를 5번 출력하도록 코딩을 해야 한다면 어떻게 해야 할까? 5번 정도라면 고민할 것도 없이 다음과 같이 코드를 작성할 수 있을 것이다.

```
print('컴퓨팅 사고')
print('컴퓨팅 사고')
print('컴퓨팅 사고')
print('컴퓨팅 사고')
print('컴퓨팅 사고')
```

```
컴퓨팅 사고
컴퓨팅 사고
컴퓨팅 사고
컴퓨팅 사고
컴퓨팅 사고
```

그런데 이 단어를 1000번 화면에 출력해야 한다면 어떻게 할까? print('컴퓨팅 사고') 명령을 정확하게 1000번 복사해서 붙여넣기를 해야 하는데 이것 자체로 상당히 많은 시간이 소요될 것이다. 이런 경우 for문을 이용해서 다음과 같이 코딩할 수 있다.

```
for i in range(0,1000):
   print('컴퓨팅 사고')
```

```
컴퓨팅 사고
컴퓨팅 사고
컴퓨팅 사고
컴퓨팅 사고
컴퓨팅 사고
컴퓨팅 사고
컴퓨팅 사고
컴퓨팅 사고
컴퓨팅 사고
컴퓨팅 사고
컴퓨팅 사고
.
.
.
```

이렇게 반복 작업을 몇 줄만으로 간단하게 표현할 수 있는 for문은 파이썬에서 다음 그림 9.21과 같은 구조를 가진다.

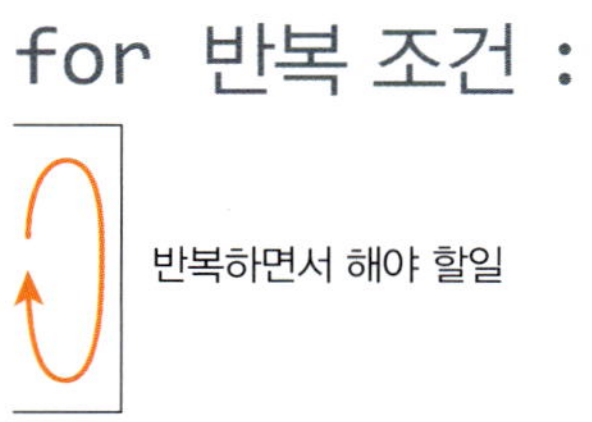

그림 9.21 for문의 구조

반복하면서 해야 할 일로 명시된 부분은 들여쓰기로 블록을 구성해야 하며 이 경우 **반복 조건**에서 명시한 조건에 따라 이 블록이 반복된다는 사실을 표현하기 위해 회전하는 화살표를 함께 표시했다는 점에 주목하자. 이 for문을 이용해서 1부터 10까지 화면에 정수를 출력하는 코드를 작성하면 다음과 같다.

```
for i in range(1,11):
   print(i)
```

```
1
2
3
4
5
6
7
8
9
10
```

위 코드에서 **반복 조건**에 해당하는 부분은 **i in range(1,11)**인데 정수 변수 i가 1에서부터 11−1=10까지 범위(range)로 순서대로 변화된다는 것을 의미한다. 즉, 정수 i의 범위는 다음과 같다.

$$\text{i in range(1, 11)}$$
$$1 \le i < 11$$

이 때 range(a, b)의 의미를 이해하는 것이 중요한데 a, b, x가 정수일 때 x in range(a, b)의 의미는 다음과 같다.

$$\text{x in range(a, b)}$$
$$a \le x < b \quad \Longrightarrow \quad b-1$$

참고

위의 식에서 range의 의미를 잘 이해하기 위해 다음과 같이 기억해 두자. range 안에 숫자 두 개가 포함될 때의 의미는 다음과 같다.

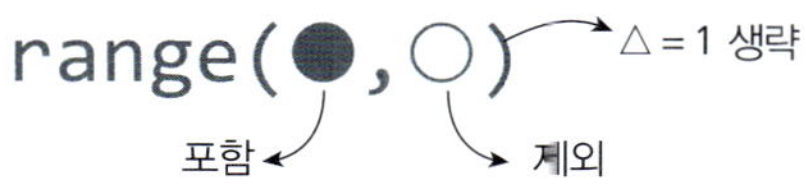

즉, 숫자 두 개만 포함될 때에는 첫 번째 숫자는 범위에 포함되고 두 번째 숫자는 포함되지 않으며, 증가 단위(△)는 생략되었지만 1로 간주한다. range 안에 간혹 숫자가 세 개가 포함되는 경우가 있는데 이 때의 의미는 다음과 같다.

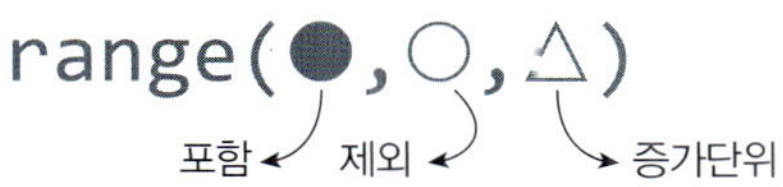

이러한 range 내 숫자의 표현 방법은 2.2.2 리스트 (4) 리스트 내 원소들의 관리에서 리스트 내에 포함된 부분 리스트 범위를 표현하는 방식과 동일하다는 점에 주목하자. 단, 리스트의 경우 범위를 대괄호 내 콜론으로 표현(예. n[3:10:2], 즉, n[●:○:△])했으나 range는 괄호 내 쉼표로 숫자를 두 개 또는 세 개 명시함으로써 범위를 표현하고 있다는 점만 다를 뿐이다.

마지막으로 range 다음에 숫자가 하나만 오는 경우도 있는데 예를 들어 range(a)라고 명시하면 실제로는 다음을 의미한다.

```
range(a) == range(0,a)
```

range의 의미는 range를 리스트로 변환해 보면 좀 더 명확하게 알 수 있다.

```
x = list(range(1,11))
print(x)
```

```
[1, 2, 3, 4, 5, 6, 7, 8, 9, 10]
```

```
y = list(range(2,20, 3))
print(y)
```

```
[2, 5, 8, 11, 14, 17]
```

```
z = list(range(5))
print(z)
```

```
[0, 1, 2, 3, 4]
```

이제 for문을 이용해서 앞서 복습했던 등차수열을 계산하는 코드를 작성해 보도록 하자. 이 코드에서는 매년 나무 기둥의 반지름이 1.5cm씩 자라고 첫 해의 반지름이 50cm일 때 10년 동안 매년 나무의 반지름을 출력하도록 해 보자.

```
for n in range(1,11):
   Rn = 50 + 1.5*(n-1)
   print(n, '년째 나무 반지름 :', Rn)

print('for 루프가 종료되었습니다.')
```

```
1 년째 나무 반지름 : 50.0
2 년째 나무 반지름 : 51.5
3 년째 나무 반지름 : 53.0
4 년째 나무 반지름 : 54.5
5 년째 나무 반지름 : 56.0
6 년째 나무 반지름 : 57.5
7 년째 나무 반지름 : 59.0
8 년째 나무 반지름 : 60.5
9 년째 나무 반지름 : 62.0
10 년째 나무 반지름 : 63.5
for 루프가 종료되었습니다.
```

위의 코드에서 for 루프는 n이 1, 2, 3, ... 10으로 변하면서 총 10회 반복되고 있음에 주목하자. for문을 이용하면 수열의 합도 간단하게 계산할 수 있다. 예를 들어 1부터 1000까지의 정수를 모두 합하는 코드는 다음과 같다.

```
sum = 0
for n in range(1, 1001):
   sum = sum + n
print('1부터 1000까지의 합: ', sum)
```

```
1부터 1000까지의 합: 500500
```

두 번째 반복문 while

반복문을 표현하는 또 다른 일반적인 명령은 while이다. while문 역시 for문과 매우 비슷하지만 특정한 조건이 참(True)이 되는 한 계속 특정 블록을 반복 실행한다는 특징이 있다. 파이썬에서 while문의 구조는 다음 그림 9.22와 같다.

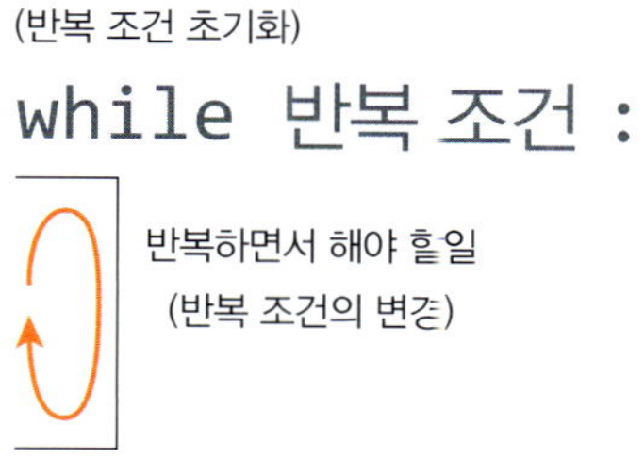

그림 9.22 while문의 구조

while문의 구조에서 괄호로 표시된 부분은 반드시 필요한 부분은 아니지만 일반적인 사용 패턴에서 자주 적용되는 부분이다. while문이 for문과 다르게 특이한 점은 while의 반복 조건을 초기화하는 코드는 while 루프가 시작하기 전에 있어야 한다는 점이며 반복 조건을 변경하는 부분은 보통 while 루프 내부(보통은 while 루프의 가장 마지막 부분)에 존재한다는 점이다. for문에서처럼 '컴퓨팅 사고'라는 단어를 1000번 출력하는 코드를 while문을 이용해서 작성해 보자.

```
i = 0
while i < 1000:
    print('컴퓨팅 사고')
    i = i + 1
```

```
컴퓨팅 사고
컴퓨팅 사고
컴퓨팅 사고
컴퓨팅 사고
.
.
.
```

위 코드에서 변수 i는 반복 조건을 결정하기 위한 변수로 사용되었다. 코드에서 i = 0은 **반복 조건 초기화**이고, i < 1000은 **반복 조건**이며 print('컴퓨팅 사고')와 i = i + 1는 **반복하면서 해야 할 일**인데 **특히** i = i + 1은 **반복 조건의 변경**에 해당된다. 다음 표를 참고하자

while문을 구성하는 각 부분	파이썬 코드에서의 표현
반복 조건 초기화	`i = 0`
반복 조건	`i < 1000`
반복하면서 해야 할 일	`print(i)` `i = i+1`
반복 조건의 변경	`i = i+1`

for문으로 표현한 코드는 일반적으로 while문을 이용해서 동일한 일을 수행하도록 작성할 수 있으며 그 반대의 경우도 마찬가지이다. 10년 동안 매년 나무 반지름을 계산하는 코드를 while문을 이용해서 다시 작성하고 for문으로 작성한 코드와 비교해 보자.

```
# for문으로 작성한 코드

for n in range(1,11):
   Rn = 50 + 1.5*(n-1)
   print(n, '년째 나무 반지름 :', Rn)

print('for 루프가 종료되었습니다.')
```

```
#while문으로 작성한 코드

n = 1
while n < 11:
   Rn = 50 + 1.5*(n-1)
   print(n, '년째 나무 반지름 :', Rn)
   n = n + 1

print('while 루프가 종료되었습니다.')
```

마찬가지로 1부터 1000까지의 정수를 모두 더 하는 코드도 while문으로 작성할 수 있다. 직전에 작성한 for문을 이용한 코드와 비교해 보자.

```
#for문으로 작성한 코드

sum = 0
for n in range(1, 1001):
   sum = sum + n

print('1부터 1000까지의 합: ', sum)
```

```
# while문으로 작성한 코드

sum = 0
n = 1
while n < 1001:
   sum = sum + n
   n = n + 1

print('1부터 1000까지의 합: ', sum)
```

while문에서 주의해야 할 점 하나는 코드 상의 오류로 인해서 **무한 루프**에 빠지기 쉽다는 점이다. 무한 루프란 while문의 구성 요소들 중 **반복 조건**이 항상 참(True)일 때 루프가 중단되지 않고 무한하게 실행되는 현상을 의미한다. 특히 구성 요소들 중 **반복 조건의 변경**을 실수로 반복 블록 내부에 포함시키지 않은 경우 무한 루프에 빠지기 쉽다. 위 while문 코드에서 반복 조건의 변경에 해당하는 n = n + 1 앞에 #을 입력해서 주석 처리함으로써 이 부분이 실행되지 않도록 한 다음 코드를 실행해 보자.

```
# while문으로 작성한 코드
sum = 0
n = 1
while n < 1001:
```

```
    sum = sum + n
    # n = n + 1

print('1부터 1000까지의 합: ', sum)
```

이렇게 하면 다음과 같이 결과가 출력되지 않고 계속 연산 중임을 나타내는 기호(Colab의 경우 중앙에 사각형이 있는 원 주위로 흰색 호가 회전, Jupyter Notebook의 경우 [*] 기호)가 표시된다.

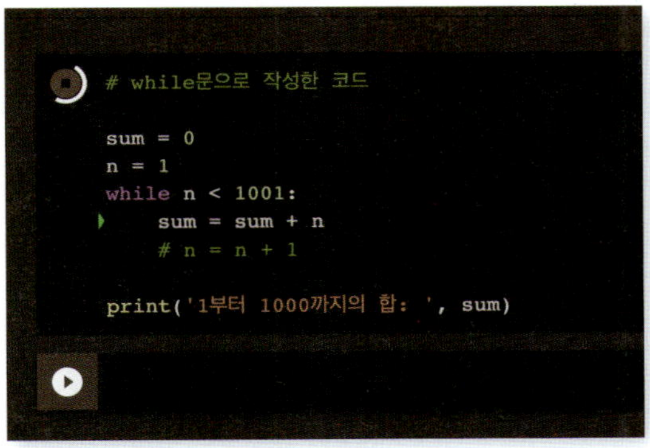

Colab에서의 실행 모습

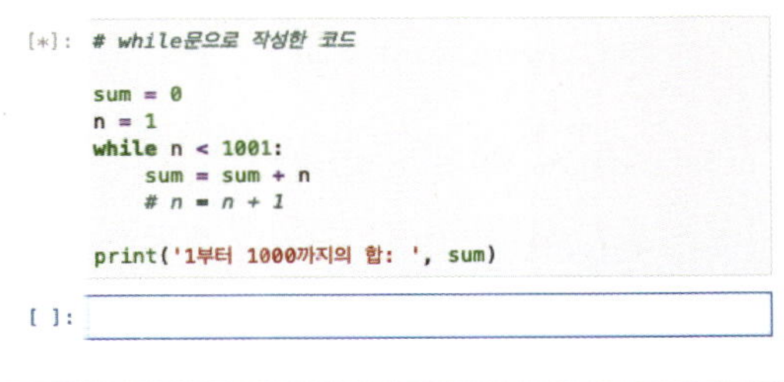

Jupyter Notebook에서의 실행 모습

참고

Colab에서는 중앙에 사각형이 있는 원 ⊙을 클릭해서 무한 루프에서 강제로 빠져 나올 수 있다. Jupyter Notebook의 경우 메뉴에서 Kernel → Interrupt Kernel을 선택해서 무한 루프에서 빠져 나온다.

반복의 중단(break)과 계속(continue)

while문의 경우 부주의한 코딩으로 인해 무한 루프에 빠질 수 있는 위험이 있다는 점을 살펴보았다. 그러나 많은 프로그램 같은 경우 사용자가 종료하도록 명령을 내리지 않는 한 계속 반복 실행되어야 하는 경우가 대부분이다. 예를 들면 우리가 사용하는 Windows OS나 MacOS 같은 운영체제들은 실행 종료 전까지 내부적으로 무한 루프를 실행하면서 사용자 입출력, 자료 처리, 계산, 앱 실행 등을 수행한다. 한편, 부주의한 코딩으로 인해 무한 루프가 발생하더라도 언제든지 반복 루프를 빠져 나올 수 있다면 좀 더 편안하게 코딩 작업을 수행할 수 있을 것이다.

이러한 경우를 대비해서 여러 프로그래밍 언어에서는 루프를 빠져 나오기 위한 명령어를 제공하는데 파이썬에서는 break문이 여기에 해당된다. for문이나 while문의 반복 루프 블록을 실행하다가 이 내부에서 break 명령을 만나면 계속 실행할 코드가 있다고 하더라도 바로 루프를 빠져 나온다. 다음 코드를 입력해서 실행하고 그 결과를 확인해 보자.

```
while True:
    print('check point 1')
    print('check point 2')
    print('check point 3')

    break

    print('check point 4')
    print('check point 5')
    print('check point 6')

print('while 루프를 빠져 나왔음')
```

```
check point 1
check point 2
check point 3
while 루프를 빠져 나왔음
```

위 코드를 보면 while문의 반복 조건이 항상 True로 설정되었기 때문에 루프 블록이 무한하게 실행되어야 하는데 실제로는 check point 1, 2, 3만 출력되고 break 명령을 만났기 때문에 바로 루프를 빠져 나오는 것을 볼 수 있다. 따라서 루프 블록 내에서 break 이후가 실행되지 않고 블록을 빠져 나온 이후 가장 마지막 줄의 print문이 실행된 결과를 확인할 수 있다.

while 루프 내에서 break문을 조건문 if와 함께 사용하면 좀 더 다양한 기능을 추가할 수 있다. 0이 아닌 숫자를 입력하면 계속 숫자 입력을 받고 0을 입력하면 지금까지 입력된 숫자들의 합을 출력하고 종료하는 코드를 작성해 보자.

```
sum = 0
print('0을 입력하면 지금까지 입력한 숫자들의 합계를 출력합니다.')

while True:                                     # 무한 루프로 설정
    number = int(input('숫자를 입력하세요:'))
    if number == 0:
        break                                   # 사용자가 0을 입력했다면 while 루프 종료
    sum = sum + number                          # number가 0이 아니라면 sum에 합산

print('합계:', sum)                              # while 루프를 빠져 나온 후 최종 합계 출력
```

```
0을 입력하면 지금까지 입력한 숫자들의 합계를 출력합니다.

숫자를 입력하세요: 2
숫자를 입력하세요: 4
숫자를 입력하세요: 5
숫자를 입력하세요: 0

합계: 11
```

이 코드에서는 while문의 **반복 조건**을 True로 설정하여 무한 루프로 설계한 다음 입력된 숫자가 0인지 검사한 후에 0이라면 break를 실행시켜서 루프를 빠져 나오고 최종적으로 sum 변수에 저장된 값을 출력함으로써 최종 합계를 화면에 표시한다.

break문과 if문을 조합하면 **반복 조건**을 True로 설정한 무한 루프를 구성하고 반복 조건 자체를 if문의 조건문으로 옮길 수도 있다. 예를 들어 앞서 작성한 1부터 1000까지 정수의 합을 계산하는 코드를 다음과 같이 바꿔서 동일한 결과를 얻을 수도 있다.

이전 코드

```
# while문으로 작성한 코드

sum = 0
n = 1
while n < 1001:
    sum = sum + n
    n = n + 1

print('1부터 1000까지의 합: ', sum)
```

break문을 적용한 코드

```
# 무한 루프와 break를 조합한 코드

sum = 0
n = 1
while True:
    sum = sum + n
    n = n + 1
    if n > 1000:
        break

print('1부터 1000까지의 합: ', sum)
```

break문은 for 루프에도 적용할 수 있다.

```
for n in range(1,11):
    print(n)
    if n > 3:
        break
```

```
1
2
3
4
```

if문과 break가 없다면 1부터 10까지 출력되어야 하지만 n이 1부터 1씩 증가하여 반복되다가 4가 되는 순간 n > 3이 True가 되어 break가 실행된다. n이 4일 때 if문 직전에 print(n)을 통해 이미 4가 출력되고 그 다음 break가 실행된다는 점에 주목하자.

참고

for 또는 while 루프 내에서 코드가 어떻게 실행되는지 가끔 이해하기 어려운 경우가 있다. 이러한 경우에는 반드시 종이와 연필을 꺼내서 차례대로 루프 블록 내에서 변수가 어떻게 변하고 어떤 실행 흐름을 따라 코드가 수행되는지 파악할 필요가 있다. 예를 들어 위의 코드는 다음과 같이 분석할 수 있다.

```
for n in rang(1,11):
   print(n) ---------> ❶
   if n > 3; --------> ❷
      break ---------> ❸
```

```
n = 1 : ❶ 1 출력
        ❷ 1 > 3 -> False
        ❸ x
n = 2 : ❶ 2 출력
        ❷ 2 > 3 -> False
        ❸ x
n = 3 : ❶ 3 출력
        ❷ 3 > 3 -> False
        ❸ x
n = 4 : ❶ 4 출력
        ❷ 4 > 3 -> True
        ❸ break
      루프에서 나감
```

이러한 연습은 코드를 정확하게 이해하기 위해 필수적인 과정으로 반드시 실천하자.

연습하기

다음 코드가 어떻게 실행되는지 직접 분석해 보자.

```
sum = 0
n = 1
while True:
   sum = sum + n
   n = n + 1
   if n > 4:
   break

print('1부터 4까지의 합: ', sum)
```

break문과 비슷하지만 다른 방식으로 작동하는 continue문도 있다. while이나 for 루프 내에서 continue문을 만나면 continue문 아래의 코드를 실행하지 않고 건너뛴다는 점에서는 break문과 비슷하지만 루프를 완전히 빠져나가는 break문과 달리 continue문은 루프가 시작되는 지점으로 이동해서 계속(continue) 루프를 반복 실행한다는 점이 다르다. 다음 코드를 살펴보자.

```
while True:
    print('check point 1')
    print('check point 2')
    print('check point 3')
    continue
    print('check point 4')
    print('check point 5')
    print('check point 6')

print('while 루프를 빠져 나왔음')
```

```
check point 1
check point 2
check point 3
check point 1
check point 2
check point 3
check point 1
check point 2
.
.
.
```

위 코드는 while 루프 중간의 continue문 때문에 check point 5, 6, 7은 실행되지 않고 다시 루프의 시작 지점으로 돌아가서 루프 실행을 반복한다. 그 결과 check point 1, 2, 3, 1, 2, 3...이 무한하게 반복되는 결과를 얻게 된다. continue문은 루프 내에서 특정한 부분은 실행되지 않도록 할 수 있기 때문에 정수의 합 등을 계산할 때 특정한 조건을 가진 숫자들은 합산에 포함되지 않도록 할 수 있다. 다음 코드는 1부터 100까지 짝수만 모두 더해서 출력한다.

```
sum = 0
for n in range(1, 101):
    if n % 2 == 1:                    # 2로 나누어서 나머지가 1인 수는 홀수
        continue
```

```
    sum = sum + n

print('1부터 100까지 짝수의 합:', sum)
```

```
1부터 100까지 짝수의 합: 2550
```

continue문의 특성을 잘 생각하면 다음과 같이 if ~ else 표현을 활용해서 동일한 결과를 얻을 수 있다는 사실도 알 수 있다.

```
sum = 0
for n in range(1, 101):
    if n % 2 == 1:                      # 2로 나누어서 나머지가 1인 수는 홀수
        pass                            # 아무 일도 하지 않음
    else:
        sum = sum + n

print('1부터 100까지 짝수의 합:', sum)
```

```
1부터 100까지 짝수의 합: 2550
```

위 코드에서 if문 내 조건이 참일 때 실행되는 블록을 보면 pass라는 새로운 표현이 등장했는데 이 pass는 아무 일도 하지 않고 그냥 넘어간다는 뜻이다.

연습하기

다음 코드가 어떻게 실행되는지 직접 분석해 보자.

```
sum = 0
for n in range(1, 7):
    if n % 2 == 1:
        continue
    sum = sum + n

print('1부터 6까지 짝수의 합:', sum)
```

중첩 for문

for문의 루프 내에 또 다른 for문이 포함될 수 있는데 이렇게 여러 개의 for문이 포함된 형태를 중첩 루프(nested loop) 또는 중첩 for문이라고 한다.

특히 for문 안에 for문이 포함된 경우의 활용도가 높은데 마치 아날로그 시계의 분침과 시침처럼 두 개의 for 루프가 작동한다. 좀더 정확하게는 안쪽의 for문은 아날로그 시계에서 긴 바늘(분침), 바깥쪽의 for문은 아날로그 시계에서 짧은 바늘(시침)의 동작과 비슷하게 작동한다. 시계의 작동을 표현하는 다음 코드를 입력하고 실행함으로써 중첩 for문의 작동 방식을 살펴보자.

```
for hours in range(0,24):                          #시간 hours는 0시, 1시, ... 23시까지 진행
  print('***** 정각', hours,'시입니다 *****')     # ------------->Ⓐ
  for minutes in range(0, 60):                     # 븐 minutes는 0분, 1분,... 59분까지 진행
    print('현재 시각:', hours, '시 ', minutes, '분')  # -------->Ⓑ
```

```
***** 정각 0 시입니다 *****
현재 시각: 0 시 0 분
현재 시각: 0 시 1 분
현재 시각: 0 시 2 분
현재 시각: 0 시 3 분
...
현재 시각: 0 시 58 분
현재 시각: 0 시 59 분
***** 정각 1 시입니다 *****
현재 시각: 1 시 0 분
현재 시각: 1 시 1 분
현재 시각: 1 시 2 분
현재 시각: 1 시 3 분
...
...
현재 시각: 23 시 55 분
현재 시각: 23 시 56 분
현재 시각: 23 시 57 분
현재 시각: 23 시 58 분
현재 시각: 23 시 59 분
```

중첩 for문의 실행 결과를 보면 긴 바늘(분침)이 가리키는 숫자인 minutes 변수는 안쪽 for 루프의 range 명령의 규칙에 따라 0, 1, 2, 3, ... 59까지 1분씩 증가하여 한 바퀴 돌고 나면 바깥쪽 for 루프에서 짧은 바늘(시침)이 가리키는 숫자를 의미하는 hours 변수가 1씩 증가(즉, 1시간 증가)하게 된다.

중첩 for문의 내부 구조에서 위 코드에서 Ⓐ로 표시한 print문은 외부 for문에 의해서만 반복되기 때문에 총 24회(하루는 24시간) 반복되며, Ⓑ로 표시한 print문은 내부 for문에 의해서만 60회(한 시간은 60분) 반복되는데 내부 for문은 외부 for문에 의해 24회 반복되기 때문

에 그 결과로 Ⓑ로 표시한 print문은 실제로 24 × 60 = 1440회 실행되는 것을 확인할 수 있다. 위 코드에서 Ⓑ로 표시한 print문은 하루 24시간 동안 매분 마다 시각을 표시하는 부분이라고 할 수 있는데 하루는 총 1440분이기 때문에 당연히 1440회 실행되어야 한다고도 이해할 수 있다.

```
for hours in range(0,24):
    print('***** 정각', hours,'시입니다 *****')
    for minutes in range(0, 60):
        print('현재 시각:', hours, '시 ', minutes, '분')
```

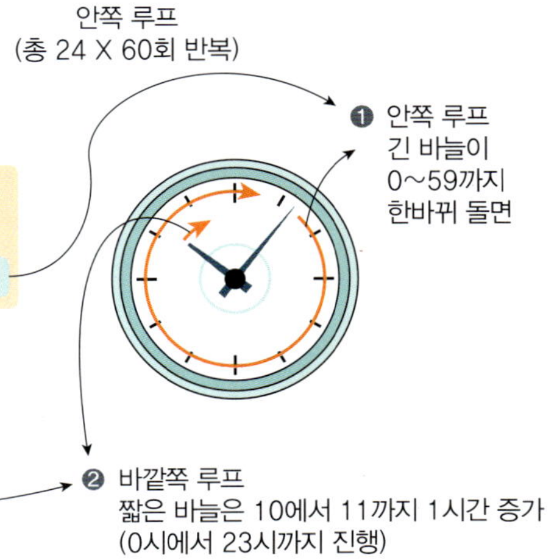

그림 9.23 분 단위 시각 출력을 위한 중첩 for문의 구조

참고

위 코드의 실행 결과가 너무 길어서 결과 확인이 어렵다면 다음과 같이 바깥쪽 for문의 증가 크기를 4시간, 안쪽 for문의 증가 크기를 30분으로 설정해서 실행시켜 보자.

```
for hours in range(0,24,4):                    #시간 hours는 0시, 4시, ... 20시까지 진행
    print('***** 정각', hours,'시입니다 *****')
    for minutes in range(0, 60, 30):           # 0분, 30분 반복
        print('현재 시각:', hours, '시 ', minutes, '분')
```

```
***** 정각 0 시입니다 *****
현재 시각: 0 시 0 분
현재 시각: 0 시 30 분
***** 정각 4 시입니다 *****
현재 시각: 4 시 0 분
현재 시각: 4 시 30 분
***** 정각 8 시입니다 *****
현재 시각: 8 시 0 분
현재 시각: 8 시 30 분
***** 정각 12 시입니다 *****
```

```
현재 시각: 12 시 0 분
현재 시각: 12 시 30 분
***** 정각 16 시입니다 *****
현재 시각: 16 시 0 분
현재 시각: 16 시 30 분
***** 정각 20 시입니다 *****
현재 시각: 20 시 0 분
현재 시각: 20 시 30 분
```

중첩 for문과 같이 비교적 복잡한 루프가 적용된 코드를 이해하려면 앞서 설명한 대로 종이와 연필을 이용해서 – 고등학교 수학 시간에 수열 문제를 푸는 것처럼 – 코드의 실행 상황을 분석해야 한다.

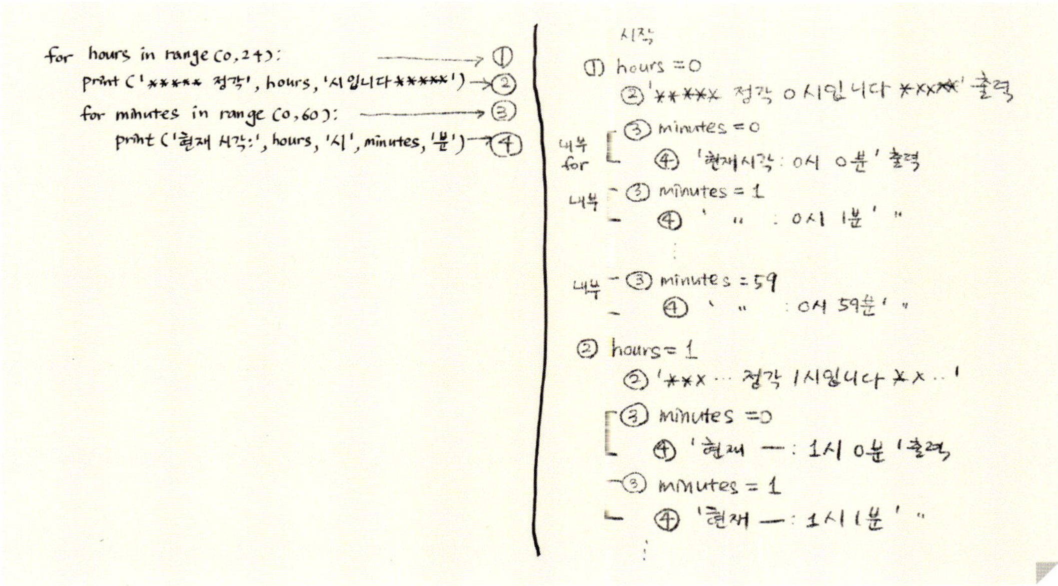

그림 9.23 종이와 연필을 이용한 중첩 for문의 구조 분석

참고

잘 작동하는 좋은 코드를 만들기 위해서는 – 마치 어린아이들이 어른을 통해 말을 배우듯이 – 잘 만들어진 코드를 많이 읽고 잘 이해하는 것이 중요하다. 그렇다면 어떻게 하면 코드를 잘 읽고 이해할 수 있을까?

네덜란드 레이던 대학교에서 프로그래밍 교육과 프로그래밍 언어를 연구하는 Felienne Hermans 교수는 자신의 책(**프로그래머의 뇌 - 훌륭한 프로그래머가 알아야 할 인지과학의 모든 것**)에서 프로그래머가 소스 코드를 읽을 때 두뇌의 상태를 분석(그림 9.24)하고 코드를 잘 읽고 잘 이해하기 위해서 어떠한 해결책을 적용해야 하는지 설명한다.

이 책에 의하면 사람의 두뇌에는 **단기 기억 공간, 장기 기억 공간, 작업 기억 공간**이 포함되어 있다고 한다. **단기 기억 공간**은 매우 잠깐 동안 대여섯 개의 정보(예를 들면 전화번호나 마트에서 사야 할 물건 종류)를 저장하고 **장기 기억 공간**은 구구단이나 모국어, 부모님 성함, 그리고 학습을 통해 배워서 기억하고 언제든지 꺼내서 활용할 수 있는 정보들(예를 들면 파이썬 명령어나 문법 등)이 보관된다고 한다. 그리고 마지막으로 작업 기억 공간은 단기 기억 공간과 장기 기억 공간의 도움을 받아서 지금 눈앞에서 해결해야 하는 문제를 풀기 위해 필요한 정보들을 기억하는 공간이다.

예를 들어 특정한 주제에 대해 이야기를 할 때 자신이 알고 있는 정보들을 장기 기억 공간에서 검색해서 가져 오고 눈 앞의 현재 상황에 대한 정보를 단기 기억 공간에 잠시 저장해 둔 다음 이 두 가지 기억 공간에서 제공하는 정보들을 가지고 작업 기억 공간에서 내가 해야 할 말들의 단어와 논리, 줄거리 등을 새롭게 조합하거나 생성함으로써 이야기를 진행하게 된다.

그런데 단기 기억 공간과 작업 공간의 용량은 생각보다 부족하다. 다른 사람 앞에서 무언가를 이야기할 때 말해야 할 주제가 너무 많으면 어떻게 해야 할까? 보통 메모장에 이야기해야 할 내용들을 쓰게 될 것이다. 특히 현장에서 그때 그때 대응해야 하는 토론과 같은 대화 형식이라면 메모장과 펜의 유용성이 더욱 클 것이다.

이제 코드를 읽고 이해해야 하는 개발자의 입장에서 두뇌의 상태를 살펴 보자. 다음과 같이 세 가지 정도의 상황을 가정해 볼 수 있다.

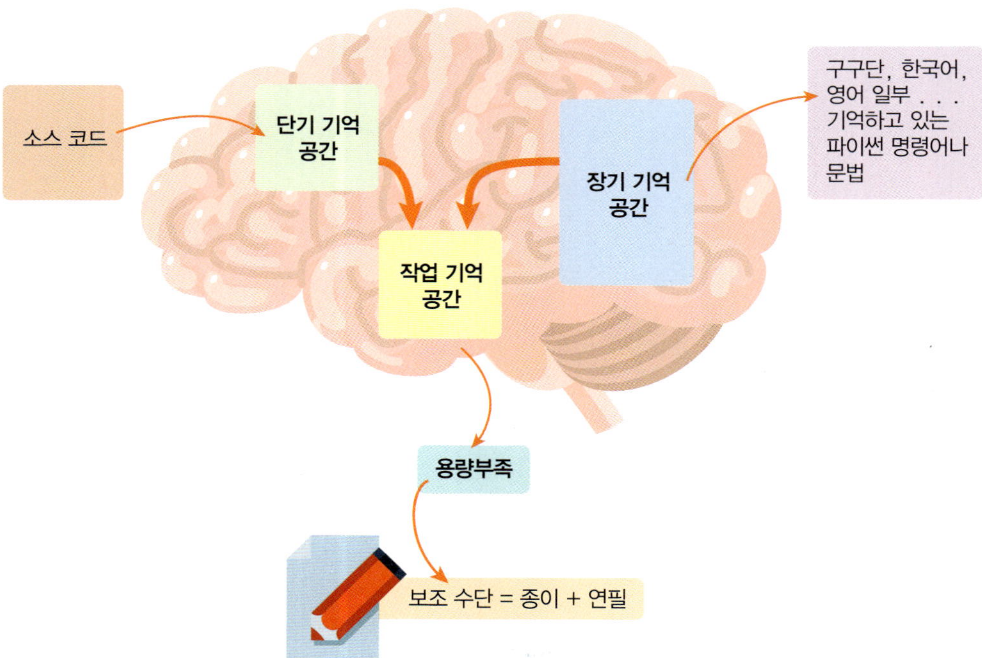

그림 9.24 코드를 읽을 때 개발자의 두뇌 상태

1. **장기 기억 공간과 관련된 문제**: 여러분이 파이썬 코드를 읽을 때 명령어나 그 사용 방법을 몰라서 코드를 읽기가 어렵다면 장기 기억 공간에 충분한 정보가 축적되지 않아서 발생하는 문제라고 할 수 있다. 이 경우 수업 시간이나 이 책, 또는 다른 참고자료를 통해서 열심히 파이썬 프로그래밍 언어의 문법과 명령어들, 사용법들을 학습하자!

2. **단기 기억 공간 및 작업 기억 공간과 관련된 문제:** 이미 파이썬의 문법과 사용 방법을 충분히 알고 있다 해도 코드를 읽는 것이 어렵게 느껴질 때가 있다. 예를 들어 시간을 계산하는 중첩 for 루프 코드 등이 여기에 해당된다. **이러한 문제는 코드의 실행 흐름이 단기 기억 공간의 용량과 작업 기억 공간의 용량을 초과할 정도로 실행의 흐름이 길기 때문에 발생하는 경우가 대부분이다.** 따라서 이러한 경우에는 – 마치 토론이나 연설에서 중요 포인트를 메모하는 것처럼 – **보조 기억 장치로서 종이와 연필의 도움을 받는 것이 좋다**. 이러한 이유로 인해 for문, while문과 같은 반복문에서는 종이와 연필을 이용해서 코드를 분석함으로써 이해하는 습관을 가지도록 하자.

3. **소스 코드에서 단기 기억 공간까지 도달이 힘든 문제:** 장기 기억 공간에 좋은 지식을 충분하게 채우고 단기 기억 공간과 작업 기억 공간의 공간 부족 문제를 보조하기 위해 종이와 연필을 준비했다고 하더라도 소스 코드에서 단기 기억 공간까지 정보가 도달하지 못하는 경우도 많다. 이 경우는 외부의 간섭이나 정신적, 신체적인 피로 등으로 인해 집중력이 흐트러져서 산만해지는 경우이다. 이러한 경우라면 빨리 집중력을 저하하는 요소를 해결하기 위해 적절한 휴식이나 산책, 명상 등으로 컨디션을 회복해야 한다.

요약

01 단순 작업의 자동화는 컴퓨터를 사용하는 가장 중요한 목적 중 하나이며 **조건**과 **반복**으로 자동화를 수행한다.

02 대부분의 판단에는 **판단 조건**이 있고, 그 이후에는 **판단에 따른 행동**이 뒤따른다.

03 파이썬에서는 이러한 판단 조건에 따른 적절한 행동을 처리하기 위해서 **조건문 if ~ else** 구문을 이용한다.

04 조건이 여러 개일 때에는 **if ~ elif ~ elif... ~ else** 구문으로 다중 조건문을 구성한다.

05 파이썬에서는 **들여쓰기로 실행의 단위 또는 명령 그룹을 표현하는데 블록(block)**이라고도 하며 조건문에서는 각 경우에 따라 어떤 일을 수행하는지를 구분해서 명시할 때 이 블록을 적용한다.

06 우리의 생활과 사회 체계와 자연은 시간과 공간에서 주기적으로 **반복**되는 경우가 흔하며 이러한 반복에는 **규칙**이 있고 우리는 이렇게 반복되는 규칙 속에서 미래의 사실을 **예측**할 수도 있다.

07 컴퓨터 프로그래밍 언어에서는 이러한 자연과 사회의 반복적인 속성을 표현하고 활용하기 위해 **반복문**을 사용한다.

08 고등학교 수학에서는 반복의 표현과 분석을 위해 **수열**을 학습했는데 컴퓨터 프로그래밍에서 반복문의 이론적인 토대가 된다.

09 파이썬에서는 반복문으로 **for**와 **while**을 이용할 수 있다.

10 for와 while에서 반복되는 코드들 역시 들여쓰기를 통한 블록으로 표현한다.

11 반복되는 부분을 **루프(loop)**라고 하는데 루프를 빠져 나올 수 있는 명령어는 **break**이며 루프의 일정 부분 이하를 수행하지 않고 루프의 시작으로 계속 진행하는 명령어는 **continue**이다.

12 for문으로 작성된 코드는 while문을 사용해서 변환할 수 있고 while문으로 작성된 코드는 for문을 사용해서 변환할 수 있다.

13 **pass**문은 아무 일도 하지 않는다는 의미이다.

14 for 또는 while로 구성된 **루프의 작동 방식을 이해**하기 위해서는 **종이와 연필을 준비해서 분석해 보는 연습**이 반드시 필요하다. 특히 for문 안에 또다른 for문이 있는 **중첩 for문**의 경우 이러한 분석이 없으면 코드의 작동 방식을 이해하기가 매우 어렵다.

10 컨테이너와 함수

학습목차

학습목표

- 한 곳에 많은 데이터들을 저장하고 한 번에 다양한 계산을 편리하게 수행할 수 있는 컨테이너의 개념을 이해하고 대표적인 컨테이너인 리스트, 튜플, 딕셔너리를 문제해결에 활용할 수 있다.
- 컴퓨터 프로그래밍에서 함수의 개념과 필요성을 이해할 수 있고 코드 중에서 함수로 전환해야 할 부분을 찾을 수 있다.

우리는 3장에서 컴퓨터라는 도구는 단순한 작업을 빠르고 반복적으로 수행할 수 있도록 하는 자동화 기능이 특징이며 이러한 자동화를 위해서 조건문과 반복문을 사용한다는 점을 살펴보았다. 단순 반복 작업의 경우 단순한 조건문과 반복문 정도로 충분히 처리 가능한 경우도 많이 있다. 하지만 모든 것들이 정보화되고 네트워크로 연결되면서 처리해야 할 데이터는 점점 더 증가하고 그 종류도 다양해지면서 보다 고차원적인 작업의 자동화를 위해서는 필수적으로 크기가 큰 데이터들을 효과적으로 처리해야 할 필요성이 발생하게 되었다. 동시에 이러한 크고 복잡한 데이터들을 처리하기 위한 소스 코드의 길이도 나날이 길어지고 있고 소스 코드의 복잡성도 증가하고 있다. 따라서 효율적으로 소스 코드를 작성하고 한번 만든 코드를 재활용해서 다른 코드에도 사용할 수 있도록 하는 등 효율적인 소스 코드 관리 방법도 필요하다.

4장에서는 앞서 설명한 두 가지 문제, 즉, ❶ 대규모 데이터 처리와 ❷ 소스 코드 재활용으로 대표되는 효율적인 소스 코드 작성 및 관리 방법에 대한 기본적인 해결 방법으로 스크래치와 파이썬의 컨테이너와 함수에 대해 학습하고 활용 방법을 살펴보도록 하자.

참고

파이썬과 대규모 데이터

약 10여 년 전만하더라도 파이썬이라고 하는 프로그래밍 언어가 다른 무수한 프로그래밍 언어들을 제치고 압도적으로 널리 사용되는 언어가 될 것이라고 예측한 사람은 그렇게 많지 않았다. 1991년 네덜란드 출신 개발자인 귀도 반 로섬이 최초로 개발한 이후 오랜 기간 동안 파이썬은 수 백 여개의 다른 프로그래밍 언어들과 크게 다르지 않은 무명에 가까운 프로그래밍 언어였고 컴퓨터의 탄생 이후 전통적으로 널리 사용되었던 언어들은 C/C++이나 Java 같은 언어들이었다.

이러한 상황 속에서 파이썬이 현재와 같이 중요하고 널리 사용하는 언어가 된 배경에는 단순한 문법이나 우수한 확장성, 다양한 외부 모듈 등의 요소들도 있지만, 무엇보다도, 우리가 이번 장에서 다루게 되는 컨테이너 기능을 통해 다른 프로그래밍 언어들보다도 대규모 데이터들을 쉽게 처리할 수 있다는 장점이 큰 역할을 했다. 이런 특징은 대규모 데이터의 처리가 필요한 빅데이터, 인공지능의 발전 및 적용에서 요청되는 필요성에 잘 부합되었고 그 결과, 현재 빅데이터 소프트웨어 도구(예. Pandas, PyScalar 등)와 인공지능 개발 도구(예. TensorFlow, PyTorch)가 대부분 파이썬을 통해 지원 된다.

01 컨테이너

컨테이너란?

평화롭기만 하던 테마파크의 사물함 관리실이 어느 날 기업 연수회를 위해서 한 번에 많은 사람들이 방문하면서 갑자기 바빠지기 시작했다. 이 기업에서는 이 행사를 위해 사물함 500개를 사용하겠다고 알려 왔다. 이 규모는 전체 사물함 개수 5000개 중 10%에 해당하는 수준이다. 이 행사가 진행되는 기간 중에도 다른 방문객들이 사물함 이용에 불편함을 느끼지 않도록 조처하면서도 이 기업 고객이 요청하는 서비스를 제공하기 위해서는 500개에 달하는 사물함을 다른 사물함과 잘 구분해서 관리할 필요가 있었다. 이 행사의 진행을 위해 이 기업에서는 500개의 사물함을 확보한 후에 다음과 같은 서비스를 요청했다.

사물함 관련 요구 사항

1. 사물함을 이용하는 임직원들은 500명이며 각각 0번부터 499번까지의 고유 번호(사번)를 가지고 있음
2. 임직원이나 기업의 행사 진행 담당자는 해당되는 물건이 몇 번 사물함에 있는지 별도로 기억할 필요 없이 해당 사물함을 사용하는 사번을 이야기하면 자신의 물건을 보관하거나 찾을 수 있어야 함
3. 연수회 중 시행되는 여러 행사들 중 경품 추첨 행사를 위해 무작위로 번호가 찍힌 종이를 사물함 500개에 하나 씩 넣을 수도 있어야 하고 있고, 뜨 다른 행사 진행을 위해 이 번호를 오름차순이나 내림차순으로 정렬할 수도 있어야 함

마지막으로 회사의 요청은 아니었지만, 테마파크 입장에서 이 기업 고객의 행사가 끝나고 나면 할당해줬던 사물함 500개를 다시 다른 방문객들이 사용할 수 있도록 하기 위해 효율적이고 신속하게 정리할 수 있는 방법도 필요했다.

이러한 기업의 요구 사항과 내부적인 운영 필요에 따라 테마파크에서는 이런 대규모 사물함 이용을 위한 운영 지침을 마련했다.

대단위 사물함 운영 지침

1. 기업 고객과 같은 대단위 사물함 사용 고객의 요청이 있을 경우 운영 효율성을 위해 연속으로 비어 있는 사물함들을 확보한다. 100개를 요청 받을 경우 예를 들어 234번부터 333번까지 비어 있다면 이 연속된 100개 사물함을 확보한다.
2. 태그는 사물함 번호가 가장 낮은 사물함에만 붙이고 해당 사물함부터 0번, 1번, 2번 ... 순으로 내부 번호를 할당한다. 234번부터 333번까지 이용할 경우 사물함 번호 234번이 내부 번호 0번, 235번은 내부 번호 1번 ... 등으로 할당된다.
3. 다른 이용객과의 혼동을 피하기 위해서 대단위로 할당한 사물함을 가리킬 때에는 기업이름[번호] 형식으로 각 사물함을 지칭한다. 예를 들어서 '근화 IT'라는 회사의 사번 12번인 임직원에게 할당된 사물함은 근화IT[12]로 표시한다.

테마파크에서 이러한 대단위 사물함 운영 지침을 마련한 이후에는 여러 기업 고객들이나 단체 고객들이 동시에 사물함을 대규모로 이용하더라도 각 기업 고객을 한 **묶음**으로 표현하고 관리할 수 있게 되어 혼란함 없이 효율적으로 사물함을 관리할 수 있게 되었다.

파이썬 프로그래밍 언어에서도 이렇게 같은 집합(여기에서는 같은 기업)에 속하는 여러 데이터들을 한 단위로 묶어서 표현할 수 있는데 이렇게 한 단위로 여러 데이터들을 관리하는 단위를 **컨테이너(container)**이라고 한다. 파이썬에서 기본적으로 제공하는 대표적인 컨테이너에는 **리스트(list), 튜플(tuple), 딕셔너리(dictionary)**가 있다. 그 중 스크래치에서는 리스트(list)를 구현하고 있다.

리스트의 개요

2.2.1에서 설명한 대단위 사물함 운영 방식과 가장 가까운 컨테이너는 리스트이다. 즉, 여러 개의 변수를 하나의 목록에 모아놓은 공간이라고 이해해도 좋다. 변수는 하나의 공간에 하나의 데이터만 저장된다면 리스트는 여러 개의 데이터가 모여있는 것이다.

여러 개의 변수가 모여있기 때문에 원하는 데이터를 빠르게 찾으려면 인덱스라고 불리는 번호를 붙여놓는 것이 유용하다.

다시 말해 리스트는 여러 개의 데이터를 일렬로 순서대로 나열한 데이터들의 모음이라고 할 수 있다. 일렬로 나열되어 있기 때문에 처음부터 일일이 몇 번 째인지 세어가며 위치를 찾기 때문에 다소 비효율적이라고 느낄 수 있다. 그러나 리스트는 처음부터 크기가 정해져 있지 않으므로 데이터를 언제든지 수정할 수 있으며 저장되는 데이터가 다른 타입이어도 무관하다는 것 또한 큰 장점이다. 즉, 하나의 리스트 내에는 숫자와 문자가 모두 저장이 된다는 것을 의미한다.

리스트를 사용했을 때와 리스트를 사용하지 않았을 때를 비교해보면, 온라인 쇼핑몰에서 신제품이 100가지 넘게 들어와서 모든 제품을 출력해야 한다고 가정해보자. 리스트를 사용하지 않았다면 변수에 하나하나의 제품을 따로따로 저장하고 출력해야 할 것이다. 그러나 리스트를 사용한다면 '신제품'이라는 이름의 리스트에 100가지 제품을 모두 저장한 다음에 '신제품'만 출력하면 100가지 제품이 한꺼번에 출력이 될 것이다. 리스트를 사용하지 않았을 때 얼마나 비효율적인지 상상이 갈 것이다.

```
new_1 = '퍼프소매니트'
new_2 = '새틴소재블라우스'
new_3 = '쉬폰원피스'
.
.
.
.
new_100 ='기모 블랙 진'
print(new_1)
print(new_2)
.
.
.
print(new_100)
```

```
new=['퍼프소매니트',
'새틴소재블라우스',
'쉬폰원피스',.........
'기모블랙진']
print(new)
```

그림 10.1 리스트를 사용할 경우와 사용하지 않을 경우

리스트의 자동화

리스트 관련 문제를 해결하기 위해 컴퓨팅 사고로 실마리를 풀었다면 스크래치와 파이썬에서 코드를 작성하여 자동화할 수 있다.

스크래치에서 리스트

스크래치에서는 변수 블록모음에서 그 기능을 찾아볼 수 있다. 상단에는 변수만들기가 있고 하단에는 리스트 만들기 가 있다. 리스트 만들기를 클릭하고, 변수와 마찬가지로 그림 10.2와 같이 새로운 리스트라는 팝업창이 생기고 새로운 리스트 이름을 적으면 된다.

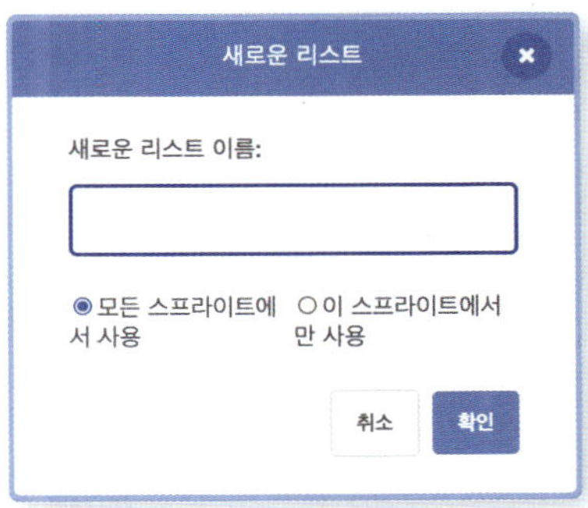

그림 10.2 새로운 리스트 만들기 팝업창

변수와 마찬가지로 리스트의 이름은 관련된 내용으로 정하는 것이 좋다. 예를 들어 과일과 관련된 데이터가 저장될 예정이면 fruit으로 의류와 관련된 데이터가 저장될 예정이라면 cloth로 하는 것을 말한다.

리스트가 생성되면 실행화면에 그림 10.3과 같이 리스트가 나타난다.

그림 10.3 과일모음 리스트를 새로 만들었을 때 실행화면에 리스트가 보임

리스트와 관련된 코드는 표 10.1과 같다. 과일모음이라는 리스트를 만든 경우이다.

표 10.1 리스트 코드의 종류

코드	기능
☑ 과일모음	사용자가 만든 리스트명
항목 을(를) 과일모음 ▾ 에 추가하기	특정 데이터를 리스트의 마지막에 추가한다.
1 번째 항목을 과일모음 ▾ 에서 삭제하	( )번 째 데이터를 리스트에서 삭제한다.
과일모음 ▾ 의 항목을 모두 삭제하기	특정 리스트 전체 삭제한다.
항목 을(를) 과일모음 ▾ 리스트의 1	어떤 데이터를 특정리스트의 ( )번째로 추가한다.
과일모음 ▾ 리스트의 1 번째 항목을	특정 리스트의 ( )번째 변수를 특정 데이터로 변경한다.
과일모음 ▾ 리스트의 1 번째 항목 과일모음 ▾ 리스트에서 항목 항목의 위치 과일모음 ▾ 의 길이	특정 코드 안으로 들어가는 것(단독으로는 사용되지 않음)
과일모음 ▾ 이(가) 항목 을(를) 포함하는가?	비교연산자에 들어가게 될 부분(특정 리스트에 [ ] 데이터가 포함되었는지를 확인함)
과일모음 ▾ 리스트 보이기	리스트를 보이게 한다.
과일모음 ▾ 리스트 숨기기	리스트를 숨기게 한다.

실행화면 속에 있는 리스트에서도 데이터를 추가할 수 있다.

에서 왼쪽 하단에 있는 +를 누르면 리스트에 공간이 형성되고 목록을 추가할 수 있다.

리스트의 코드를 사용해서 다음의 미션을 수행해보자.

1. 

코드를 사용해서 과일모음 리스트에 자신이 좋아하는 과일 5가지를 추가해보자.

2. 

코드를 사용해서 3번째 인덱스에 옆 친구가 좋아하는 과일 추가해보자.

3. 

코드를 사용해서 과일모음 6개 중에 빼도 된다고 생각하는 과일을 삭제하고 다른 과일로 대체해보자.

위의 미션을 해결하면 그림 10.4와 같이 과일 모음이 6의 길이를 가지고 다음의 데이터를 가지게 된다.

그림 10.4 미션을 해결한 결과

리스트의 코드를 익혔다면 키오스크를 재연해보자. 리스트까지만 배웠으므로 주문하고 개수까지만 출력하는 코드를 작성해보자.

다음은 해결해야하는 문제 상황이다.

로봇 카페를 창업하게 된 덕성이는 일시적으로 키오스크에 문제가 생겼음을 확인하게 되었다.

키오스크 수리가 밀려서 수리 업체에서는 1주일이상 걸린다고 하고 이야기하고 있다. 문제는 키오스크를 믿고 별도의 계산기도 마련하지 않았다는 사실!!

덕성이는 예전에 학교에서 배웠던 스크래치를 떠올렸다. 스크래치로 간단하게나마 프로그램을 만들어서 간이 키오스크를 만들 결심을 해보았다.

그럼 오늘은... 주문하고 개수를 출력하는 것까지만 구현해보자. 분해된 문제를 하나하나 해결하다보면 완성되겠지?

Q 해결해야 하는 최종 목표는?

A 주문을 받고 주문한 개수가 몇 개인지까지 출력하기

Q 문제를 분해해보면?

A 원하는 음료를 주문 받는 것, 주문 받은 음료가 종류별로 몇 개인지 체크하는 것, 주문이 완료되면 주문 받은 결과 알려주는 것

Q 반복되는 패턴이 있다면?

A 주문 받기(시작과 완료), 주문 받은 음료 종류, 주문 받은 음료 개수, 주문 알려주기(주문 확인)

Q 반드시 포함되어야 하는 것들의 관계를 그림으로 나타내면?

A

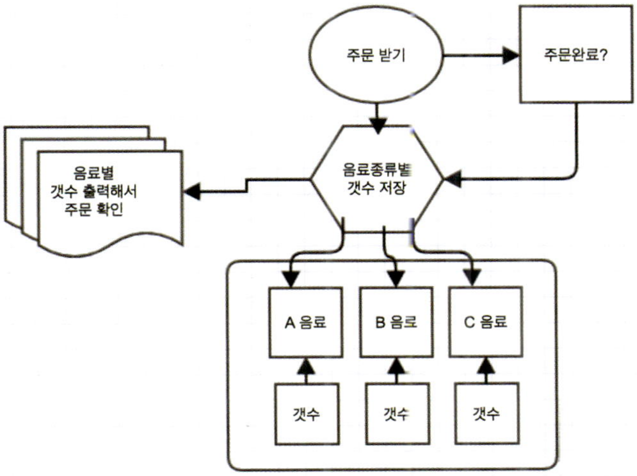

Q 일의 절차를 순서대로 나열해볼까?

A

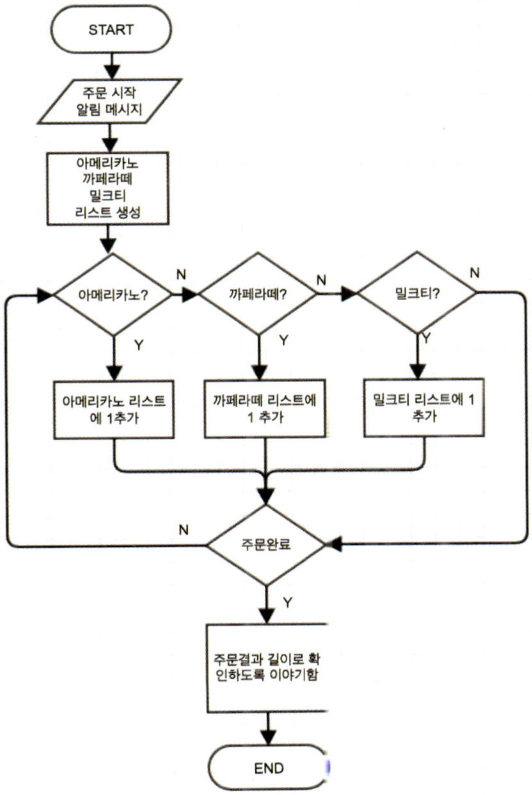

음료 종류별로 번호를 부여하고(아메리카노 1, 카페라떼 2, 밀크티 3) 음료를 주문할 때마다 리스트에 1을 추가한다. 1이 추가된 리스트의 길이를 주문한 음료로 생각하도록 한다.

스크래치로 코드를 작성해보면?

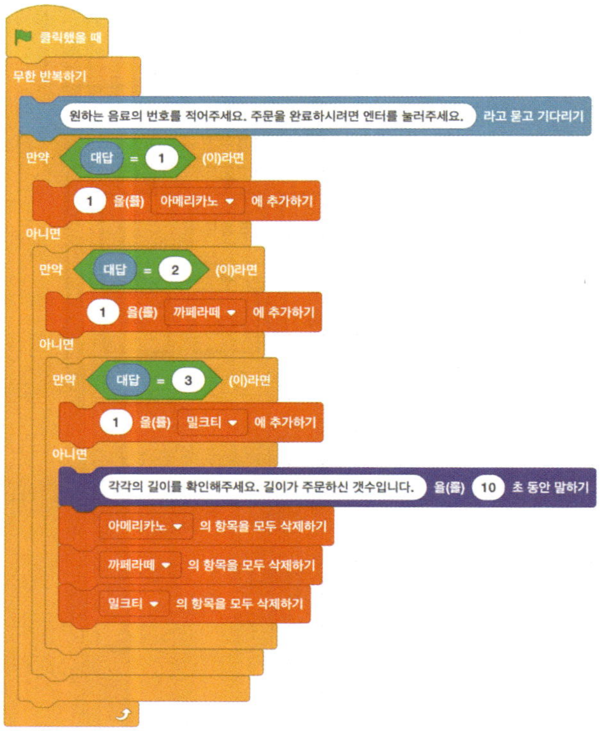

실행해보면?

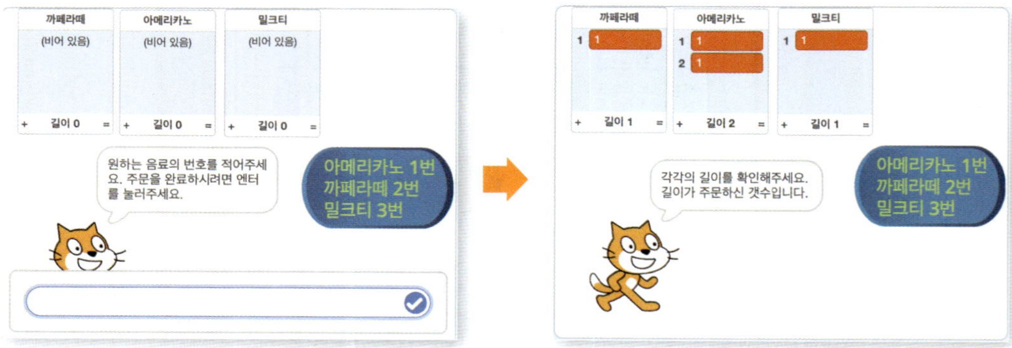

연습하기

기말고사 준비를 하면서 예상문제를 만들어보자. 5문제의 문제은행과 5문제의 답을 각각 리스트로 만들어보자. 퀴즈를 실행하되 문제를 랜덤으로 내고 정답과 오답을 알려주는 프로그램을 작성해보자.

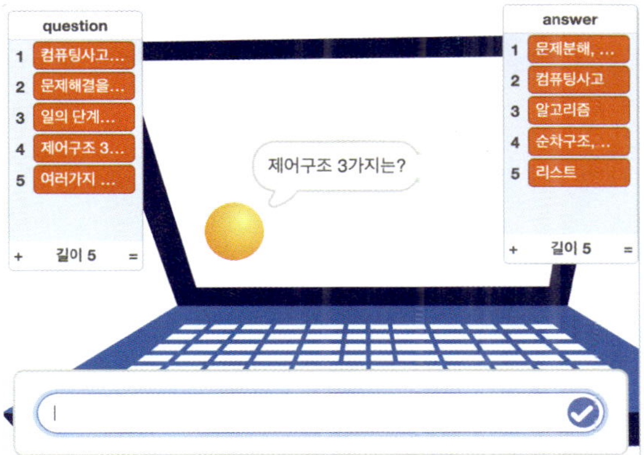

정답

오답

HINT!

리스트의 항목 중 랜덤으로 문제 항목을 뽑을 때는 연산에서 (1 부터 10 사이의 난수) 코드를 사용한다. 이때, 랜덤으로 난수를 발생하고 그 수가 무엇인지 저장하지 않으면 정답과 매칭하기가 힘들다. 따라서 변수 블록 모음에서 [나의 변수 ▾ 을(를) (1 부터 5 사이의 난수) 로 정하기] 코드를 사용해본다.

HINT!

문제를 question 리스트에서 랜덤으로 항목을 뽑는다면 [(question ▾ 리스트의 (나의 변수) 번째 항목) 라고 묻고 기다리기] 코드를 사용할 것이다. 이후 정답인지 아닌지 판단하기 위해 선택구조를 활용한다면 조건은 대답과 문제에 해당하는 답을 가진 리스트 항목이 같아야 하므로 < (대답) = (answer ▾ 리스트의 (나의 변수) 번째 항목) > 코드를 사용하게 될 것이다.

파이썬에서 리스트

리스트는 여러 개의 데이터들을 [ ]을 이용해서 하나의 단위로 묶고 [ ] 내에서는 쉼표로 각 데이터 요소들을 구분한다. 다음 파이썬 코드에서는 6개의 정수를 하나의 단위(즉, 리스트)로 저장하고 변수 이름(즉, 위의 사례에서 기업 이름에 해당)을 duksungIT로 설정한다.

```
duksungIT = [12, 3, 45, 6, -1, 2]
print(duksungIT)
```

```
[12, 3, 45, 6, -1, 2]
```

또한 설명한 대로 위 코드에서 각 개별 데이터 요소들이 실제로 저장된 사물함 번호(메모리 주소)가 어떠한지는 알기 어렵지만, (사번에 해당되는) 0번부터 5번까지의 내부 번호를 할당하고 이 번호를 이용해서 각 데이터 요소가 저장된 사물함에 데이터를 읽거나 덮어 쓰기를 할 수 있다. 0번부터 5번까지의 내부 번호는 앞으로 **색인(index)**라고 부르도록 하자. 이때 첫 데이터 요소의 색인은 1번이 아니라 0번부터 시작한다는 사실에 주의하자.

예를 들어 5번 색인에 해당하는 사물함에 포함된 값을 보려면 다음과 같이 코드를 작성할 수 있다.

```
print(duksungIT[5])
```

```
2
```

또한 색인을 이용해서 원래 저장된 값 대신 다른 값으로 변경할 수 있다.

```
duksungIT[0] = 100
print(duksungIT)
```

```
[100, 3, 45, 6, -1, 2]
```

위의 코드는 0번 색인에 있던 값 12 대신 100을 덮어쓰기하고 전체 리스트를 출력하는 코드이다.

파이썬 리스트의 또 다른 특징 중 하나는 데이터 원소들이 같은 데이터 유형이 아니어도 상관없다는 점이다. 다시 말해서 현재 모두 정수 원소들이 포함되어 있는데 다음과 같이 한 원소(색인 1번)를 문자열로 바꿔서 저장할 수도 있다.

```
duksungIT[1] = '나무'
print(duksungIT)
```

```
[100, '나무', 45, 6, -1, 2]
```

리스트 내에 원소가 몇 개 포함되어 있는지 확인을 하려면 len( )이라는 명령어를 사용한다.

```
numbers = [2, 0.242, -2,4, 5]
print(len(numbers))
```

```
5
```

그리고 리스트가 큰 따옴표(")나 작은 따옴표(')로 묶인 문자열을 원소로 가지면 글자 개수가 아니라 문자열의 개수라는 사실에 주의하자.

```
mirisa = ['살되', '네 생명을', '살아라']
print(len(mirisa))
```

```
3
```

리스트 만들기

어떤 변수에 처음으로 리스트를 할당하려면 duksungIT = [12, 3, 45, 6, -1, 2]처럼 [ ] 안에 쉼표로 구분된 원소를 직접 넣을 수도 있고 일단 빈 리스트를 하나 만든 후에 리스트들이 가진 append라는 기능을 이용해서 하나 씩 원소를 넣을 수도 있다.

```
myList = []                    # 빈 리스트를 하나 만들어서 myList라는 변수에 할당
myList.append(1)               # 원소 1 추가. myList[0]에 저장됨.
myList.append(-1)              # 원소 -1 추가. myList[1]에 저장
myList.append(1.234)           # 원소 1.234 추가. myList[2]에 저장.
print(myList)
```

```
[1, -1, 1.234]
```

위 코드에서처럼 append라는 기능은 리스트가 가지고 있기 때문에 리스트이름.append 형식으로 사용한다.

리스트의 사칙연산

리스트들끼리 일부 사칙연산도 가능한데 그 의미가 정수나 실수에서와 다르다는 점을 주의해야 한다. 다음을 실행해 보자.

```
a = [1,2,3,4]
b = [4,5,6,7]
print(a+b)
```

```
[1, 2, 3, 4, 4, 5, 6, 7]
```

위의 코드처럼 리스트들끼리의 덧셈 연산을 수행하면 - 마치 벡터의 덧셈처럼 - 원소들끼리 더해서 결과가 [5,7,9,11]이 될 것 같지만 실제로는 두 개의 리스트들을 하나로 연결한 [1,2,3,4,4,5,6,7]이 되는 것을 볼 수 있다.

리스트에 정수를 곱하면 해당되는 정수만큼 리스트의 원소가 반복된다. 다음 코드를 실행해 보자. 원래 원소인 2,3,4가 5번 반복되는 결과로 나타난다는 점에 주목하자.

```
x = [2,3,4]
print(x*5)              # 5*x와 동일
```

```
[2, 3, 4, 2, 3, 4, 2, 3, 4, 2, 3, 4, 2, 3, 4]
```

실제 코드에서는 리스트를 보다 편리하게 활용하기 위해서 for문과 조합해서 사용하는 경우가 빈번하다. 길이가 동일한 두 리스트의 원소 대 원소 합계를 계산하려면 다음과 같이 for문을 이용한다.

```
a = [1,2,3,4]
b = [4,5,6,7]
c = []

for i in range(len(a)):                 # len(a)는 리스트 a의 길이를 의미하며 여기에서는 4
    c.append(a[i]+b[i])

print(c)
```

```
[5, 7, 9, 11]
```

위 코드에서 len(a)는 리스트 a의 길이를 얻는 명령어이며 이 코드에서는 4이다. 또한 **i in range(len(a))**라고 하는 표현은 for문을 반복하면서 리스트 a의 색인 범위(즉, 0, 1, 2, 3)를 i에 할당하면서 for 루프 부분을 반복하겠다는 의미이다. 따라서 변수 i는 리스트 a의 색인으로 사용할 수 있으며 각 요소를 a[i]로 표현해서 값을 읽을 수 있다. 동시에 리스트 b 역시 길이가 리스트 a와 동일하기 때문에 같은 색인을 써서 b[i]로 b의 각 원소를 읽을 수 있다. 따라서 이렇게 a와 b의 i번째 원소(a[i], b[i])를 읽어서 두 값을 더하고 새로운 리스트 c의 원소로 추가(append)한다.

이렇게 for문을 이용해서 리스트의 원소값을 하나 씩 읽거나 쓸 때 **i in range(len(a))**라는 표현처럼 0부터 len(a) - 1까지 증가하는 색인을 변수 i에 넣어서 for 루프를 반복하는 방법이 일반적이다.

이렇게 for문에서 리스트의 색인을 통해 간접적으로 리스트의 원소에 접근(즉, 읽기 및 쓰

기)하는 방식도 사용할 수 있지만 for문을 통해 리스트의 원소에 직접 접근하는 방법도 있다. 다음 코드를 살펴보자.

```
x = [11,21,33,46,85]
for e in x:
   print(e)
```

```
11
21
33
46
85
```

위 코드는 for문 내에 **e in x**로 표현함으로써 리스트 x에 있는 원소들을 하나씩 변수 e에 넣고 for 루프를 반복한다. 위 코드는 이전과 같이 색인을 이용하는 코드로 다음과 같이 바꿀 수도 있다. 위의 코드와 다음 코드를 비교해 보자.

```
x = [11,21,33,46,85]
for i in range(len(x)):
   print(x[i])
```

```
11
21
33
46
85
```

for문과 리스트와의 관계를 이용하면 리스트에 포함된 원소들의 합계와 평균을 구하는 코드도 다음과 같이 구현할 수 있다.

```
sum = 0
average = 0
x = [11,21,33,46,85]
for e in x:
   sum = sum + e

average = sum / len(x)
print('합계 : ', sum)
print('평균 : ', average)
```

```
합계 : 196
평균 : 39.2
```

연습하기

위 코드를 for문과 리스트의 색인을 사용하는 코드로 변경해 보자.

비슷한 방식으로 리스트의 각 원소에 특정한 숫자를 곱할 수도 있다. 다음 코드에서는 리스트 x의 각 원소에 2를 곱한 새로운 원소를 할당한다.

```
x = [11,21,33,46,85]
for i in range(len(x)):
   x[i] = x[i]*2

print('새로운 x : ', x)
```

```
새로운 x : [22, 42, 66, 92, 170]
```

참고

리스트 x에 단순하게 2를 곱하면 리스트 x의 원소가 2배로 복사되는 개념이라는 점에 주의하자. 즉, 다음 코드에서 x*2는 각 원소에 2를 곱한 결과가 아니라 원소가 2번 복사되어 길이가 두 배로 증가한다.

```
x = [11,21,33,46,85]
print(x*2)
```

```
[11, 21, 33, 46, 85, 11, 21, 33, 46, 85]
```

리스트 내 원소들의 관리

앞서 리스트 내 **개별 원소 한 개**는 리스트변수[색인번호] 형태로 읽거나 쓸 수 있다는 사실을 확인했다. 예를 들어 다음 코드는 1부터 13까지 홀수를 포함하는 리스트(odd_numbers)를 만들고 3번째 원소를 출력한 후 3번째 원소에 100을 덮어쓰기하고 리스트에 포함된 전체 원소들을 출력하는 작업을 수행한다.

```
odd_numbers = [1,3,5,7,9,11,13]
print(odd_numbers[2])           # 3번째 원소 출력, 색인은 0번부터 시작!
odd_numbers[2] = 100            # 3번째 원소값 덮어쓰기
print(odd_numbers)              # 리스트 전체 출력
```

```
5
[1, 3, 100, 7, 9, 11, 13]
```

파이썬은 한 리스트의 부분만 가지고 와서 부분 집합에 해당되는 새로운 리스트를 만들 수도 있다. 일부 원소로 구성되는 새로운 리스트를 만들 때에는 *리스트변수[시작_색인:종료_색인+1]* 형태로 명시한다. 특히 콜론 다음에 등장하는 색인이 **종료_색인+1**로 표현한다는 점에 주의하자. 다음 코드를 살펴보자.

```
n = ['a','b','c','d','e','f','g','h','i','j','k', l','m','n']
sub_n = n[3:10]
print(sub_n)
```

```
['d', 'e', 'f', 'g', 'h', 'i', 'j']
```

위 코드의 두 번째 줄에서처럼 파이썬에서는 콜론(:)을 이용해서 시작 지점과 종료 지점을 나타낸다. n[3:10]의 의미는 색인 3번(즉, 원소 'd')부터 시작해서 색인 9번(즉, 원소 'j')까지 연속으로(즉, 색인이 1씩 증가하면서) 포함되어 있는 원소들을 가지는 새로운 리스트 sub_n을 만드는 코드이다. 여기에서 **[시작_색인:종료_색인+1]** = [**3:10**]이기 때문에 **시작_색인** == **3**, **종료_색인** == **9**라는 점에 특히 주목하자.

참고

이렇게 종료_색인+1로 나타내는 이유는 몇 가지로 설명할 수 있는데 이 표현 방법을 이용하면 새로 만드는 리스트(여기에서는 sub_n)에 포함되는 원소를 간단히 뺄셈을 통해 계산할 수 있다. 즉, n[3:10]의 표현을 통해 원소 개수는 10-3 = 7로 간단하게 계산할 수 있다.

위 코드는 다음과 같은 그림으로 표현할 수 있다.

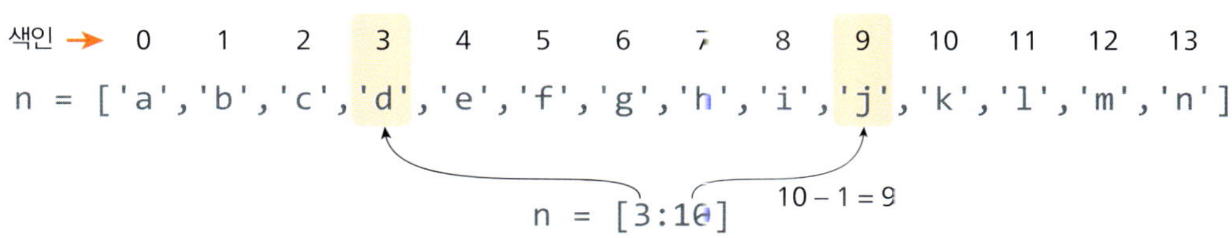

콜론을 하나 더 쓰면 포함시킬 원소 색인의 간격도 지정할 수 있다.

```
n = ['a','b','c','d','e','f','g','h','i','j','k','l','m','n']
sub_n = n[3:10:2]
print(sub_n)
```

```
['d', 'f', 'h', 'j']
```

코드에서 n[3:10:2]의 의미는 다음과 같이 표현할 수 있다.

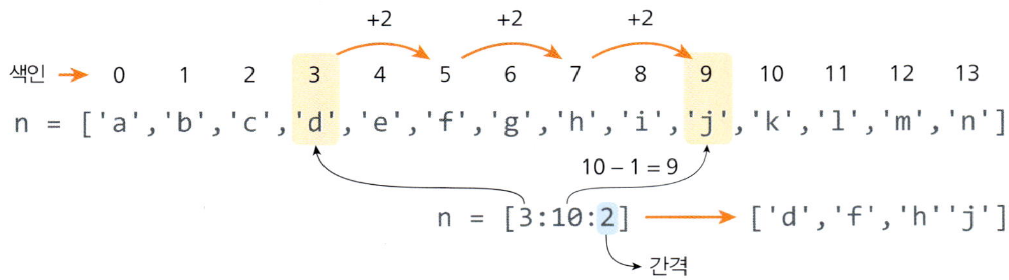

파이썬에서는 리스트뿐만 아니라 다른 부분에서도 n[3:10:2]와 같이 콜론으로 숫자 세 개를 묶어서 표현하는 방식이 자주 등장한다. 다행스러운 것은 이 방식이 대부분 일정한 규칙을 따른다는 사실이다. 다음을 기억하면 리스트뿐만 아니라 파이썬의 여러 표현 방법에서 파이썬만의 독특한 특성을 쉽게 이해할 수 있다.

다음 그림을 통해 파이썬의 이러한 특성을 기억해 보자.

위의 그림에서 첫 번째 숫자는 ●으로 표시했는데 이것은 해당 숫자가 시작 지점이며 범위 내에 포함(즉, 등호가 포함되는 부등호)되며 두 번째 숫자는 ○으로 표시했고 해당 숫자가 종료 시점이며 범위 내에 포함되지 않는다(즉, 등호가 포함되지 않는 부등호)로 생각한다. 그리고 마지막 숫자는 △로 표시했는데 증가하는 단위를 의미한다.

참고

세 번째 숫자(△)가 생략되어 ●:○ 형태로 등장할 때에는 △=1로 생각한다.

리스트의 원소를 삭제하려면 del 명령을 사용한다.

```
values = [2,5,21,1,6,8,4,-2,77,-4]
del(values[0])
print(values)
```

```
[5, 21, 1, 6, 8, 4, -2, 77, -4]
```

앞서 살펴 본 콜론을 이용한 범위 표시 방식을 이용하면 일정 범위의 원소를 삭제할 수도 있다. 다음 코드에서 범위 [4:7]에서 세 번째 숫자가 생략되었기 때문에 증가 단위가 1이라는 점을 상기하자. 그리고 실제 삭제되는 원소의 개수는 3개(7-4)이다.

```
values = [2,5,21,1,6,8,4,-2,77,-4]
del(values[4:7])
print(values)
```

```
[2, 5, 21, 1, -2, 77, -4]
```

리스트 원소 정렬하기

리스트 내의 원소도 간단하게 정렬할 수 있다. 정수값을 가지는 리스트를 생성하고 정렬해서 새로운 변수에 할당한 다음 오름차순으로 정렬하는 다음 코드를 살펴 보자.

```
values = [2,5,21,1,6,8,4,-2,77,-4]
new_values = sorted(values)
print(new_values)
```

```
[-4, -2, 1, 2, 4, 5, 6, 8, 21, 77]
```

내림차순으로 정렬하려면 정렬 명령인 sorted에 옵션을 부여한다.

```
values = [2,5,21,1,6,8,4,-2,77,-4]
new_values = sorted(values, reverse = True)
print(new_values)
```

```
[77, 21, 8, 6, 5, 4, 2, 1, -2, -4]
```

실수도 동일하게 정렬 가능하며 문자열의 경우 사전 순서를 기준으로 오름차순 또는 내림차순으로 정렬을 수행한다.

```
words = ['shoes', 'get up', 'the', 'morn', 'cup', 'milk', 'let', 'rock']
print(sorted(words))
print(sorted(words, reverse=True))
```

```
['cup', 'get up', 'let', 'milk', 'morn', 'rock', 'shoes', 'the']
['the', 'shoes', 'rock', 'morn', 'milk', 'let', 'get up', 'cup']
```

지금부터 설명하게 되는 컨테이너들 중 튜플과 딕셔너리는 스크래치에서는 다루지 않는 개념이므로 파이썬과 관련된 설명만이 이어질 것이다.

파이썬에서의 튜플

앞서 관계연산자를 살펴 볼 때 파이썬에서는 여러 줄로 표시하는 표현을 한 줄로 표현하고 쉼표로 구분할 경우 그 결과는 괄호 ( )로 정리되어 출력되는 것을 관찰했었다. 즉,

```
3 < 4, 5 <= 2
```

```
(True, False)
```

이러한 결과는 관계연산자 뿐만 아니라 산술연산자들을 한 줄에 쓰고 쉼표로 구분할 때에도 볼 수 있다.

```
2+4, 6*34, 123/3
```

```
(6, 204, 41.0)
```

이렇게 괄호로 원소들이 한 단위로 묶는 방식을 튜플(tuple)이라고 한다. 튜플은 방금 살펴 본 리스트와 비슷하지만 리스트는 원소값을 수정할 수 있는 반면, 튜플은 한 번 포함된 원소들의 값을 읽을 수는 있으나 새로운 값으로 덮어 쓸 수 없는 '읽기 전용'이라는 차이가 있다. 다음 코드를 살펴 보자.

```
a = (6, 200, 41)
print(a[0])            # 튜플의 원소도 소괄호 ( ) 가 아니라 대괄호 [ ] 기호를 사용
```

```
6
```

이 코드에서는 a를 정수 세 개를 가지는 튜플로 할당하고 첫 번째 원소(a[0])를 **읽어서** 출력한다. 그런데 다음 코드에서처럼 튜플의 특정한 원소값을 새로운 값으로 덮어쓰려면 오류가 발생하는 것을 볼 수 있다.

```
a = (6, 200, 41)
a[1] = 100
```

```
---------------------------------------------------------------------------
TypeError                               Traceback (most recent call last)
/var/folders/pq/5h6q7dbs5cqbmqfwc3yx26500000gp/T/ipykernel_1652/69847771.py in
<module>
      1 a =(6,200,41)
----> 2a[1]=100

TypeError: 'tuple' object does not support item assignment
```

또한 튜플은 읽기 전용이기 때문에 리스트처럼 append를 사용해서 새로 원소를 추가하거나 del을 이용해서 원소들을 삭제할 수도 없다. 하지만 리스트처럼 튜플도 콜론 표현 방법을 이용해서 범위를 지정할 수 있다.

```
ntuple = ('a','b','c','d','e','f','g','h','i','j','k','l','m','n')
sub_ntuple = n[3:10:2] # 튜플도 범위 표현은 괄호 ( ) 가 아니라 [ ] 기호를 사용
print(sub_n)
```

```
['d', 'f', 'h', 'j']
```

참고

튜플도 원소나 범위를 나타낼 때에는 괄호 ( ) 가 아니라 [ ] 기 호를 사용한다는 점에 주의하자.

파이썬에서의 딕셔너리

지금까지 살펴본 두 가지 컨테이너, 리스트와 튜플은 포함된 원소들을 이용(리스트의 경우 읽기와 쓰기, 튜플의 경우 읽기 전용)하려면 0부터 시작하는 색인 번호를 사용해야 한다. 그런데 색인 번호 대신 특정한 이름을 사용해서 데이터를 읽거나 쓸 수 있으면 어떨까? 이것은 마치 테마파크에 단체 고객이 방문해서 여러 사물함을 한 단위로 관리해야 하는 상황에서 각 이용자의 이름으로 사물함을 이용하는 것과 비슷하다. 또는 특정한 카페 체인에서 주문한 커피를 찾아 갈 때 번호가 아니라 자신의 이름이나 닉네임으로 찾아 가는 방식과 유사하다.

파이썬에서는 이렇게 색인 번호가 아니라 이름과 같은 특정한 정보로 데이터를 관리할 수 있는 컨테이너를 제공하는데 이것이 딕셔너리(dictionary)이다. 딕셔너리는 말그대로 '사전'이라는 의미이며 사전에서 단어를 이용해서 의미를 찾는 것과 유사하다. 파이썬 딕셔너리에서는 **단어**에 해당하는 요소를 **키(key)**라고 하고 의미에 해당하는 요소를 **밸류(value)**라고 부른다.

딕셔너리는 중괄호 { }로 표현하고 내부 원소는 키:밸류 형태로 콜론을 이용해서 키와 밸류를 묶은 형태로 이용한다.

다음 코드를 살펴보자.

```
mywords = {}
mywords['flower'] = '꽃'
mywords['python'] = '비단뱀'
mywords['sky'] = '하늘'
mywords['butter'] = '버터'
mywords['dynamite'] = '다이너마이트'

print(mywords)
```

```
{'flower': '꽃', 'python': '비단뱀', 'sky': '하늘', 'butter': '버터', 'dynamite': '다이너마이트'}
```

위 코드에서 제일 첫 줄은 빈 딕셔너리를 하나 만들어서 mywords에 할당한다(빈 리스트는 myList = [ ], 빈 튜플은 myTuple = ( )로 만들었다는 사실도 기억하자).

그리고 색인 번호 대신 영어 단어 문자열로 특정한 사물함의 위치를 지정하고 그 영어 단어에 해당하는 한글 단어 문자열을 대입(덮어쓰기)하고 있는 것을 볼 수 있다. 이렇게 데이터들을 저장하고 마지막 줄에서 print로 출력하면 **키:밸류** 쌍(pair)으로 원소들이 들어 있는 것을 볼 수 있다. 이렇게 만든 딕셔너리는 카페에서 이름이나 닉네임으로 자신의 커피를 찾는 것처럼, 또는 사물함 번호 대신 자신의 이름을 이용하는 것처럼 원소들의 값을 읽고 쓸 수 있다. 위 코드에 이어서 계속해서 다음 코드를 입력해서 결과를 확인해 보자.

```
print(mywords['python'])
mywords['python'] = '파이썬'
print(mywords['python'])
```

```
비단뱀
파이썬
```

위 코드의 첫 번째 줄에서는 이미 mywords['python']에 포함된 값을 출력해서 **비단뱀**이라는 결과를 얻었고 그 다음 줄 에서는 'python'이라는 키를 이용해서 같은 장소에 '파이썬'이라는 문자열을 덮어쓰기 한다. 세 번째 줄에서는 'python' 키를 이용해서 저장된 값을 다시 출력해서 새로운 값('파이썬')으로 변경되었음을 확인한다.

Introduction to **Computational Thinking**

02 함수

생활 속에서 함수 이해하기

우리 생활 속에서 너무 자연스럽게 자리 잡아서 가끔 그 편리함이나 존재를 잊게 되는 세탁기 같은 가전 기기가 없다면 우리 생활은 어떻게 달라질까? 세탁기가 없다면 사람들은 매일 매일 직접 손으로 빨래를 해야 할 것이다. 빨래라는 작업에 대해 생각해 보면 **세탁물 분류, 세탁물에 따른 적절한 세제 투입, 세탁, 헹굼, 세탁 반복, 헹굼, 물기 짜내기, 건조** 등으로 순서로 진행되는데 옷감의 종류에 따라 중간 과정이 달라지기도 한다. 세탁기라는 개념조차 없었고 매일 빨래를 여러 번 해야 하는 과거의 상황을 가정해 보자. 과거에는 세탁물에 따라 약간씩 달라지긴 하지만 세탁물 분류에서부터 건조까지의 과정을 수작업으로 반복해야 했었을 것이다. 그리고 직접 손으로 빨래를 하다가 다른 급한 일이 생기면 그 일을 먼저 하고 다시 빨래를 계속해야 해서 효율도 무척 낮았을 것이다.

그림 10.5 세탁의 과정

이러한 상황 속에서 세탁기라는 기계는 세탁 과정만을 전담해서 반복적으로 수행하는 기계로 발명되었는데 세탁물의 종류와 사용자가 원하는 선택에 따라 조금씩 다른 절차(예를 들면 헹굼과 세제 세탁 횟수 조절)와 다른 세탁 방식(예를 들면 온수 세탁 또는 냉수 세탁)을 적용할 수 있다. 따라서 세탁기가 발명되고 나서 사람들은 언제라도 필요하기만 하면 하루에 몇 번이라도 세탁기를 이용해서 빨래를 할 수 있게 되었다.

다른 가전 기기와 마찬가지이지만, 세탁기에는 **투입되는 부분들**이 있고 우리가 얻게 되는 **효과 또는 결과**에 해당하는 부분이 있다. 빨랫감, 세제, 물, 전기, 그리고 세탁 코스 선택 등이 투입되는 요소이고 결과물 또는 산출물은 세탁된 의류라고 할 수 있다.

이번 장에서 다루게 되는 프로그래밍 언어에서의 **함수**는 그 필요성이나 작동 방식이라는 측면에서 지금까지 살펴 본 세탁기의 탄생 과정이나 작동 방식과 비슷한 측면이 있다. 세탁기 이야기를 잘 생각해 보고 프로그래밍 언어에서 함수라는 개념이 왜 필요한지 파이썬 코드를 통해서 계속 살펴 보자.

프로그래밍에서 함수의 필요성

다음 스크래치와 파이썬의 코드를 살펴보자.

```
#--- 첫 번째 계산 ----
a = 10
b = 20
c = a + b
print('계산 결과: ', a,'+',b,'=',c)
```

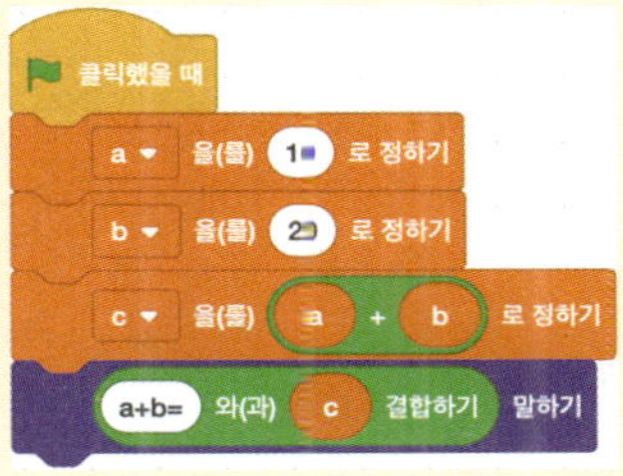


```
#--- 두 번째 계산 ----
a = 13
b = 240
c = a + b
print('계산 결과: ', a,'+',b,'=',c)
```

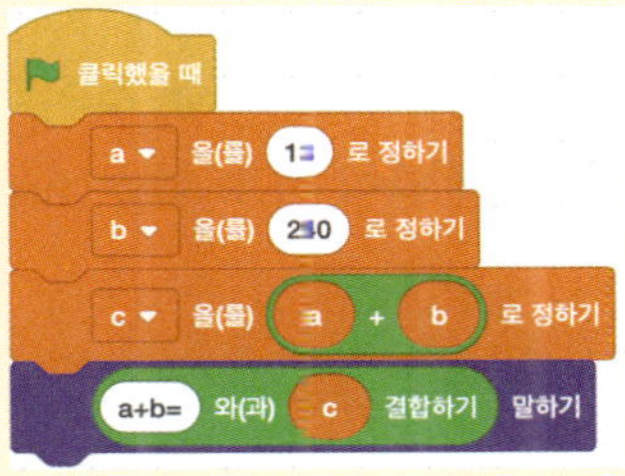


```
#--- 세 번째 계산 ----
a = 560
b = 210
c = a + b
print('계산 결과: ', a,'+',b,'=',c)
```

```
#--- 네 번째 계산 ----
a = 1.4
b = 105
c = a + b
print('계산 결과: ', a,'+',b,'=',c)
```

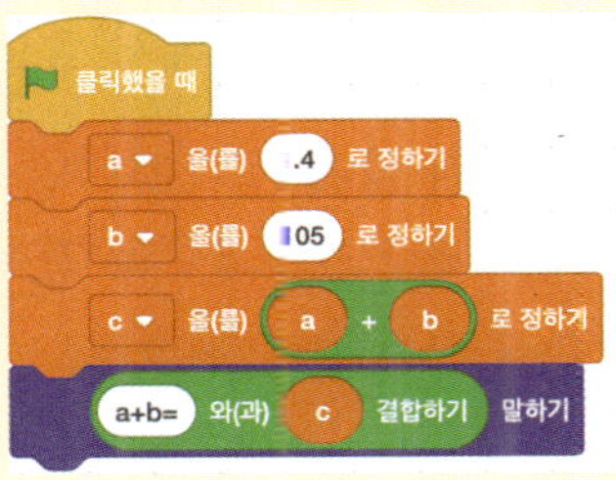

```
계산 결과: 10 + 20 = 30
계산 결과: 13 + 240 = 253
계산 결과: 560 + 210 = 770
계산 결과: 1.4 + 105 = 106.4
```

위 코드는 덧셈 계산을 네 번 수행하는 코드이다. 계산을 한 번 하기 위해 각 계산마다 다음 네 단계를 거쳐서 계산을 수행하는 것을 볼 수 있다.

1. 변수 a에 필요한 정수나 실수를 대입한다.
2. 변수 b에 필요한 정수나 실수를 대입한다.
3. a와 b에 저장된 숫자들을 더한 후 변수 c에 대입한다.
4. 계산 결과를 형식에 맞춰 화면에 출력한다.

각 단계를 잘 살펴보면 실제로 하는 일들은 정해져 있고 변수들의 값만 달라진다는 점을 확인할 수 있다. 이러한 특성은 마치 세탁기에서 세탁 과정은 정해져 있고 세탁물과 세제 등이 달라지는 것과 비슷하다.

그런데 위 코드에서는 덧셈을 네 번만 수행하기 때문에 복사 후 붙여넣기로 코드를 만들었지만 덧셈을 1000번 해야 한다면 어떻게 해야 할까? 복사 후 붙여넣기로 하나하나 코드를 만든다면 코드 입력에 상당한 시간이 필요할 것이다. 이러한 상황에서 **반복을 피하고 효율적으로 코드를 구성**할 수 있는 개념이 바로 **함수**(function)이다.

이제 스크래치와 파이썬에서 함수가 어떤 형식으로 만들어지는지 살펴보자.

스크래치에서의 함수

스크래치에서 함수는 블록모음 중 내 블록에서 만들 수 있다. 블록 만들기 코드를 사용하여 내가 만들고 싶은 함수를 만들 수 있다. 일종의 사용자 정의 함수를 만들 수 있다고 할 수 있다.

앞에서 덧셈을 하는 코드를 네 번이나 따로따로 수행했던 것을 내 블록에서 블록 만들기 코드를 통해 하나의 함수로 만들어 놓으면 반복해서 호출하여 사용할 수 있는 것이다.

그림 10.6은 (가)함수를 사용하지 않을 때와 (나)함수를 사용했을 때를 비교한 것이다. (가)는 함수를 사용하지 않고 따로따로 2번 코드를 작성한 것이고, (나)는 '덧셈'이라는 이름의 함수를 만들어서 '덧셈' 함수를 반복 호출하여 코드를 작성한 것이다. 코드가 훨씬 간결해진 것을 발견할 수 있다.

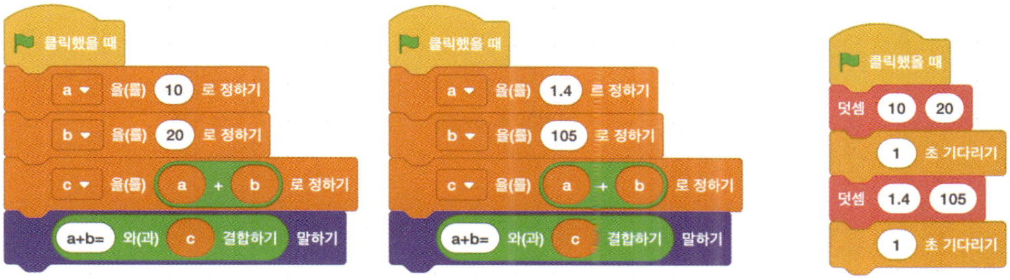

(가) (나)

그림 10.6 함수를 사용하지 않은 경우와 함수를 사용한 경우의 비교

스크래치에서 함수를 만들 때 블록 만들기 를 클릭하면 그림 10.7과 같은 팝업창이 뜬다.

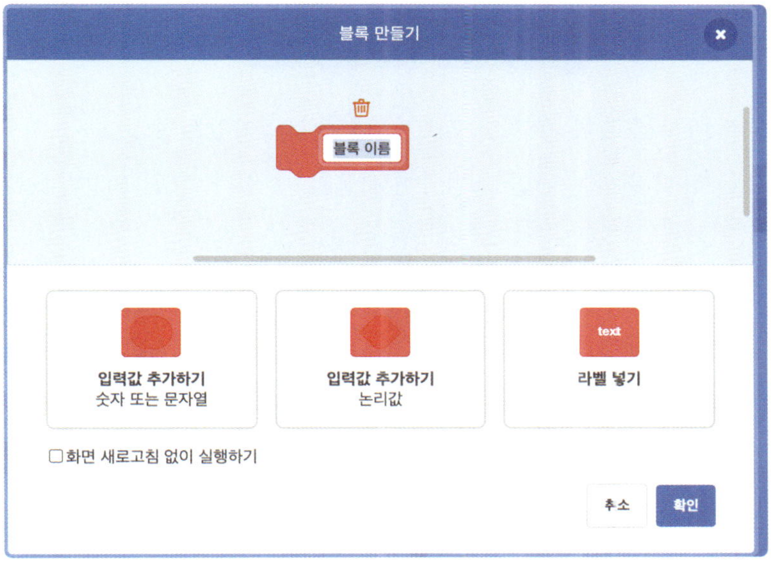

그림 10.7 블록만들기

블록 이름 에 원하는 함수명을 적고 입력받을 매개 변수가 있는 경우에는 그림 10.7에서와 같이 메뉴를 선택하면 된다. (가)는 입력받을 매개변수가 숫자 혹은 문자열의 형태인 경우이며, (나)는 입력받을 조건식을 추가하는 것이다. (다)는 함수에 대한 설명을 적는 것으로서 여러 가지 함수를 생성할 때 함수를 구별할 수 있는 좋은 방법이 된다. 클릭하는 횟수만큼 매개변수가 증가하게 되므로 입력받을 매개변수의 개수만큼 클릭하면 된다.

(가) (나) (다)

그림 10.8 블록만들기의 메뉴

그림 10.9에서 (가)는 덧셈 함수의 코드를 작성한 것이며 (나)는 사용 예이다. (가)에서 매개변수는 숫자로서 a와 b로 설정하였으며 반복되는 코드인 덧셈의 결과를 출력하는 것으로 작성하였다. 이 때, 매개변수로 설정한 a와 b는 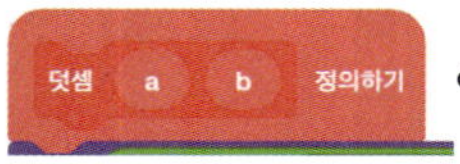 에서 각각 클릭하여 드래그하면 아래에 작성한 코드(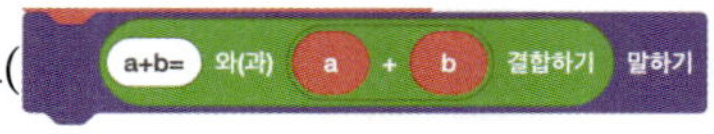)에 바로 변수로 사용할 수 있다.

함수는 언제든지 반복 호출할 수 있으므로 에 생성되어있는  코드를 작업영역으로 drag & drop하여 원하는 만큼 조립하여 사용할 수 있다. 그림 10.9의 (나)와 같이 비어있는 매개변수에는 원하는 값을 적으면 된다.

(가) (나)

그림 10.9 덧셈 함수 코드와 사용 예

스크래치에서 함수를 어떻게 표현하는지 이해했다면 다음과 같은 문제 상황을 함수를 활용해서 해결해보자.

컴퓨팅 사고의 융합프로젝트는 팀을 구성할 때 온라인 상에서 서로의 정보를 공유하고 이를 바탕으로 팀을 구성하기로 했다. 따라서 LMS에 자기소개를 우한 기본적인 형식을 알려주셨고 이에 맞춰 자신의 정보만을 입력하면 저절로 소개가 되는 시스템이었다. 나와 관심사나 학습 분야가 비슷한 학우가 누구일지 기대되는 순간이다.

그런데 어차피 동일한 형식이라면 수업 시간에 배운 스크래치로 함수를 만들어서 친구들에게 공유하면 어떨까하는 생각을 해보았다. 그렇다면 내가 자신의 이름과 학년, 전공과 함께 자신의 평소 관심사(취미나 요즘 시간을 많이 보내는 것 등)와 관심 분야(전공이나 학습 관련)을 입력하면 저절로 소개가 되는 코드를 공유해보면 좋겠다는 생각을 했다. 그럼~ 한 번 코딩해볼까?

소개 형식은 "저의 이름은 (나의 이름)이고 (나의 학년)학년 (나의 전공)전공을 하고 있습니다. 제가 요즘 관심을 가지고 있는 것은 (평소 관심사)와 (학습 관심사)입니다. 많은 교류가 있었으면 좋겠습니다. " 이며 추가는 가능하다고 하셨다.

Q 해결해야 하는 최종 목표는?

A 제시된 개인 정보(이름, 학년, 전공, 평소 관심사, 학습 관심사)를 입력하면 저절로 나의 소개가 되는 것

Q 문제를 분해해보면?

A 제시된 개인정보를 입력하는 것, 자동으로 자기소개가 되는 함수 만들기, 함수를 사용한 자기소개 코드 만들기

Q 반복되는 패턴이 있다면?

A 5가지 개인정보 입력, 자기 소개 문구

Q 반드시 포함되어야 하는 것들의 관계를 그림으로 나타내면?

A 매개변수가 추가될 경우 자기 소개 문구가 추가될 것임

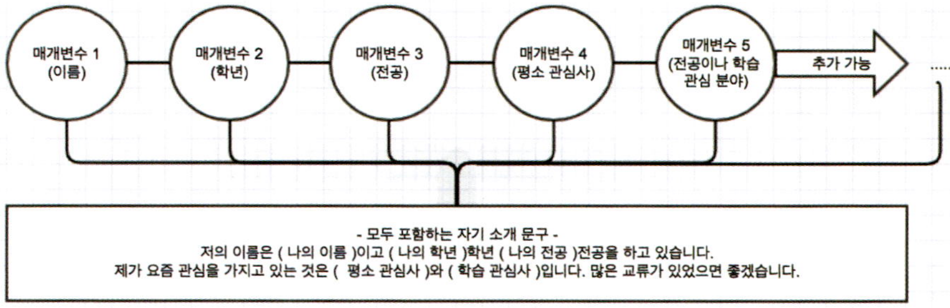

Q 일의 절차를 순서대로 나열해볼까?

A 의사코드로 작성해보면

함수 작성 :

```
introduction(이름, 학년, 전공, 평소관심사, 전공이나 학습관심분야)
```

출력: **저의 이름은 (** *이름* **)이고 (** *학년* **)학년 (** *전공* **)전공을 하고 있습니다. 제가 요즘 관심을 가지고 있는 것은 (** *평소 관심사* **)와 (** *전공이나 학습 관심분야* **)입니다. 많은 교류가 있었으면 좋겠습니다.**

* **진한글씨와** 기울임글씨는 자료형이 다르므로 코드 작성 시 주의가 필요함
* major의 경우, 학부인 경우는 학부로, 자율전공제인 학교의 경우에는 단과대학을 적으면 된다.

실제 자기소개 코드 :

```
introduction 함수 호출
introduction(차미리, 1, 글로벌융합대학, 고양이 기르기, 빅데이터 분석 또는 프로그래밍)
```

컴퓨팅 사고로 문제해결의 실마리를 찾았다면 스크래치로 코드를 작성해보자. [내 블록]을 클릭하고, [블록 만들기]를 통해 매개변수를 5가지 지정하자. 이를 위해 입력값 추가하기(숫자 또는 문자열)를 5번 클릭한다. [number or text]을 클릭하여 매개변수이름을 name, grade, major, interest, study로 작성하고 확인을 클릭한다.

확인을 누르자마자 오른쪽 코드영역에는 

이, 작업영역에는 

이 생겼을 것이다.

작업영역에 생긴 

아래에 반복되어 수행되는 코드인 자기소개 문구를 출력해보자.

자기 소개 문구를 작성할 때에는 

블록모음의 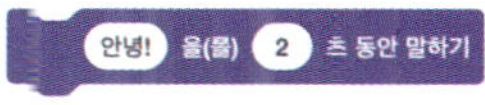

와 

블록모음의 

을 조합하면 된다. 이 때 자료형이 다른 경우 구분하여 넣어야 하는데 자기 소개 문구에서는 알고리즘에 나타난 진한글씨와 기울임글씨(매개변수)가 다른 자료형이므로 주의한다. 따라서, 함수를 만들어보면 그림 10.10과 같다.

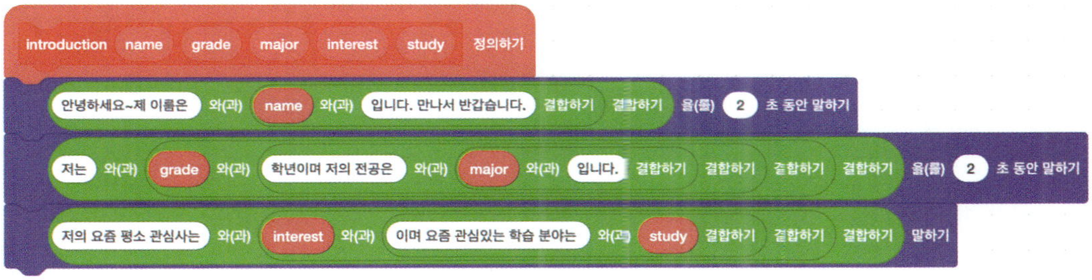

그림 10.10 작성된 introduction 함수

함수가 만들어졌으므로 수업 시간에 소그룹 활동을 했던 소그룹 학우들에게 공유하고 직접 우리 소개가 잘 되는지 확인해보기로 했다. 그래서 오른쪽 코드영역에는 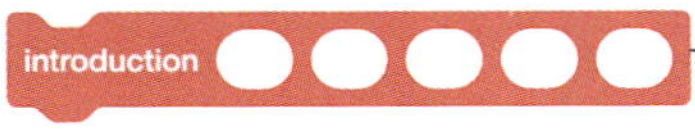

함수를 호출하여 그림 10.11과 같이 코드를 작성하였다.

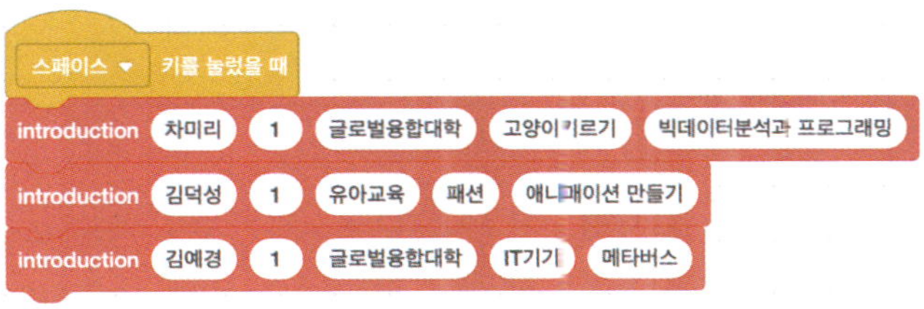

그림 10.11 자기소개 코드

그런데 실행을 해보니 2가지 문제를 발견하게 된다. 첫 번째는 학우들의 소개글이 기억할 새도 없이 빠르게 지나가는 문제였고 또 다른 하나는 그림 10.12와 같이 전공이나 학습 관

심 분야인 빅데이터분석과 프로그래밍, 애니매이션만들기, 메타버스 등이 미완성 문장인 것처럼 보이는 것이었다.

그림 10.12 문제로 발견된 미완성 문장

지금부터 발견된 2가지 문제를 해결하려면 어떻게 수정하면 될까? 디버깅하는데 도움이 되는 자신의 생각을 적어보고 이를 기반으로 디버깅해보자.

연습하기

쇼핑몰에서 한참 동안 시간을 보내고 주차요금이 걱정된 사람들에게 쇼핑한 금액을 입력하면 몇 시간 주차가 무료인지 알려주는 코드를 함수를 사용해서 작성해보자.

HINT!

매개변수는 쇼핑금액, 함수에는 쇼핑금액에 따라 선택 구조를 활용한 코드가 포해보자. 선택구조는 제어 블록모음에서 다중조건문이 되겠어요. 조건은 5만원 이하(2시간), 10만원 이하(3시간), 나머지(10만원 초과된 경우 무조건 무료주차)로 4가지로 설정해보자.

연습하기

봄, 여름, 가을, 겨울을 입력하면 계절에 따라 침구 색깔을 추천해주는 코드를 함수를 사용해서 작성해보자.

HINT!

매개변수는 계절을 직접 입력하도록 하고 1번 문제와 마찬가지로 (제어) 블록모음에서 다중조건문을 활용하자. 침구색깔은 원하는대로 정하면 된다.

연습하기

펜블록을 활용하여 n각형 그리기를 하는 코드를 함수를 사용해서 작성해보자.

HINT!

1. 오른쪽 하단에 을 클릭한 후 확장기능 고르기에서 펜( )을 클릭하면 그리기를 할 수 있는 다양한 코드가 추가된다.
2. 특히 [펜 내리기]를 해야만 그리기를 시작할 수 있다.
3. 스프라이트가 다각형을 그려야 하므로 스프라이트의 동작을 제어해야 한다. 따라서 (동작) 블록모음에서 변을 그릴 수 있도록 [10 만큼 움직이기] 와 회전해서 각도를 적용할 수 있도록 [방향으로 15 도 돌기]을 사용한다. 이 때 [10 만큼 움직이기] 은 100정도 움직여야 눈으로 잘 확인할 수 있다.
4. 각도는 4각형의 경우에는 내각이 90도, 5각형은 72도이므로 (연산) 블록모음에서 [/]을 사용하여 360도에서 n을 나누어 각을 설정한다. 4각형은 4번, 5각형은 5번 회전해야 하므로 (제어) 블록모음에서 횟수 반복([10 번 반복하기])을 사용하면 된다.

그림 10.13 n각형 함수를 사용하여 4각형을 그린 경우

연습하기

한식, 중식, 양식, 분식을 입력하면 학생식당의 메뉴 중 랜덤으로 3가지를 추천해주는 코드를 함수를 사용해서 작성해보자.

HINT!

1. [리스트 만들기]를 통해 한식 리스트, 중식 리스트, 양식 리스트, 분식리스트를 각각 만들고

의 하단의 + 버튼을 눌러 항목을 생성하여 메뉴를 추가하거나 [항목 을(를) 한식 ▾ 에 추가하기] 을 통해 메뉴를 추가한다. (하나의 리스트에 5개 정도씩 메뉴를 목록화하는 것을 추천함)

2. 한식, 중식, 양식, 분식을 선택한 대로 리스트에 있는 메뉴를 랜덤으로 추천해주도록 한다. 이 때, 리스트 항목의 메뉴를 랜덤으로 추천하는 것은 [연산] 블록모음의 [1 부터 10 사이의 난수] 을 사용한다.

3. 한식, 중식, 양식, 분식을 선택한 것에 따라 명령이 달라지므로 함수 내에 [제어] 블록모음의

을 사용하여 다중 조건문을 구현하게 될 것이다.

파이썬에서의 함수

파이썬에서 함수는 다음과 같은 형식으로 만들 수 있다.

```
def 함수 이름(함수 인자):
    함수 블록
```

함수 형식을 보면 제일 먼저 **def**라는 키워드로 함수를 정의(define)한다는 사실을 알린다. 그 다음 다른 함수와 다른 **함수 이름**을 명시한다. 그 다음 괄호 안에 표시된 **함수 인자**(function arguments)는 입력값을 의미하는데 여러 개의 입력값을 사용하려면 각 값들을 쉼표(,)로 구분한다. **함수 블록**은 지금까지 봤던 다른 들여쓰기 블록과 마찬가지로 들여쓰기

를 해서 코드를 입력해야 하는데 이곳에 함수가 해야 할 일들을 명시한다. 위 코드를 함수를 이용해서 보다 간단하게 바꾸면 다음과 같다.

```
# 함수 선언
def addition(a, b):
c = a + b
print('계산 결과: ', a,'+',b,'=',c)
# 함수 호출
addition(10, 20)              # <--- 실제로 여기에서부터 실행
addition(13, 240)
addition(560, 210)
addition(1.4, 105)
```

```
계산 결과: 10 + 20 = 30
계산 결과: 13 + 240 = 253
계산 결과: 560 + 210 = 770
계산 결과: 1.4 + 105 = 106.4
```

참고

예제로 제시한 덧셈 계산 코드의 길이는 네 줄 밖에 안 되지만 처리해야 할 일이 복잡한 경우 100 여 줄 이상 되는 경우도 흔하게 발생한다. 이러한 경우 100 줄이 넘는 코드들을 매번 복사하고 붙여넣기를 반복해야 하는 상황을 상상해 보면 함수를 사용하는 이유가 좀 더 쉽게 이해될 것이다. 그리고 코드들을 매번 반복해서 복사하는 작업을 하루에도 몇 번씩 직접 사람이 빨래를 하는 상황과 비슷하다고 보면 함수를 이용해서 언제든 필요할 때마다 작업을 수행하는 상황은 세탁기라는 세탁 전용 기계로 언제든지 필요할 때마다 빨래를 반복하는 상황과 비슷하다고 볼 수 있다.

위 코드에서 주의할 점은 보통 파이썬 코드는 가장 윗줄에서부터 한 줄씩 아래로 실행되지만 def로 정의되는 함수들은 def로 정의되었을 때 당장 실행되는 것이 아니라 함수 이름(여기에서는 addition)으로 **호출**되었을 때 비로소 실행된다는 점에 주의하자. 또한 함수가 입력값(인자)과 함께 호출되면 함수 블록 내의 내용이 실행되고 실행이 끝나면 다시 원래 호출했던 지점으로 돌아온다. 다음 코드를 통해 실행 순서를 확인해 보자.

```
def addition(a, b):
   c = a + b
   print('계산 결과: ', a,'+',b,'=',c)

print('계산 시작!')
```

```
addition(10, 20)

print('계산 끝!')
```

```
계산 시작!
계산 결과: 10 + 20 = 30
계산 끝!
```

위 코드의 실행 순서는 다음 그림에서 원 안의 숫자로 표시한 것과 같다.

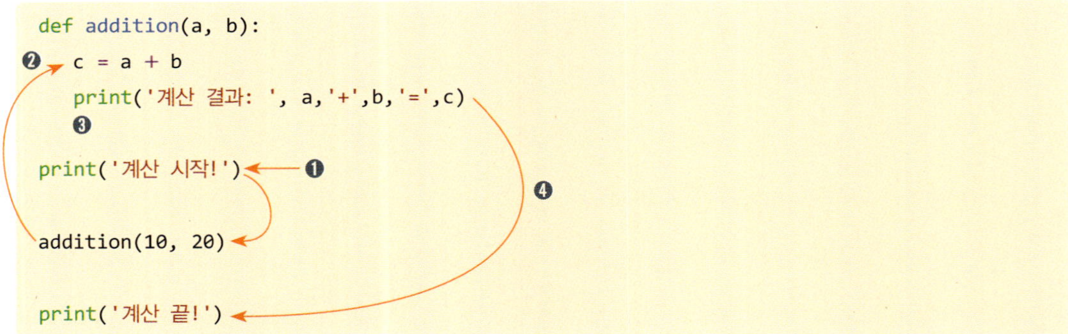

함수의 반환(return)

우리가 처음 만든 addition이라는 함수는 내부에서 해야 할 일들을 수행하고 수행이 끝나면 단순히 다시 호출된 지점으로 돌아오지만 프로그래밍 언어에서 함수들은 특정한 결과값을 **반환**할 수 있는 기능을 지원한다. 이 때 함수가 특정한 결과값을 반환하도록 하려면 함수 내에서 **return**이라는 키워드로 반환할 값을 명시한다. 다음 코드를 살펴보자.

```
def add_and_return(a, b):
    c = a + b
    return c

result = add_and_return(10, 20)

print('계산 결과 : ', result)
```

```
계산 결과 : 30
```

이 코드에서는 입력값으로 전달된 인자 a, b를 더한 값을 변수 c에 대입하는 것까지는 동일하지만 **return c**라고 하는 명령을 통해 변수 c가 가진 값을 원래 호출했던 지점으로 반환하고 있다. 이 코드에서는 인자 a, b 가 각각 10, 20이므로 계산값 30이 반환되는데 함수의 반환값 30은 결국 호출 지점으로 가서 변수 result에 대입된다. 따라서 마지막 줄에서 print문을 통해 result의 값이 30이 되었음을 확인할 수 있다.

참고

원 안의 숫자로 표시된 실행 순서를 통해 코드 실행 과정을 확실하게 이해하자.

```
def add_and_return(a, b):
❷ c = a + b                  ↑   ↑
   10  20  30             ❶ 10  20
❸ return c
        ↑30 ⤻ 30

result = add_and_return(10, 20) ❹

print('계산 결과 : ', result) ❺
```

1. 함수 호출과 함께 add_and_return 함수의 인자 a, b에 각각 10과 20이 복사됨
2. a와 b를 더한 결과 30이 c에 대입됨
3. return문을 만나서 반환할 값(c가 가진 값)을 가지고 원래 호출 지점으로 이동
4. 반환에 의해 add_and_return(10, 20)이 반환값 30으로 교체되는 효과 발생, 반환값 30은 변수 result에 대입
5. 계산 결과 출력

함수 내부에서 return을 만나면 원래 호출 지점으로 되돌아가기 때문에 함수 블록 내부에 다른 코드가 있다고 하더라도 실행되지 않는다는 점에 주의하자. 다음 코드를 입력하고 return c 이후의 코드들은 실행되지 않는다는 점을 관찰해 보자.

```
def multiply_and_return(a, b):
    c = a * b
    return c
    print('return을 만나면 원래 호출 지점으로')
    print('돌아가기 때문에')
    print('여기는 실행되지 않습니다.')

result = multiply_and_return(33, 26)
print('계산 결과 : ', result)
```

```
계산 결과 : 858
```

참고

파이썬은 함수 내부에 return이 생략된 경우에는 함수 블록의 가장 마지막에 return이 있다고 가정하고 작동한다. return 다음에 아무 것도 명시하지 않으면 값을 전달하지 않고(좀 더 정확하게는 None이라는 값을 반환하기는 한다) 단순하게 원래 호출 지점으로 되돌아가도록 지시하는 의미이다.

함수 내부에 return이 없거나 반환값 없이 return이 명시된 경우에는 None(없음)이라는 값이 반환된다. 다음 코드를 통해 확인해 보자.

```
def addition(a, b):
   c = a + b
   print('계산 결과: ', a,'+',b,'=',c)

result = addition(10, 20)
print('result에 대입된 값:', result)
```

```
계산 결과: 10 + 20 = 30
result에 대입된 값: None
```

함수의 입력값에 해당하는 인자가 반드시 있어야 하는 것은 아니다. 인자가 없는 함수를 정의하려면 함수 이름 다음에 그냥 빈 괄호 ( )를 명시한다.

```
def message_from_Cha_Mirisa():
   print('살되, 네 생명을 살아라.')
   print('생각하되, 네 생각으로 하여라.')
   print('알되, 네가 깨달아 알아라.')

message_from_Cha_Mirisa()
```

```
살되, 네 생명을 살아라.
생각하되, 네 생각으로 하여라.
알되, 네가 깨달아 알아라.
```

함수를 이용하면 다양한 길이를 가지는 리스트들끼리의 합을 쉽게 구할 수 있다.

```
def add_lists(list1, list2):
   if len(list1) != len(list2):            # 두 리스트의 길이가 다르면
      print('두 리스트의 길이가 다릅니다.')         # 다르다는 메시지를 표시하고
      return                               # 다시 호출 지점으로 복귀

   result = []                             # 리스트 길이가 같으면 결과 저장할 빈 리스트 준비
```

```
    for i in range(len(list1)):
        result.append(list1[i]+list2[i])       # for 루프로 두 리스트의 원소 덧셈
    return result                              # 계산한 result 리스트 반환

a = [7,4,2]
b = [10,-4,5]
c = [6,3,21,7,34,23,45,13,23]
d = [3,57,8,55,7,52,15,74,37]

e = add_lists(a,b)
f = add_lists(c,d)
print(e)
print(f)
g = add_lists(a,d)                             # 길이가 다른 두 리스트 a와 d의 덧셈 시도
```

```
[17, 0, 7]
[9, 60, 29, 62, 41, 75, 60, 87, 60]
두 리스트의 길이가 다릅니다.
```

참고

위 코드의 if문에서 두 리스트의 길이가 다르면 메시지를 출력하고 return으로 다시 원래 호출 지점으로 되돌아간다. 이 부분을 다음과 같이 if ~ else 형태로 바꾸어도 동일한 결과를 얻는다. 새로 수정된 함수 add_lists_2에서 들여쓰기가 어떻게 달라지는지 기존 함수 add_lists와 비교해 보자.

```
def add_lists_2(list1, list2):
    if len(list1) != len(list2):
        print('두 리스트의 길이가 다릅니다.')
    else:
        result = []

    for i in range(len(list1)):
        result.append(list1[i]+list2[i])

return result
```

함수와 변수 - 전역변수와 지역변수

함수를 사용할 때에는 변수의 범위에 주의해야 한다. 이 문제를 파악하기 위해서 다음 코드를 실행해 보고 결과를 확인해 보자.

```
def f1():
    a = 30      # a는 지역변수로 f1 함수의 블록 내에서만 의미# ------>Ⓒ
    print(a)    # ------------->Ⓓ

def f2():
    print(a)    # 이 a는 전역변수, 따라서 40을 출력 # ------------->Ⓕ

a = 40          # a는 들여쓰기 없이 지정되었기 때문에 전역변수 ------->Ⓐ
f1()            # ------------->Ⓑ
f2()            # ------------->Ⓔ
```

```
30
40
```

앞서 언급한 것처럼 def로 시작하는 f1 함수와 f2 함수의 정의는 바로 실행되는 것이 아니기 때문에 실제 코드의 실행 시작 지점은 a = 40 부터라는 점에 주의하자. 그 다음 줄에 등장하는 f1()과 f2()가 호출되면서 비로소 def로 정의된 f1과 f2가 각각 실행된다(위 코드에서 주석으로 표시한 알파벳 순서가 실제 실행 순서이다).

그런데 위 코드에서 등장하는 변수는 a 하나 밖에 없다. 실행 순서를 보면 Ⓐ a에 먼저 40을 대입하고 Ⓑ를 실행한다. 그 후 Ⓒ를 실행하면서 변수 a는 다시 30이 되어서 Ⓓ를 실행하면 결과 화면에 먼저 30이 출력된다. 그 후 f1 함수 실행이 종료되고 Ⓔ로 돌아와서 f2를 실행한다. 함수 f2는 Ⓕ를 실행하면서 다시 a를 출력하는데 Ⓒ를 실행하면서 변수 a에 저장된 마지막 값이 30이라서 Ⓕ 실행 시 30이 출력될 것 같은데 실제 화면에 출력된 두 번째 값은 30이 아니라 40이다. 어떻게 된 것일까?

사실 위의 코드에서 컴퓨터 입장에서는 Ⓐ와 Ⓕ에서 등장한 a는 동일한 변수이지만 Ⓒ와 Ⓓ에 등장한 a는 이름만 동일할 뿐 전혀 다른 변수이다.

파이썬에서의 변수들은 – 다른 프로그래밍 언어와 마찬가지로 - 자신이 영향을 미칠 수 있는 범위(scope)를 가지고 있다. 파이썬에서는 변수들이 처음으로 값을 할당 받아서 태어난 곳의 위치에 따라 이 범위가 결정된다.

먼저 Ⓐ를 보면 변수 a가 40을 할당을 받아서 처음으로 태어났다(좀더 전문적으로는 초기화되어 생성되었다고 한다). 그런데 들여쓰기를 하지 않고 제일 첫 줄부터 코드를 쓴 것에 주목하자. 이렇게 **들여쓰기를 하지 않고 변수를 초기화해서 생성**하면 이 변수들은 소스 코드 전체에 영향을 미치며 **전역변수(global variable)**라고 한다.

이에 비해서 Ⓒ를 보면 함수 f1 안에서 (이름은 같지만 사실 다른) 변수 a가 30을 할당을 받아서 초기화되어 생성된다. 이 변수 a는 함수의 블록 부분, 즉, 들여 기를 한 곳에서 처음 값을 할당 받았기 때문에 Ⓒ와 Ⓓ가 포함된 이 들여쓰기 블록을 나가면(즉, 함수 f1이 할 일을 끝내고 원래 호출된 곳으로 되돌아 가면) 소멸되는 변수이다. 이런 변수는 자신이 태어난 블록 안에서만 의미를 가지기 때문에 이런 변수들은 **지역변수(local variable)**라고 한다. 그런데 Ⓐ에서 탄생한 전역변수 a의 영향력이 Ⓒ와 Ⓓ가 포함된 이 블록도 포함된다. 그런데 같은 이름을 가진 지역변수가 생성되었기 때문에 이 때는 전역변수가 아닌 지역변수로 생각하는 것이다. 즉, 같은 이름을 가진 전역변수의 범위와 지역변수의 범위가 중복되면 해당 변수는 지역변수로 생각한다. 따라서 Ⓓ에서 print문으로 변수 a에 저장된 값을 출력해 보면 30이 출력된다.

이제 함수 f2 내부인 Ⓕ를 보자. 이곳에서 등장하는 변수 a는 새로 값을 할당하는 것이 아니라 단순하게 저장된 값을 읽어서 출력하는 것이기 때문에 Ⓐ에서 생성된 전역변수의 영향력이 미치는 곳이다. 따라서 Ⓕ에 있는 print로 a가 가진 값을 출력해 보면 전역변수에 저장된 40이 출력된다. 지금까지 설명한 내용을 다음 그림을 통해 확인해 보자.

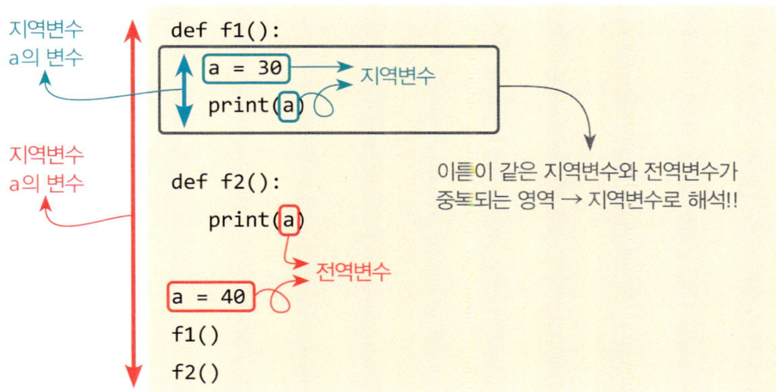

그런데 원래 개발자의 의도는 Ⓒ와 Ⓓ에서 a를 또다른 지역변수로 설정하는 것이 아니라 Ⓐ에서 지정한 전역변수 a의 값을 함수 내부에서 40에서 30으로 바꾸는 것이었을 수도 있다. 이런 경우에는 어떻게 해야 할까? 이러한 경우에는 함수 내부에서 global이라는 키워드를 사용해서 변수 a가 전역변수임을 알려야 한다. 다음과 같이 코드를 수정한 후 실행해 보자.

```
def f1():
    global a
    a = 30 # 이제 a는 전역변수이며 값은 40에서 30으로 변경
    print(a)

def f2():
    print(a) # 이 a는 전역변수, 따라서 f1에서 바꾼 값인 30을 출력

a = 40 # a는 들여쓰기 없이 지정되었기 때문에 전역변수
f1()
f2()
```

```
30
30
```

함수 f1 내부에 global a라고 명시함으로써 변수 a는 더 이상 이 함수 블록 내부에서 탄생해서 이 블록 내부에서 소멸되어야 하는 지역변수가 아니라 외부에서 생성된 전역변수임을 알린다. 따라서 f1은 전역변수 a가 가지고 있던 값 40을 30으로 변경하게 되고 f2가 파악한 a의 값도 f1이 바꾼 대로 30이 되는 것이다.

잠깐!

스크래치에서 전역변수와 지역변수는 어떻게 표현될까?

하나의 프로그램에서도 변수를 사용할 수 있는 변수의 유효범위가 다르다는 것을 앞에서 설명했다. 파이썬 뿐 만 아니라 스크래치에서도 변수의 유효범위에 따라 사용범위가 특정한 영역으로 한정되는 지역변수와 프로그램 어느 곳에서나 사용할 수 있는 전역변수를 구분하여 생성할 수 있다.

사실 변수 블록모음에서 변수 만들기 를 할 때, 전역변수와 지역변수를 선택하는 옵션이 있었다. 기본 옵션이 전역변수로 만들어지는 것이기 때문에 신경쓰지 않았다면 전역변수가 만들어졌을 것이다. 지금까지 스크래치로 만든 변수들은 전역변수였던 셈이다. (가)는 모든 스프라이트에서 사용한 전역변수이며, (나)는 이 스프라이트에서만 사용하는 지역변수이다. (나)를 선택하는 경우에는 생성할 때 체크되어 있는 스프라이트에서만 사용이 가능한 것으로서 다른 스프라이트를 생성하면 이 변수는 사용할 수 없다.

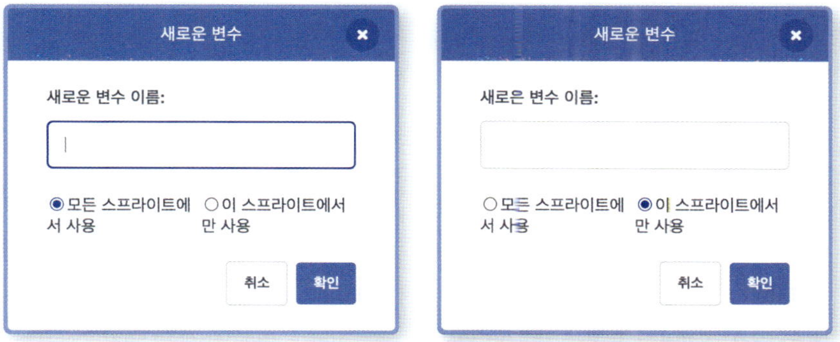

(가) 전역변수 생성　　　(나) 지역변수 생성

그림 10.14 스크래치에서의 전역변수와 지역변수

요약

01 파이썬은 대규모 데이터를 쉽게 처리하기 위해서 컨테이너를 제공하는데 컨테이너에는 리스트, 튜플, 딕셔너리가 있다.

02 리스트(list)는 대괄호 [ ]를 이용해서 데이터를 한 그룹으로 묶고 각 데이터 요소에는 색인을 이용해서 접근한다.

03 리스트끼리의 덧셈만 가능하지만 각 원소끼리 더하는 것이 아니라 두 개의 리스트의 원소를 하나로 통합하는 개념이다.

04 튜플(tuple)은 소괄호 ( )를 이용해서 데이터를 한 그룹으로 묶는다. 튜플은 리스트와 비슷하지만 원소값을 읽을 수는 있으나 수정할 수 없는 '읽기 전용'이다.

05 딕셔너리(dictionary)는 중괄호 { }를 이용해서 데이터를 한 그룹으로 묶고 데이터 원소 하나는 key:value 쌍으로 구성된다.

06 딕셔너리는 마치 사전을 찾듯이 key를 이용해서 value를 읽거나 쓸 수 있다.

07 파이썬을 포함한 프로그래밍 언어는 소스 코드의 재활용 및 효과적인 코드 작성을 위해 함수(function)를 지원한다.

08 파이썬에서 함수를 정의하는 키워드는 def이다.

09 함수에 특정한 입력값들을 전달할 수 있는데 보통 **인자(argument)**라고 부른다.

10 함수에서 특정한 결과를 반환하려면 **return**이라는 키워드를 사용한다.

11 함수 외부에서 사용하는 변수를 함수 내부에서도 사용하려면 함수 내부에서 해당 변수를 global이라는 키워드로 다시 명시해서 **전역변수**로 사용할 것임을 명시해야 한다.

03

융합프로젝트

CHAPTER

11

스크래치와 융합프로젝트

학습목차

학습목표

- 실생활의 문제를 해결하기 위해 컴퓨팅 사고를 적용할 수 있다.
- 실생활의 문제를 해결하기 위한 방법으로 스크래치를 활용한 자동화를 구현할 수 있다.

11장의 프로젝트들은 덕성여자대학교 컴퓨팅 사고 융합프로젝트 결과 중 우수 작품을 수정-보완한 것이다.

Introduction to **Computational Thinking**

01 카페야~ 빈자리를 알려줘~!

카페에서 공부를 하는 카공족! 카페에서 업무를 보는 코피스족! 모두 카페가 공간을 파는 곳이라는 것을 실감나게 하는 용어이다. 사실 카페에서 업무나 공부를 하는 것은 갑작스러운 일은 아니다. 괴테와 니체는 카페에 모여서 토론을 하고 철학적인 영감을 얻었으며 피카소와 코코샤넬은 카페에서 작품을 구상하거나 관련 일을 보기도 했다. 이와 같이 카페는 오래 전부터 차 한잔의 여유를 즐기는 곳 이상의 의미있는 공간으로 여겨지고 있다.

코로나 19가 확산되면서 재택근무와 비대면 수업이 일상이 되고 있는 요즘 카공족과 코피스족은 더욱 증가하고 있다. 카페는 더 많아지고 기존의 카페들은 복층화, 대형화되고 있다. 따라서 카페에 갔다가 자리가 없어서 다른 카페로 옮겨가는 일도 많이 일어나고 있다.

따라서, 대형 카페를 방문했을 때 주문을 한 후에 어느 곳에 자리가 있는지 한 눈에 들어오지 않을 때가 많다. 카페의 빈자리를 알려주는 앱이 있다면 어떨까? 스크래치로 구현해볼까?

그림 11.1 공부나 업무를 보는 사람들로 혼잡한 카페

1 문제를 정의해보면

현재 상태와 목표 상태를 정리해보고 해결할 문제를 정의해보자.

목표 상태

카페 안의 빈자리 여부와 개수를 알려준다.

현재 상태

카페 안의 빈자리 여부나 개수를 알 수 없어 매장을 방문했을 때 빈자리가 없거나 매장의 면적이 넓은 경우 빈자리를 찾기 위해 많이 돌아다녀야 하는 불편함이 존재한다.

2 문제 분해

해결하고자 하는 문제를 분해해보거나 문제해결의 결정적인 역할을 하는 구성요소와 절차를 적어보자.

분해된 문제	세부 내용
사용중인 좌석을 표시하는 문제	카페 매장 내 사용중인 좌석의 위치와 개수를 표시한다.
빈좌석을 표시하는 문제	카페 매장 내 사용하지 않는 빈좌석의 위치와 개수를 표시한다.
사용중인 좌석과빈 좌석의 개수를 표시하는 문제	좌석 현황을 실시 간으로 확인할 수 있게 한다.
잔여 좌석을 계산하는 문제	이용 중이면 사용 중 좌석 +1, 빈 좌석 – 1 자리를 뜨면 사용 좌석 –1, 빈 좌석 + 1

3 패턴인식

반복되는 패턴, 규칙을 찾기

1	잔여 좌석의 수와 위치
2	빈 좌석의 수와 위치

4 추상화

꼭 필요한 것들을 추출하고 이들 간의 관계를 도식화 한다.

1. 문제를 해결하는데 꼭 필요한 것들(일종의 주요 변수라고 할 수 있다): 잔여 좌석의 수와 위치, 빈 좌석의 수와 위치
2. 주요 변수들 간의 관계를 그림으로 나타내거나 수식으로 표현해보기

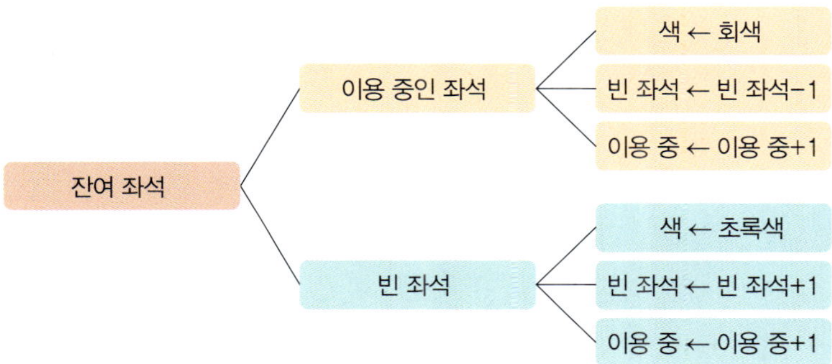

5 알고리즘

문제를 해결하기 위한 일의 단계나 절차를 순서도나 의사코드로 적어보기

프로토타입을 만드는 것이므로 총 좌석 수는 6개로 설정하고 처음부터 사용중인 좌석은 3개, 빈 좌석은 3개로 설정한다. 원래대로 새로운 제품을 기획한다면 모두 0으로 설정하고 시작해야 할 것이다.

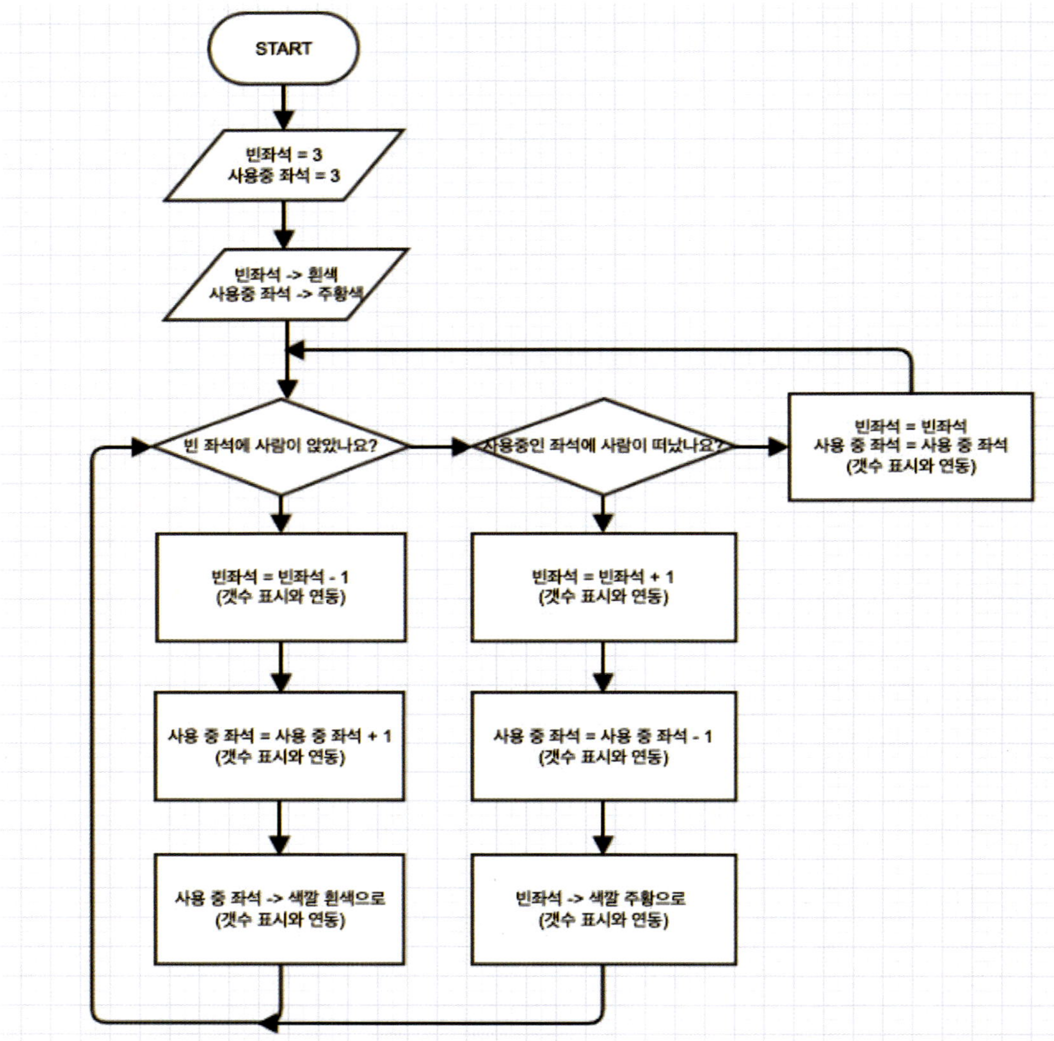

6 자동화

알고리즘에 따라 스크래치로 코드 작성하기

- 융합프로젝트의 코드 결과가 매우 복잡하고 여러 코드의 집합이므로 일부 코드만을 제시합니다.
- 전체 코드는 URL과 QR코드를 참고하기 바랍니다.

좌석 초기화, 빈좌석, 사용중 좌석 관련 코드

주문 완료 후 금액을 알려주는 문제

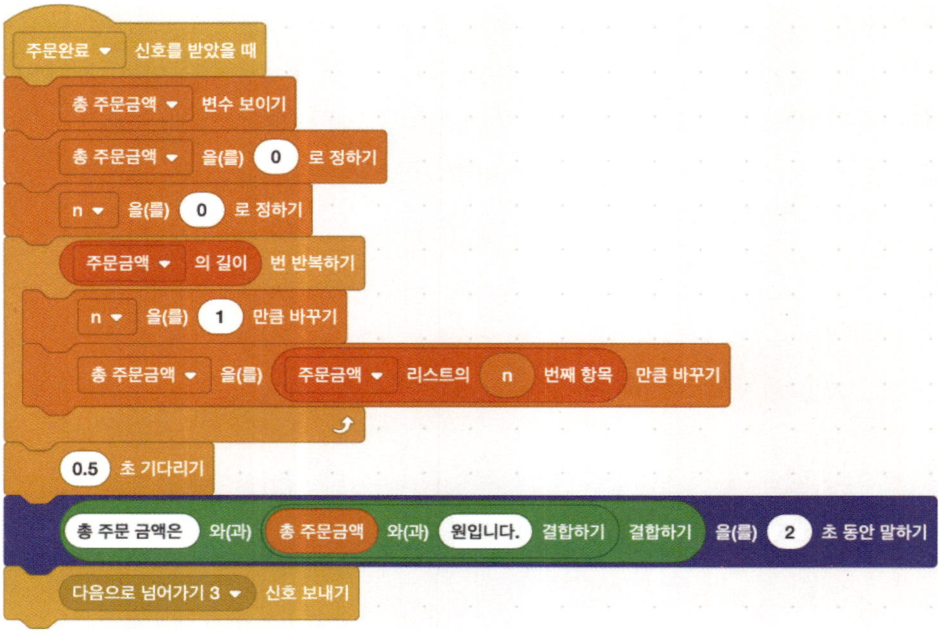

전체 코드

https://scratch.mit.edu/projects/652802630

02 우산택시 캠페인! 앱을 만나다.

어느 대학의 이야기이다. 비가 오는 날이면 우산을 가지고 오지 않은 친구들을 위해 우산을 씌워주는 우산택시 캠페인을 하고 있다. 에브리타임에서 "오늘 제가 우산 택시가 되어드릴게요."라고 하면 댓글에 희망자가 글을 남기게 되고 우산택시는 희망자에게 가게 된다. 그러나 너무나도 좋은 취지에도 불구하고 에브리타임의 게시판을 통한 우산택시의 운영은 실시간으로 볼 수도 없기 때문에 효율적이지 않다. 우산택시를 실시간으로 볼 수 있는 편리한 앱이 만들어진다면 모두에게 좋을 것이다.

그림 11.2 우산없는 사람에게 우산을 씌워주는 어느 대학의 캠페인

1 문제를 정의해보면

현재 상태와 목표 상태를 정리해보고 해결할 문제를 정의해보자.

목표 상태

'우산택시'의 운영 학생과 이용 학생의 위치를 지도상에 표현하여 더 직관적으로 한 번에 파악할 수 있는 프로그램을 만들기

현재 상태

'우산택시'를 이용하기 위해서 에브리타임의 게시글을 검색하여 찾아서 댓글을 달아야 하고 서로 연락하기도 불편하다.(정확한 위치와 인상착의를 알려주기 위해서는 운영 학생과 이용 학생의 연락이 필요하다.) 또한, '우산택시'를 사용하고자 하는 학생들이 단 댓글들에 '우산택시' 운영 학생들이 답 댓글을 달아서 연결되는 방식은 효율적이지 않고 느리다.

2 문제 분해

해결하고자 하는 문제를 분해해보거나 문제해결의 결정적인 역할을 하는 구성요소와 절차를 적어보자.

분해된 문제	세부 내용
사용 신청을 하는 문제	• '우산택시 이용하기' 버튼을 클릭하면 • 자신의 현재 위치를 선택하거나 입력하기(자신의 현재 위치가 GPS를 통해 자동 선택 되거나 직접 학교 내 건물 중 자신이 있는 건물 또는 가까운 건물을 선택해서 입력할 수 있음.) • 자신의 목적지를 입력하는 페이지가 나온다. (목적지는 학교 건물(또는 정문, 후문과 같은 주요 지점) 선택지 중 자신이 가고 싶은 건물을 선택하면 입력할 수 있음) • 이 과정을 마치면 <우산택시 지도>의 내 위치에 우산이 필요하다는 표시(비를 맞고 있는 사람 아이콘)가 나타남.
신청자와 운영자를 매칭하는 문제	• '우산택시 씌워주기' 버튼을 클릭하면 <덕성여대 우산택시 지도>가 뜬다. • <우산택시 지도>에는 우산택시 이용자들의 위치가 아이콘으로 표시된다. 그 중 한 아이콘을 누르면 그 이용자가 원하는 목적지가 어디인지와 '씌워주기' 버튼이 뜬다. '씌워주기' 버튼을 누르면 그 이용자에게 우산택시 운영자와 매칭됐다는 알림이 간다. 매칭이 되고 나면 화면에 "택시가 가는 중..."이라는 문구가 뜨고 문구 아래엔 '우산택시 완료' 버튼이 뜬다.
지도에 신청자가 표시되는 문제	• <우산택시 지도>에는 우산택시 이용자들의 위치가 아이콘으로 표시된다. 우산택시가 매칭되면 우산택시 이용자의 아이콘이 지도에서 사라진다.
미션 완료를 표시해주는 문제	• 우산택시 운영자는 이용자를 데리러 가서 목적지까지 우산을 씌워주는 것을 끝마쳤다면 '우산택시 완료'라는 버튼을 누른다. • 우산택시 이용자도 운영자와 함께 목적지에 도착하면 '우산택시 완료' 버튼을 누른다. '우산택시 성공 버튼'을 누르면 어플리케이션 홈 화면으로 돌아간다.

3 패턴인식

반복되는 패턴, 규칙을 찾기

1	우산택시 신청하기 – 이용자 위치와 목적지 표시
2	우산택시 운영하기
3	우산택시 이용자와 운영자 매칭하기
4	우산택시 지도
4	우산택시 종료하기

4 추상화

꼭 필요한 것들을 추출하고 이들 간의 관계를 도식화 한다.

1. 문제를 해결하는데 꼭 필요한 것들(일종의 주요 변수라고 할 수 있다): 우산택시 이용자(우산택시 신청(이용자 위치, 이용자 목적지)), 우산택시 운영자(우산택시 이용자와의 매칭), 우산택시 지도, 우산택시 종료
2. 주요 변수들 간의 관계를 그림으로 나타내거나 수식으로 표현해보기

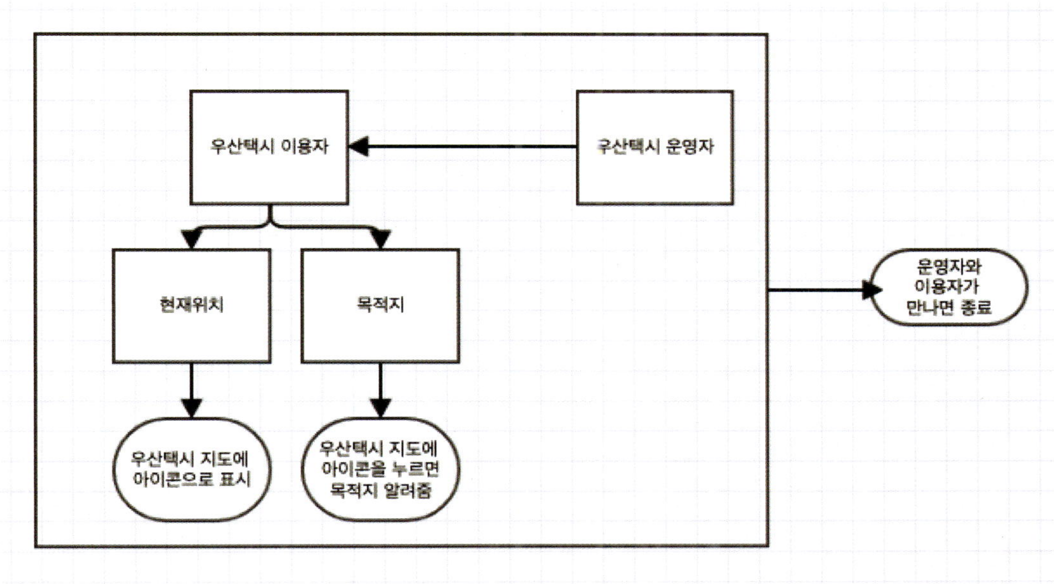

앱을 개발하는 경우에는 와이어프레임으로 표현할 수도 있다.

우산택시 이용자	우산택시 운영자
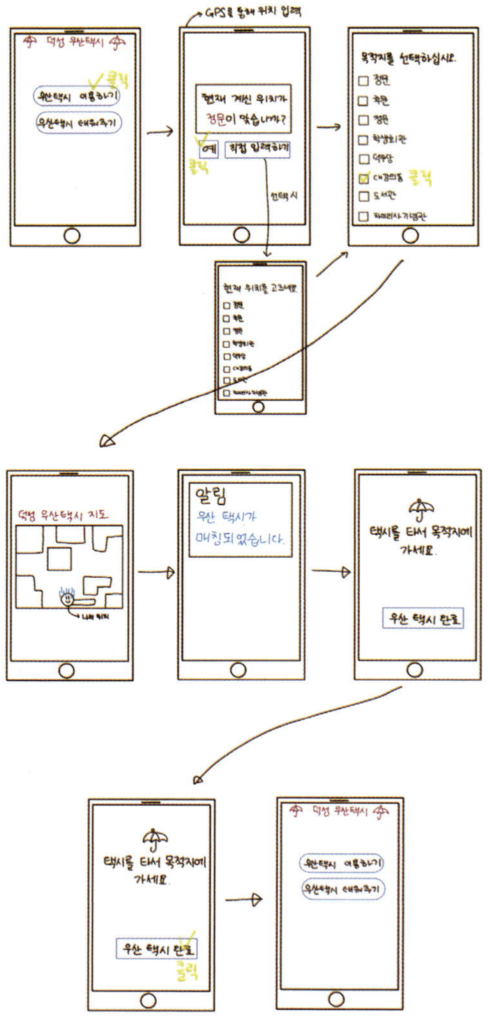	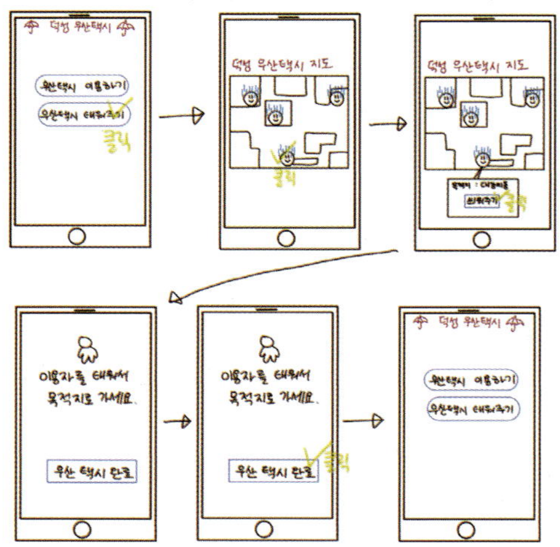

5 알고리즘

문제를 해결하기 위한 일의 단계나 절차를 순서도나 의사코드로 적어보기

프로토타입을 만드는 것이므로 총 좌석 수는 6개로 설정하고 처음부터 사용중인 좌석은 3개, 빈 좌석은 3개로 설정한다. 원래대로 새로운 제품을 기획한다면 모두 0으로 설정하고 시작해야 할 것이다.

```
❶ (우산택시 이용하기)와 (우산택시 태워주기) 버튼 선택 가능
❷ (우산택시 이용하기)클릭 -> GPS를 통해 사용자의 위치를 입력 후 맞는지 확인해서 맞다면
❸     yes, 정문, 후문, 학생회관, 대강의동 등의 선택지 중 목적지를 선택
❹     no, 정문, 후문, 학생회관, 대강의동 등의 선택지 중 현재 위치를 선택
❺         3번으로 가기
❻         (덕성 우산택시 지도)의 나의 현재 위치에 아이콘 표시
❼         운영자와 매칭되었는가?
❽             yes, 택시를 타서 목적지에 도착
❾             no, 5분 기다리기
                  7번으로 돌아가기
❿                 (우산택시 완료) 버튼 클릭
⓫                 처음의 홈 화면으로 돌아감
⓬ (우산택시 태워주기)클릭
⓭ (우산택시 지도)에 이용자들의 아이콘이 뜸
⓮ 아이콘 중 하나를 클릭
⓯ 목적지 어딘지와 (씌워주기) 버튼 나타남
⓰ (씌워주기) 버튼을 누를것인가?
⓱     yes, 이용자와 매칭됨
⓲     no, 14번으로 돌아가기
⓳         (우산택시 완료) 버튼 클릭
⓴         처음의 홈 화면으로 돌아감
```

6 자동화

알고리즘에 따라 스크래치로 코드 작성하기

- 융합프로젝트의 코드 결과가 매우 복잡하고 여러 코드의 집합이므로 일부 코드만을 제시합니다.
- 전체 코드는 URL과 QR코드를 참고하기 바랍니다.

우산택시 신청하기 코드

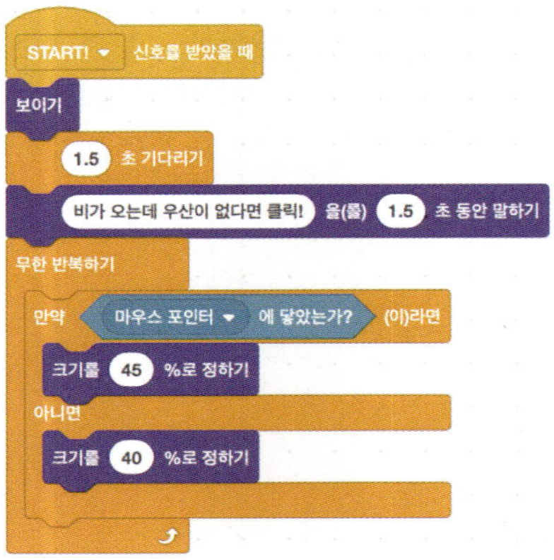

운영자와 이용자가 매칭된는 코드

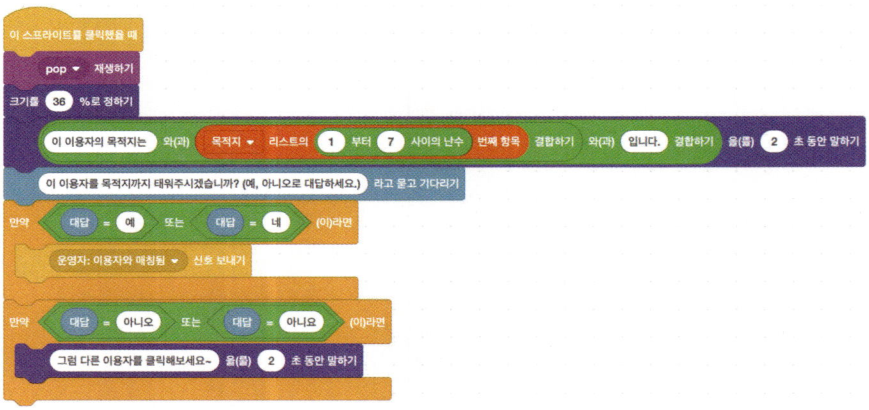

전체 코드

https://scratch.mit.edu/projects/633371237

03 냉장고야! 유통기한을 부탁해~

냉장고 파먹기! 한번쯤은 들어봤을 것이다. 일명 냉파! 새로 장을 보기보다는 냉장고 속에서 잠자고 있는 재료들을 활용해서 식단을 짜는 것을 이야기한다. 생활비도 아끼고 유통기한이 다가오는 재료들도 정리하고 기발한 요리까지 3박자를 갖춘 냉장고 파먹기! 이를 소재로 한 TV 프로그램이나 레시피들이 많이 나오고 있다. 이에 착안하여...

장을 보고나면 종종 냉장고 속에 무슨 음식이 있는지 잊어버리는 경우가 많다. 그래서 유통기한을 넘겨 먹지도 못하고 버리게 되는 경우가 많다. 이에 음식의 유통기한 마감 임박을 알려주고 유통기한이 얼마 남지 않은 음식의 레시피를 추천하는 앱이 있었으면 하는 생각을 해보았다. 그렇다면 냉장고 속 재료들의 유통기한도 알려주면서 해당재료로 요리가 가능한 레시피도 알려주는 아주 실용적인 프로그램을 만들어보자.

그림 11.3 동화로 나타난 냉장고 속 재료들

1 문제를 정의해보면

현재 상태와 목표 상태를 정리해보고 해결할 문제를 정의해보자.

목표 상태

냉장고 속 재료들의 유통기한을 알려주어 유통기한이 지나 버리는 음식을 줄여주고 신선할 때 먹을 수 있게 해주며, 해당 재료들로 조리 가능한 메뉴와 레시피를 추천해준다.

현재 상태

냉장고에 무슨 재료가 있는지 잊어버려 음식물이나 재료를 버리게 되고, 유통기한이 임박한 재료로 무슨 음식을 해먹을까 고민이 된다. 실제로 그렇게 버려지는 음식이 많기 때문에 유통기한이 아니라 소비기한으로 책정해야 한다는 시민단체의 권고가 화제가 되기도 했다.

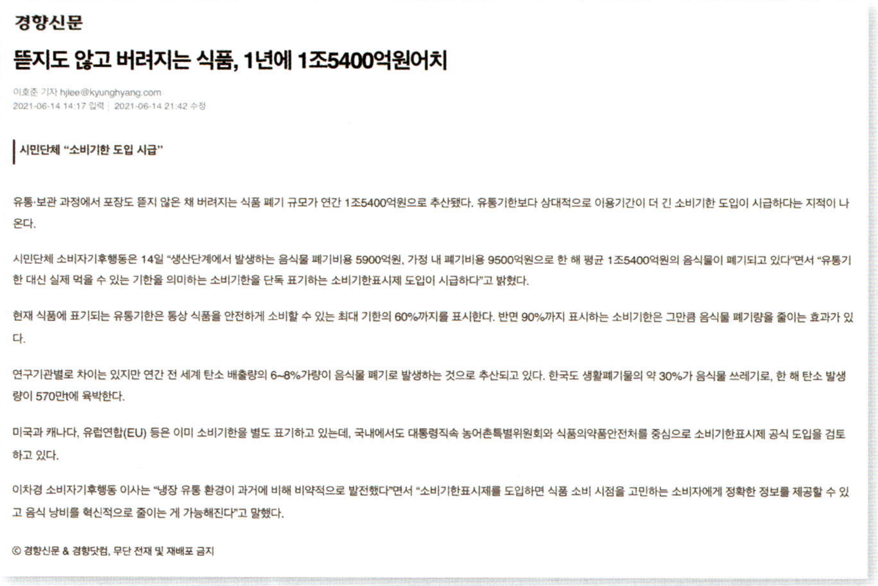

경향신문

뜯지도 않고 버려지는 식품, 1년에 1조5400억원어치

이호준 기자 hjlee@kyunghyang.com
2021-06-14 14:17 입력 | 2021-06-14 21:42 수정

시민단체 "소비기한 도입 시급"

유통·보관 과정에서 포장도 뜯지 않은 채 버려지는 식품 폐기 규모가 연간 1조5400억원으로 추산됐다. 유통기한보다 상대적으로 이용기간이 더 긴 소비기한 도입이 시급하다는 지적이 나온다.

시민단체 소비자기후행동은 14일 "생산단계에서 발생하는 음식물 폐기비용 5900억원, 가정 내 폐기비용 9500억원으로 한 해 평균 1조5400억원의 음식물이 폐기되고 있다"면서 "유통기한 대신 실제 먹을 수 있는 기한을 의미하는 소비기한을 단독 표기하는 소비기한표시제 도입이 시급하다"고 밝혔다.

현재 식품에 표기되는 유통기한은 통상 식품을 안전하게 소비할 수 있는 최대 기한의 60%까지를 표시한다. 반면 90%까지 표시하는 소비기한은 그만큼 음식물 폐기량을 줄이는 효과가 있다.

연구기관별로 차이는 있지만 연간 전 세계 탄소 배출량의 6~8%가량이 음식물 폐기로 발생하는 것으로 추산되고 있다. 한국도 생활폐기물의 약 30%가 음식물 쓰레기로, 한 해 탄소 발생량이 570만t에 육박한다.

미국과 캐나다, 유럽연합(EU) 등은 이미 소비기한을 별도 표기하고 있는데, 국내에서도 대통령직속 농어촌특별위원회와 식품의약품안전처를 중심으로 소비기한표시제 공식 도입을 검토하고 있다.

이차경 소비자기후행동 이사는 "냉장 유통 환경이 과거에 비해 비약적으로 발전했다"면서 "소비기한표시제를 도입하면 식품 소비 시점을 고민하는 소비자에게 정확한 정보를 제공할 수 있고 음식 낭비를 혁신적으로 줄이는 게 가능해진다"고 말했다.

그림 11.4 포장도 뜯지 않고 그대로 버려지는 재료들에 대한 우려

2 문제 분해

해결하고자 하는 문제를 분해해보거나 문제해결의 결정적인 역할을 하는 구성요소와 절차를 적어보자.

분해된 문제	세부 내용
화면 구성을 효율적으로 구성하는 문제	사용자의 재료 현황과 유통기한을 보여주는 화면과 추천 레시피의 화면을 구성한다.(식품의 종류별 카테고리 구성, 유통기한 임박순 화면 구성, 추천 레시피 화면 구성, 정리가 필요한 음식 목록 화면 구성)
음식물의 보유 현황을 유통기한별로 보여주는 문제	식품별 카테고리 화면에서 사용자의 카테고리(ex. 육류, 채스류)를 클릭하면 보유 현황을 제공하고, 유통기한 임박순으로 정렬하면 그 순서대로 음식을 정렬하여 보여준다.
재료별로 레시피를 추천해주는 문제	냉장고 속 재료를 바탕으로 레시피를 추천해준다. 추가되는 재료들에 대한 요리 레시피를 인식한다.
변경되는 재료에 대해 시스템에 반영하는 문제	추가되는 음식, 재료, 유통기한까지의 날자 변화를 인식하고 레시피도 반영할 수 있어야 한다. 또한, 제료 리스트 옆에 섭취 완료 또는 정리 완료에 체크하여 음식현황에서 제외한다. (섭취 완료 목록으로 이동)
유통기한을 알려주는 문제	음식의 유통기한, 신선기한을 입력시 음식들의 섭취가능 기간을 계산하고 음식의 유통기한 3일 전부터 알림을 제공하며 해당 음식들로 조리 가능한 요리 레시피를 추천 제공한다.

3 패턴인식

반복되는 패턴, 규칙을 찾기

1	재료(추가/ 삭제)
2	유통기한(등록, 유통기한 3일 임박하는 경우 알림, 재료 정렬 시 유통기한대로)
3	레시피
4	섭취 완료(재료를 요리로 만들어 먹은 경우)/정리 완료(유통기한을 넘겨 버려야 하는 경우)

4 추상화

꼭 필요한 것들을 추출하고 이들 간의 관계를 도식화 한다.

1. 문제를 해결하는데 꼭 필요한 것들(일종의 주요 변수라고 할 수 있다): 재료 목록(정리가 필요한 목록까지 포함), 유통기한(등록 및 남은날짜 계산시 사용), 재료에 따른 추천 레시피, 알림
2. 주요 변수들 간의 관계를 그림으로 나타내거나 수식으로 표현해보기

음식A,B,D,E는 기간 내 섭취로 간주

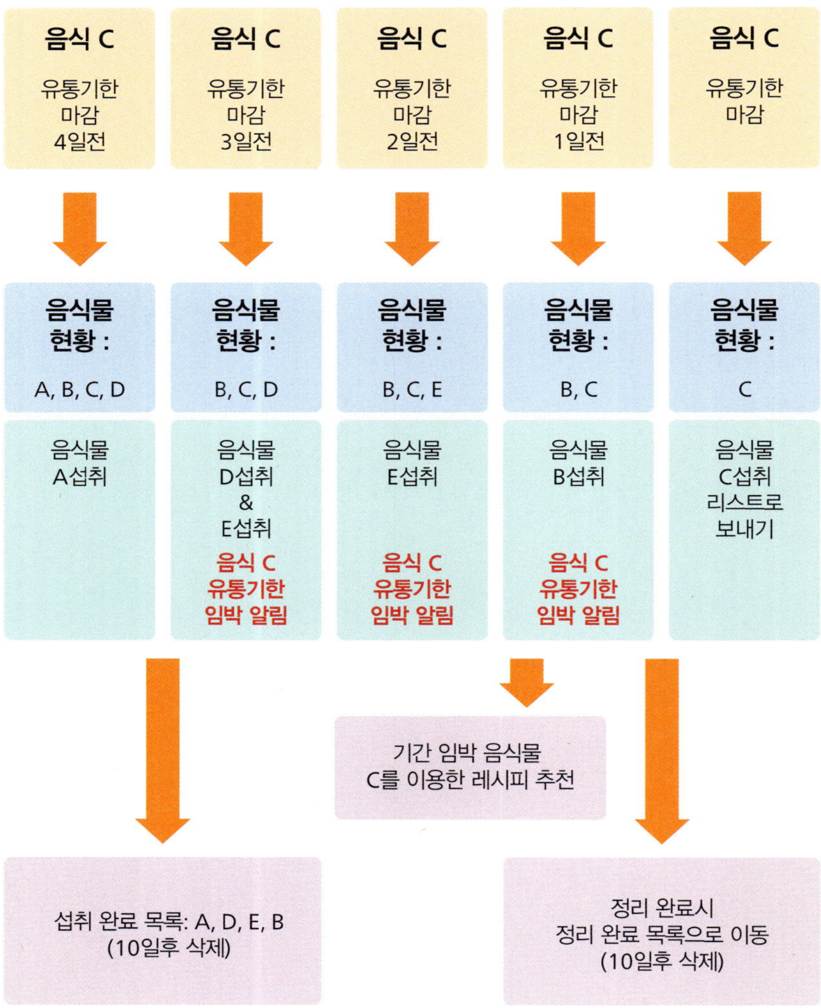

5 알고리즘

문제를 해결하기 위한 일의 단계나 절차를 순서도나 의사코드로 적어보기

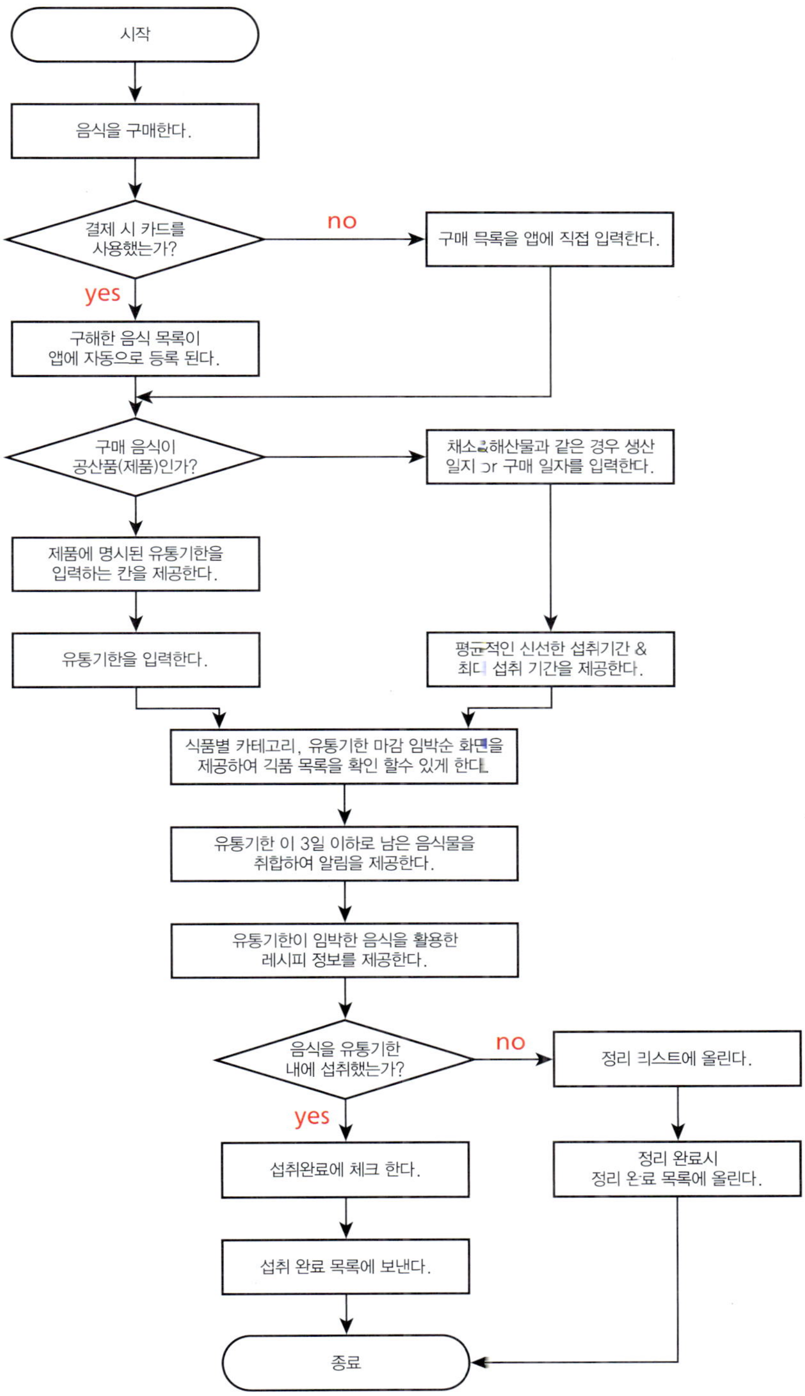

6 자동화

알고리즘에 따라 스크래치로 코드 작성하기

- 융합프로젝트의 코드 결과가 매우 복잡하고 여러 코드의 집합이므로 일부 코드만을 제시합니다.
- 전체 코드는 URL과 QR코드를 참고하기 바랍니다.

리스트를 통해 재료들의 유통기한을 관리하는 코드

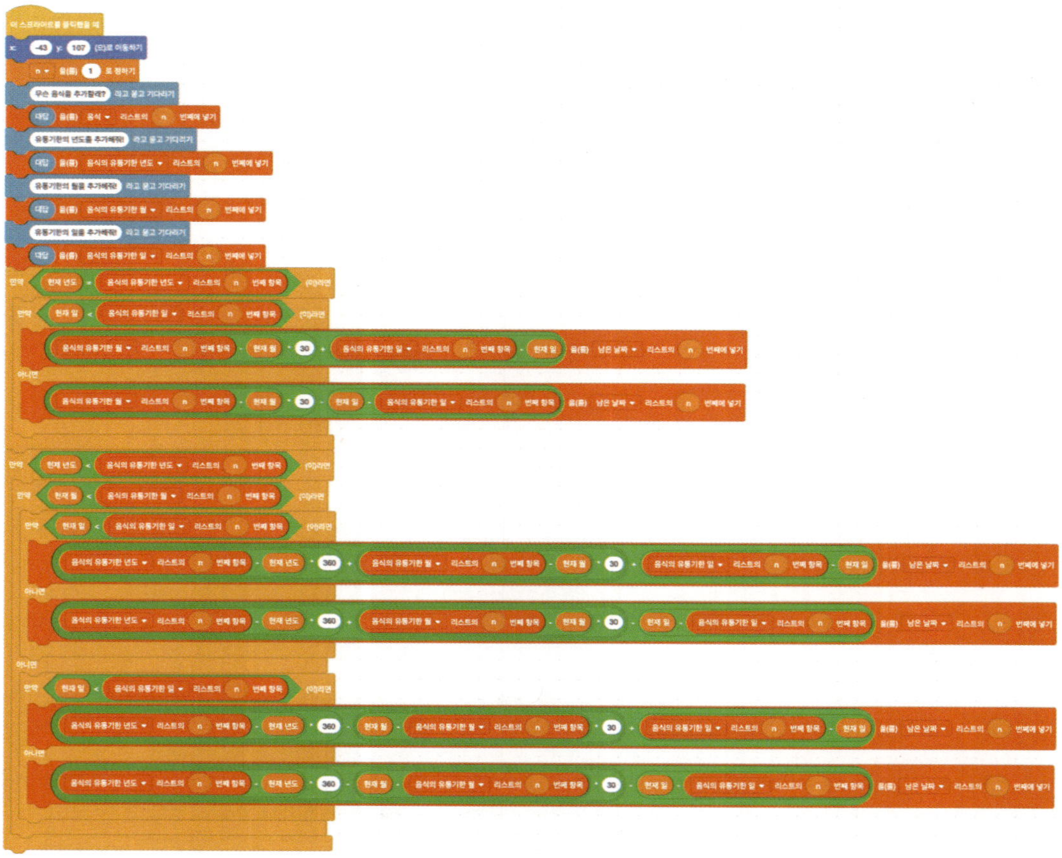

전체 코드

https://scratch.mit.edu/projects/633412687

04 드라이브 스루 혼잡도를 알려주는 신호등 앱

Introduction to **Computational Thinking**

코로나 19로 인해 비대면 방식이 생활화되면서 카페나 패스트푸드의 드라이브 스루 사용률이 늘어나고 있다. 차에서 바로 음료를 받는다는 편리성과 사람이 많은 카페를 들어가지 않아도 된다는 안전성 때문에 인기를 끌면서 새로운 교통 혼잡의 주범이 되고 있다. 따라서 전문가들은 위드/포스트 코로나 시대에 따라 계속 늘어날 드라이브 스루 매장에 대해 매장 설계부터 교통 대책에 이르기까지 제도를 개선해야 한다고 입을 모으고 있다.

심지어 차가 인도를 가로막는 경우도 많아 보행자의 사고 위험도 늘어나고 있다. 또한 거동이 불편하신 어르신을 태운 차량은 편리성 때문에 드라이브 스루 매장을 이용하는 것이 아닌데도 교통 혼잡으로 인해 사용을 못하는 경우도 생겨나고 있다.

한적할 때 드라이브 스루 매장을 찾고 싶은 생각을 하게 되는 우리~ 혼잡도를 피해 방문할 수 있도록 드라이브 스루의 혼잡도를 확인할 수 있는 시스템을 만들어보자.

그림 11.5 드라이브스루 프랜차이즈 커피 전문점에는 커피를 구입하기 위한 차량들로 2차선이 막힌 탓에 도로를 뒤따르던 차량들이 수분 째 주행을 할 수 없는 상황이 발생했다.

1 문제를 정의해보면

현재 상태와 목표 상태를 정리해보고 해결할 문제를 정의해보자.

목표 상태

매장별 드라이브 스루 혼잡도를 색깔로 나타내기

현재 상태

드라이브 스루 현황을 확인할 수 없어 드라이브 스루를 이용하러 가서 하염없이 차 안에서 기다릴 때도 많을 뿐 아니라 주변 도로에 발생되는 교통 혼잡이 사회적인 문제가 되고 있다. 또한 길게 늘어선 차량들로 인해 인도를 거쳐 지나가기 때문에 보행자의 안전도 매우 위협받고 있다.

드라이브스루 매장, 교통혼잡 개선 추진 '주목'

좌동철 기자 | 승인 2020.12.29

교통유발부담금 및 교통영향평가 제외…제주시, 조례 제정 등 추진

교통 혼잡을 야기하고 있는 드라이브스루(Drive-through) 매장에 대한 교통난 해소 대책이 추진되면서 귀추가 주목되고 있다.

제주지역은 2013년 드라이브스루 매장이 처음 문을 열었고, 현재 19곳이 운영 중이다. 코로나19로 비대면이 정착되면서 이들 매장에는 차량 방문이 줄을 잇고 있다.

29일 제주시에 따르면 관내 14곳의 매장 중 건축 연면적이 1000㎡가 넘어서 교통유발부담금을 내는 업소는 1곳뿐이다. 이 매장은 호텔도 함께 운영하면서 부과대상에 됐다.

주변 도로에 심각한 교통 정체를 불러오고 있지만, 연면적은 7500㎡ 미만이어서 교통영향평가에서도 제외됐다.

이에 제주시는 매장 내 진·출입로가 도로에 연결만 되면 드라이브스루 매장을 허가해 주고 있다. 즉, 소매점(근린생활시설)으로 건축허가를 내주다보니 주변 교통환경은 반영되지 않았다.

일부 매장은 주말마다 대기 차량이 도로에 긴 줄을 서면서 1개 차로를 점령하고 있다. 더구나 매장에서 나오는 차량 때문에 급하게 차선을 바꾸거나 좌회전을 못하는 사례도 발생하고 있다.

신호를 받고 유턴을 하던 승용차들도 대기 차량으로 인해 가로막혀 혼잡을 빚고 있다.

이처럼 드라이브스루 매장마다 교통난을 유발하고 있지만, 이를 개선하기 위한 조례나 지침은 마련되지 않았다.

제주시는 서울시의 사례 처럼 교통 정체를 해소하고, 보행자의 안전을 위해 승차 구매점' 조례 제정을 추진하고 있다.

서울시는 '승차 구매점' 조례를 제정, 드라이브스루 매장 부지 내 가감속차로(부가 차로)를 설치하도록 하고 있다. 아울러 별도의 대기 차선과 주차공간을 확보하도록 하고 있다.

도로에서 매장 진입 시 속도를 줄이고, 나갈 때는 속도를 높이는 가감속차로는 제주지역에서는 부민장례식장 등 대규모 다중이용시설에 설치돼 있다.

제주시 관계자는 "드라이브스루 매장이 주변 도로에서 교통 정체를 불러오고 있지만, 소매점처럼 건축허가가 나가면서 교통난을 해결하지 못해 지속적으로 민원이 제기되고 있다"며 "코로나19 장기화로 매장마다 이용객이 증가함에 따라 이를 해소할 수 있는 조례 제정을 추진하겠다"고 말했다.

한편 드라이브스루 매장에 대해 건축부서는 일반 소매점으로 허가를 내주고, 도로부서는 진·출입로만 있으면 사용 승인을 내주고 있다. 건물 규모가 크지 않다보니 교통부서의 교통영향평가 대상에서는 제외됐다.

그림 11.6 서울 뿐 아니라 대부분의 지역에서 드라이브스루는 사회문제가 되고 있다.

2 문제 분해

해결하고자 하는 문제를 분해해보거나 문제해결의 결정적인 역할을 하는 구성요소와 절차를 적어보자.

분해된 문제	세부 내용
혼잡도를 색깔로 표시하는 문제	• 혼잡도 상: 빨간색 • 혼잡도 중: 주황색 • 혼잡도 하: 초록색
혼잡도의 기준을 세우는 문제	• 주문 20개 이상: 상 • 주문 10 ~ 20개 미만: 중 • 주문 10개 미만: 하
앱을 편리하게 구성하는 문제	• 로그인, 매장별 혼잡도 표시, 매장 선택, 메뉴 주문, 픽업 알림, 드라이브 스루 진입 편의성 확대
드라이브 스루와 관련된 추가 기능을 넣는 문제	• 메뉴 주문까지 가능하도록 하고 픽업 알림도 가능하게 함. • 차량 번호를 체크하여 따로 묻지 않고 통과하도록 하기(이를 위해 로그인은 차량 번호로 한다.)

3 패턴인식

반복되는 패턴, 규칙을 찾기

1	매장 주문량 체크 → 드라이브스루 혼잡도 표시(매장 주문량에 따라 빨강, 주황, 초록으로 표시)
2	매장 선택
3	메뉴 선택
4	픽업 알림
5	드라이브 스루 절차없이 통과

4 추상화

필요한 것들을 추출하고 이들 간의 관계를 도식화 한다.

1. 문제를 해결하는데 꼭 필요한 것들(일종의 주요 변수라고 할 수 있다): 매장 주문량, 색깔 표시, 차량번호, 메뉴, 주문 여부, 메뉴 완성 여부, 알림
2. 주요 변수들 간의 관계를 그림으로 나타내거나 수식으로 표현해보기

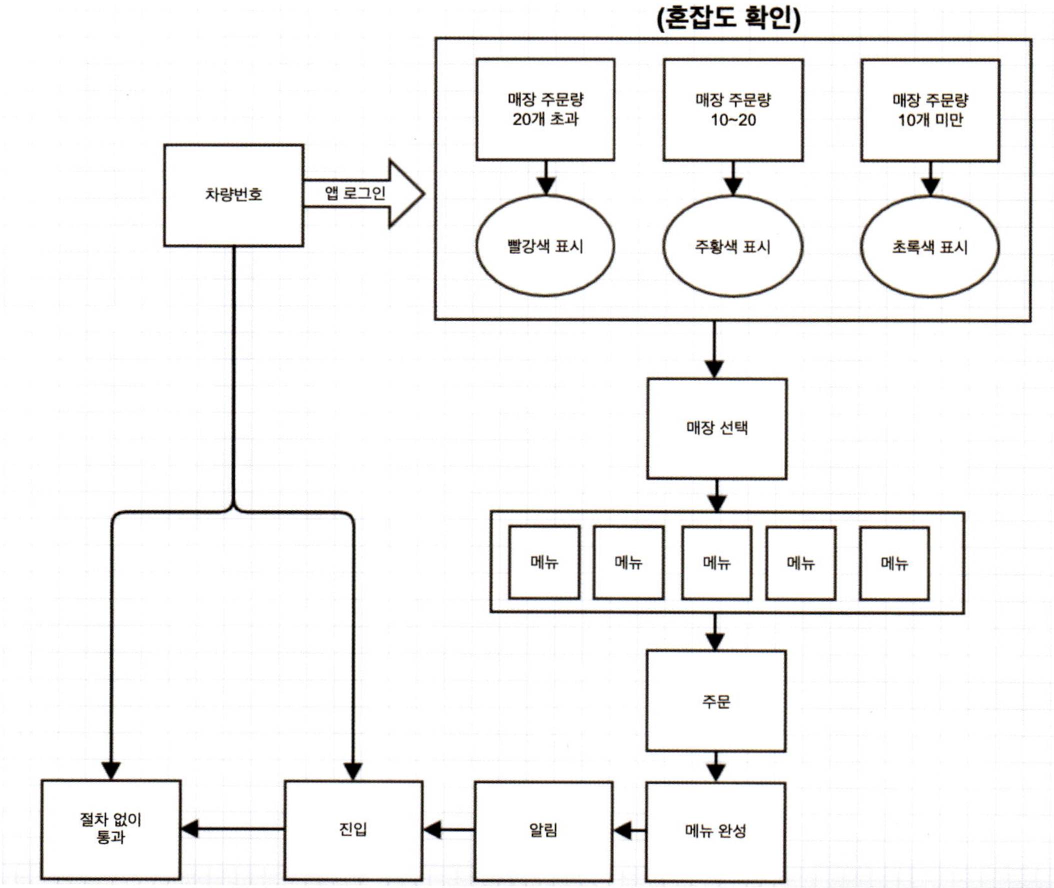

5 알고리즘

문제를 해결하기 위한 일의 단계나 절차를 순서도나 의사코드로 적어보기

```
시작
1. 앱을 실행한다.
2. 로그인을 한다.
2. 업데이트된 드라이브 스루 지도를 확인한다. (n= 매장 주문 수량)
n 초기화
if 20<_n이면 --> 빨간색으로 표시
if 10<_n>이면 --> 주황색으로 표시
if 7<_n이면 --> 초록색으로 표시
3. 혼잡도를 확인 ----> 매장 선택
4. 메뉴들 중 선택 ---> 메뉴 주문
5. 메뉴 완성 --> 픽업 알림
6. 드라이브 스루 진입
```

```
차량번호 확인 OK --> 자동 통과(안내 없음 - 바로 픽업대로 진입)
NO --> 진입하자마자 멈추고 안내에 따름
종료
```

6 자동화

알고리즘에 따라 스크래치로 코드 작성하기

- 융합프로젝트의 코드 결과가 매우 복잡하고 여러 코드의 집합이므로 일부 코드만을 제시합니다.
- 전체 코드는 URL과 QR코드를 참고하기 바랍니다.

A 매장에 혼잡도를 표시하는 코드

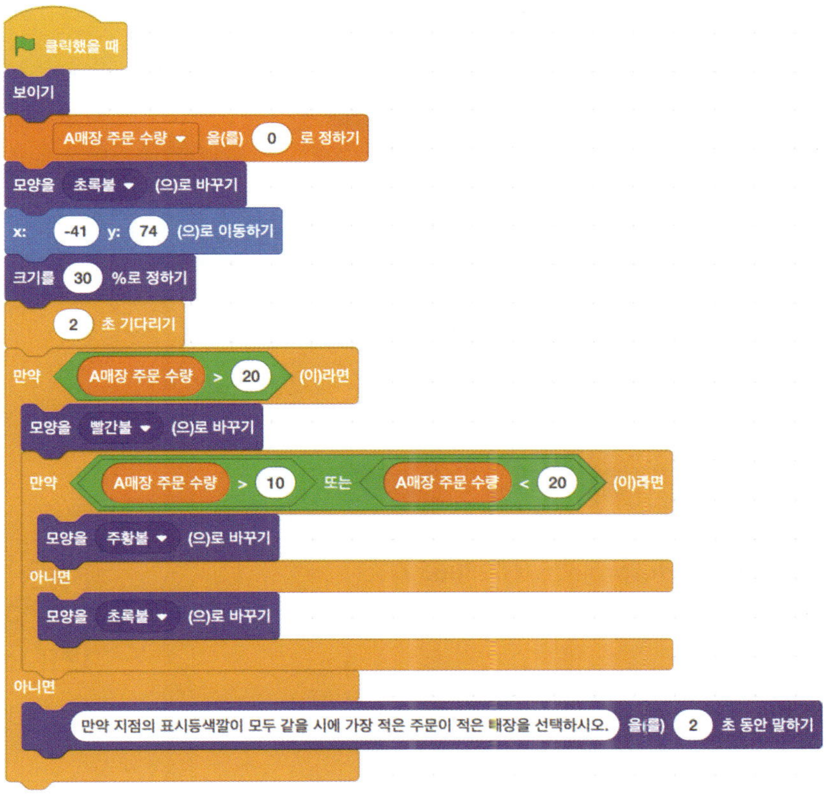

드라이브스루에 주문하는 코드

전체 코드

https://scratch.mit.edu/projects/652806397

05 우리에게 창가 자리를 부탁해~

친구들과 제주도 여행을 간 우리~

바닷가 바로 앞에 있는 예쁜 커피숍을 꿈꾸며 가고 싶은 카페도 여러군데를 미리 검색해놓았다.

바다를 보며 커피를 마실 꿈에 부풀면서 렌트한 차량을 운전해서 도착한 카페에서 우리는 바로 실망하고 말았다. 왜냐하면 몇 군데를 돌아다녔으나 가는 곳마다 카페의 창가 쪽 자리는 모두 차있었기 때문이다. 그래서 근처에 앉아있으면서 창가 쪽 자리만 나기를 내내 기다리다가 창가쪽 자리가 나면 1명이 얼른 뛰어가서 자리를 잡아서 잠깐의 바닷가 카페를 만끽하고 돌아왔다.

그래서 우리는 생각했다. 만약 창가 쪽 자리 현황을 알려주고 창가 쪽 자리를 미리 예약할 수 있으면 참 좋겠다는 생각을 하게 되었다.

자~ 지금부터 예쁜 카페의 창가자리 현황과 미리 예약 시스템이 가동될 수 있는 시스템을 만들어보자.

그림 11.7 바닷가가 보이는 카페의 모습

1 문제를 정의해보면

현재 상태와 목표 상태를 정리해보고 해결할 문제를 정의해보자.

목표 상태

시스템에서 카페 창가 빈 자리를 확인할 수 있도록 하면서 자리에 대기를 걸 수 있도록 하기

현재 상태

바닷가 예쁜 카페들은 창가자리부터 차기 때문에 좌석수의 문제가 아니라 좌석 위치의 문제가 발생한다. 저마다 창가 자리를 원하기 때문에 자리를 비우게 되면 달려가는 수 밖에 없다. 또한 창가 자리를 앉을 수 있는지 없는지는 직접 들어가서 확인하는 방법 밖에 없다.

2 문제 분해

해결하고자 하는 문제를 분해해보거나 문제해결의 결정적인 역할을 하는 구성요소와 절차를 적어보자.

분해된 문제	세부 내용
바닷가에 위치한 카페 위치 파악 문제	바닷가에 위치한 카페 위치를 지도에 표시해준다.
각 자리별 사용 여부 확인 문제	내가 가고 싶은 카페의 자리를 사용하고 있는지 아닌지를 알 수 있게 해준다.
각 자리별 사용 여부 표시 방법 문제	사용하고 있는 자리와 아닌 자리를 색을 다르게 하여 구별할 수 있게 한다.
내가 원하는 인원에 따라 자리를 추천해주는 문제	만약 내가 5명과 함께 카페에 방문한다면 인원에 따라 최적을 자리를 추천해주는 기능을 넣는다.
각 자리별 예약 여부 표시	내가 원하는 자리에 예약 여부를 확인하고 필요에 따라 대기를 걸 수 있게 한다.
각 자리별 사용에서 미사용이 되었을 때알리는 문제	사용하던 자리가 미사용자리로 변했을 때 알려주게 된다.

3 패턴인식

반복되는 패턴, 규칙을 찾기

1	바닷가에 위치한 카페 표시
2	사용 여부
3	사용 여부 표시
4	인원에 따른 추천 자리
5	대기(예약) 걸기
6	예약 여부

4 추상화

꼭 필요한 것들을 추출하고 이들 간의 관계를 도식화 한다.

1. 문제를 해결하는데 꼭 필요한 것들(일종의 주요 변수라고 할 수 있다): 창가좌석, 미창가 좌석, 사용 좌석, 미 사용 좌석, 좌석의 최대 사용인원, 예약, 대기, 예약 인원, 대기 인원
2. 주요 변수들 간의 관계를 그림으로 나타내거나 수식으로 표현해보기

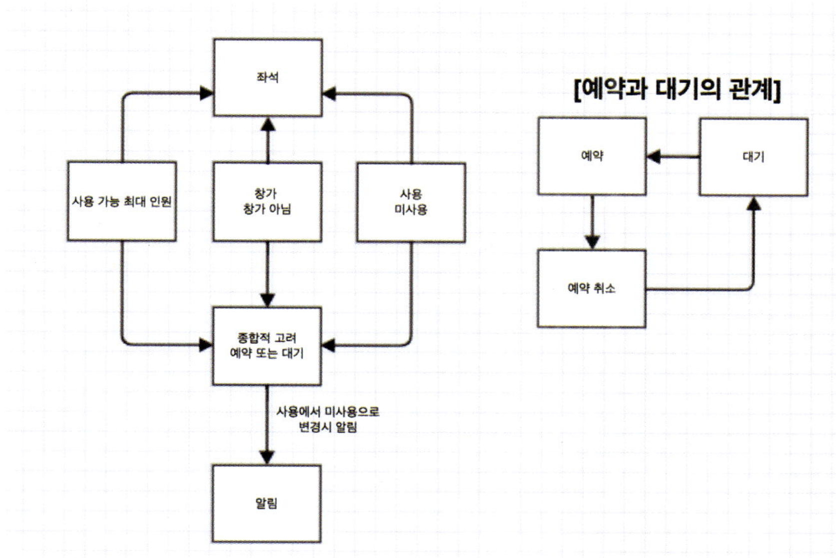

5 알고리즘

문제를 해결하기 위한 일의 단계나 절차를 순서도나 의사코드로 적어보기

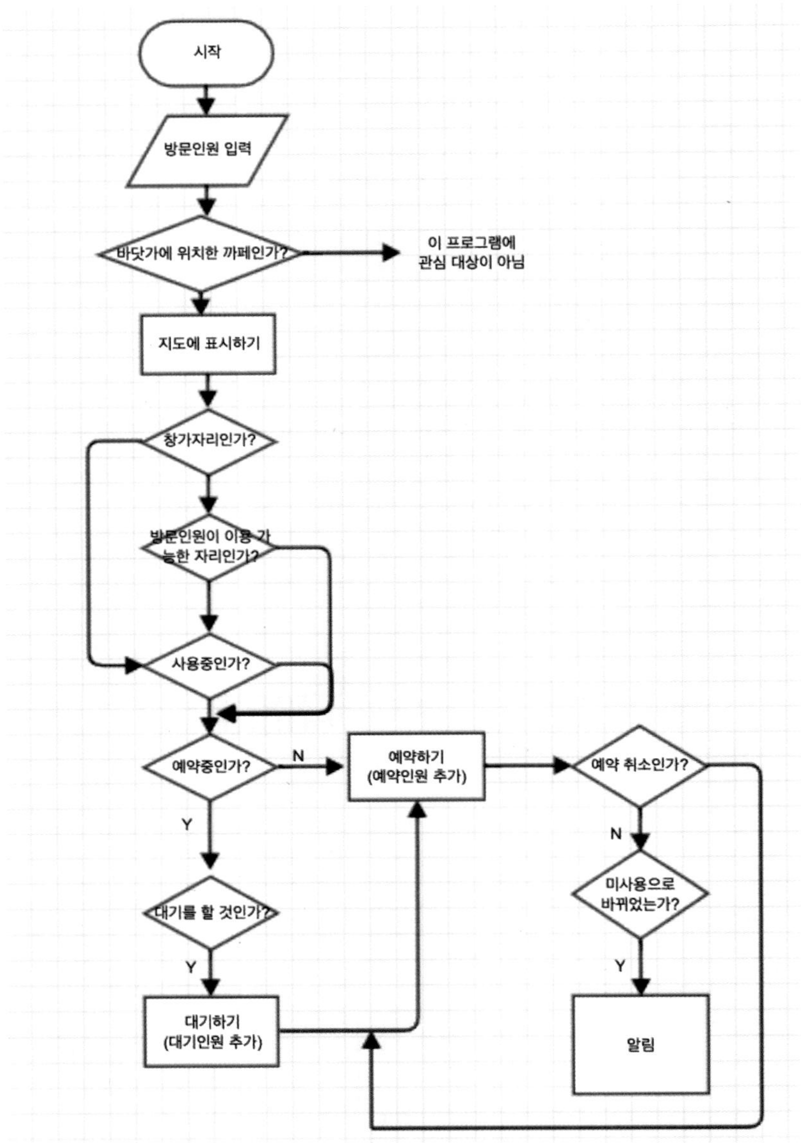

6 자동화

알고리즘에 따라 스크래치로 코드 작성하기

- 융합프로젝트의 코드 결과가 매우 복잡하고 여러 코드의 집합이므로 일부 코드만을 제시합니다.
- 전체 코드는 URL과 QR코드를 참고하기 바랍니다.

자리추천 코드

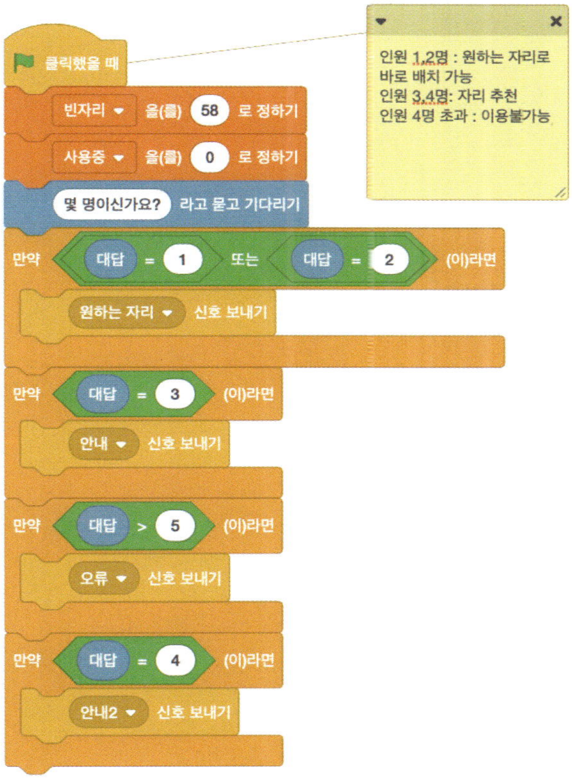

전체 코드

https://scratch.mit.edu/projects/633706721

12 파이썬과 융합프로젝트

학습목차

학습목표

- 실생활의 문제를 해결하기 위해 컴퓨팅 사고를 적용할 수 있다.
- 실생활의 문제를 해결하기 위한 방법으로 파이썬 프로그래밍 언어를 활용하여 자동화를 구현할 수 있다.

12장의 프로젝트들은 덕성여자대학교 컴퓨팅 사고 융합프로젝트 결과 중 우수 작품을 수정-보완한 것이다.

01 수강 신청 정정 도우미

오늘은 드디어 수강정정 날이다. 1차 수강신청할 때 장바구니에 담았던 강의를 거의 다 실패해 현재 6학점을 신청했다. 처음에는 진짜 우울했는데, 나에게는 아직 수강정정이 있으니까 충분히 만회할 수 있다고 생각하기로 했다. 18학점이 목표인 나는 앞으로 12학점을 성공적인 수강정정을 통해 꼭 담아야만 한다. 그런데 어제 강의계획서를 보면서 어떤 강의를 들을까 고민했는데, 내가 듣고 싶은 강의들은 이미 다 정원이 차 있었다. 아직 정원이 안 찬 강의는 어떤 게 있는지 일일이 검색해가며 찾아야 하는 등 어떤 강의가 정원이 차지 않아서 수강 신청이 가능한지 한눈에 볼 수가 없어서 매우 불편했다.

불편한 것보다 더 심각한 문제는 2학년 때 전공 선택을 하고 싶은 과목의 전공탐색과목을 수강신청하지 못한 것이다. 정정 때는 제발 전공탐색과목이라도 원하는 걸 신청하기를 바라는 마음이다.

'에브리타임'에 보면 포기하지 않고 계속 누르다가 성공했다는 사람도 있기도 하고, 지금 몇 시간째 이러고 있는데 여기서 포기하기에는 또 너무 아까워서 계속 새로 고침을 누르고 있지만, 내가 원하는 강의를 듣기 위해 이렇게 힘들게 노력해야 한다는 사실에 우울해지기까지 했다. 다른 학교를 다니는 친구 이야기를 들어보니 수강정정할 때 돈을 받고 교환한다는 이야기도 있다고 했다. 우리 학교는 그런 게 없어서 좀 다행이라는 생각도 들지만, 다들 수강신청이 정말 간절하구나 싶었다. 아.. 수강정정을 좀 더 효율적으로 하는 방법은 없을까? 이렇게 다른 사람이 강의를 언제 취소할지도 모르는 상태로 계속 기다리며 컴퓨터 앞에 앉아있는 게 아니라, 누군가가 수강 취소를 하면 강의를 버렸다는 알림도 와준다면 좀 더 시간을 효율적으로 사용할 수 있어서 참 좋을 것 같은데... 수강정정 알리미 시스템을 우리 팀이 한 번 만들어볼까?

1 문제를 정의해보면

현재 상태와 목표 상태를 정리해보고 해결할 문제를 정의해보자.

목표 상태

원하는 과목의 정원이 찼는지 여부를 구별하고, 현재 시점에서 신청할 수 있는 정원이 안 찬 강의 목록을 알려주며 정원이 다 찬 강의에 한해 대기자를 받고 신청 가능 인원이 생겼을 때 대기자에게 신청하라는 알람을 해주기

현재 상태

1. 1차 수강신청에 실패하여 정정기간에 원하는 강의를 듣지 못한다면 따로 학비를 내고 계절 학기를 들어야 하는 학생들의 현재 상태
2. 수강 정정 기간에 누군가의 취소로 인해 여석이 생기는 경우에, 학생들에게 여석에 대한 알림이나 안내가 없어 수강정정하는 사이트를 띄운 채로 하염없이 기다리며 오랜 시간을 투자해야 하는 상태
3. 수강 신청 실패로 인해 굉장한 불만을 느끼고 있는 학생들의 상태
4. 수강신청을 위해 강의당 돈이 오고가는 상태

관련뉴스기사

5. 대학교의 현재 수강정정 프로그램에는 정원이 다 차지 않은 강의를 한 눈에 볼 수 있는 기능, 강의를 잡기 위해 현재 수강정정페이지에서 같이 대기하고 있는 학생의 인원수를 볼 수 있는 기능, 사용자가 듣기를 원하는 정원이 다 찬 강의에 신청 가능 인원이 생겼을 때 알려주는 기능이 없는 상태

잔여백신 알림 프로그램은 사용자가 해당하는 병원에서 잔여백신을 받고 싶다고 알림을 등록해놓으면 잔여백신이 생겼을 때 알림 창으로 해당 사용자에게 잔여백신이 생겼다고 알려주며, 예약 신청 버튼을 누르면 바로 예약페이지로 넘어가는 일을 수행한다. 현재 대학교의 수강정정 프로그램에는 잔여백신처럼 정원이 다 찬 강의에 신청 가능 인원이 생겼을 때 알려주는 알림 기능이 없는 상태이므로 이를 벤치마킹할 필요가 있다.

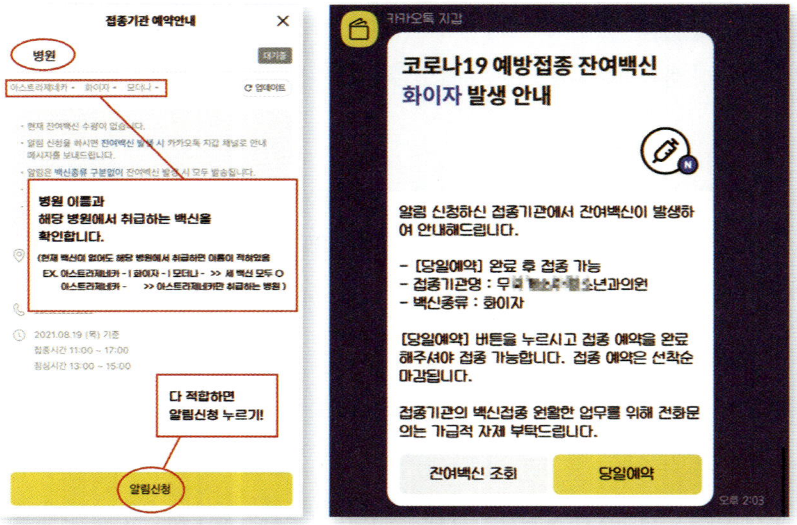

[사진 출처: https://blog.naver.com/mjjeje527/222476545059]

2 문제 분해

해결하고자 하는 문제를 분해해보거나 문제해결의 결정적인 역할을 하는 구성요소와 절차를 적어보자.

분해된 문제	분해된 문제에 대한 설명
정원이 찬 과목과 정원이 안 찬 과목을 한 눈에 파악하는 문제	정원이 다 찼는지 여부를 구별하고, 현재 시점에서 신청할 수 있는 정원이 안 찬 강의 목록을 알려주기
강의의 신청 가능 인원 현황을 파악하는 문제	신청 가능 인원 = 정원 － 강의 신청자 수이다. 대학교 수강편람에서 정원과 강의 신청자 수 정보를 가져와 현황 파악하기.
현재 신청할 수 없는 강의에 알람 신청하는 문제	정원만큼 신청자 수가 다 차서 신청 가능 인원 = 0인 되는 강의에만 알람 신청을 받음.
대기자 수를 제한하는 문제	강의 대기자 제한이 있어야 신청 대기자 수를 무한정 발생하지 않음. 처음부터 대기자 수를 10명 이하로 지정하기.
대기자 수를 표시하는 문제	만약, 대기자 수 제한이 넘지 않은 경우, 대기자 = 대기자 + 1, 그렇지 않고 대기자 수 제한이 넘는 경우에는 대기자 수에 변화 없고, '알람 신청 불가능' 메시지 표시
강의 알람 예약을 받는 문제	신청자 수가 정원만큼 다 찬 강의에 한해 만약 대기자 수 제한이 넘지 않은 경우, 예약을 하면 바로 대기자가 돼서 알람 신청 값 = 1을 가짐, 그렇지 않고 대기자 수 제한에 걸리면, 예약이 안 되고 '알람 실패' 메시지가 뜸.
알람을 신청한 사용자에게 신청 가능 인원이 생겼을 때 알람 메시지 보내는 문제	조건을 만족하여 알람 예약을 신청한 사용자는 알람 신청 값 =1을 가지고 있고, 대기자가 됨. 만약 과목의 신청 가능 인원 > 0이 되면 대기자에게 강의 신청 가능 알람을 보내고, 신청 가능 인원이 없다면 신청 가능 인원이 생길 때까지 신청 가능 인원을 계속 확인하는 과정을 반복하기.

3 패턴인식

반복되는 패턴, 규칙을 찾기

1	신청 가능 인원 = 0인지, 신청 가능 인원 > 0인지 파악하기
2	강의 대기자 수 > 10인지 파악하기
3	알람 신청 값 = 1인지 파악하기
4	알람 신청 관련해서 메시지 창 전송하기

4 추상화

꼭 필요한 것들을 추출하고 이들 간의 관계를 도식화 한다.

1. 문제를 해결하는데 꼭 필요한 것들(일종의 주요 변수라고 할 수 있다): 교과목명, 정원, 현재 신청인원, 정정기간에 신청 가능 인원, 강의 대기자 수, 알람
2. 주요 변수들 간의 관계를 그림으로 나타내거나 수식으로 표현해보기

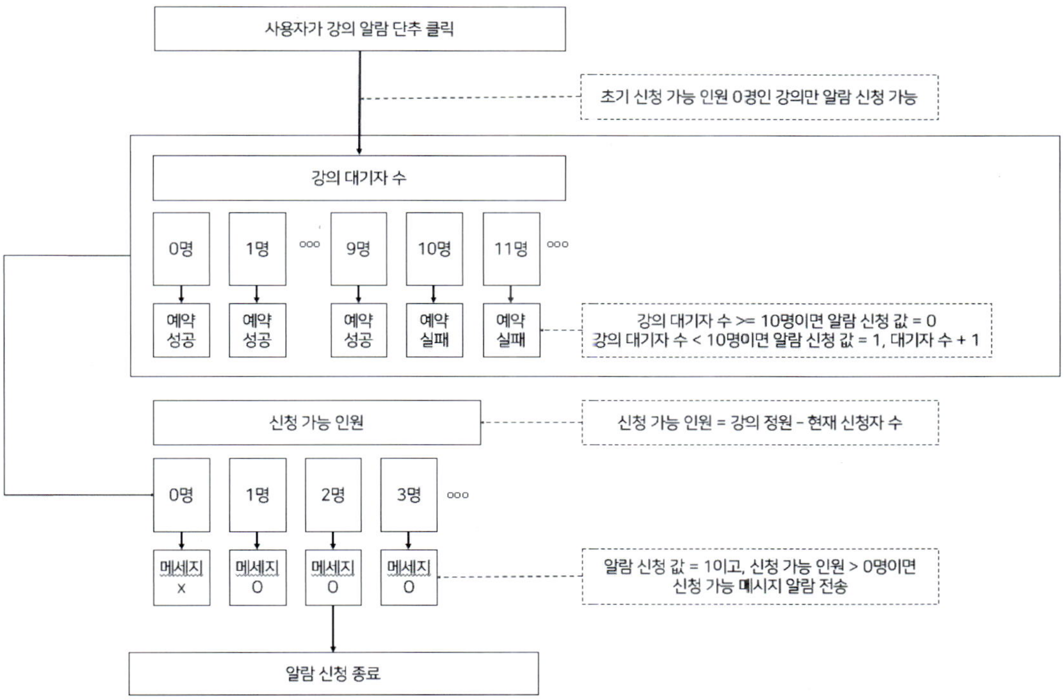

5 알고리즘

문제를 해결하기 위한 일의 단계나 절차를 순서도나 의사코드로 적어보기

메뉴1. 강의 목록 보기

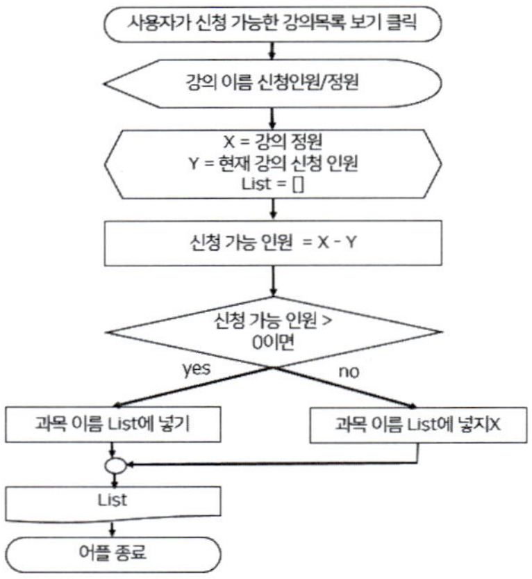

메뉴2. 강의 알람 신청하기

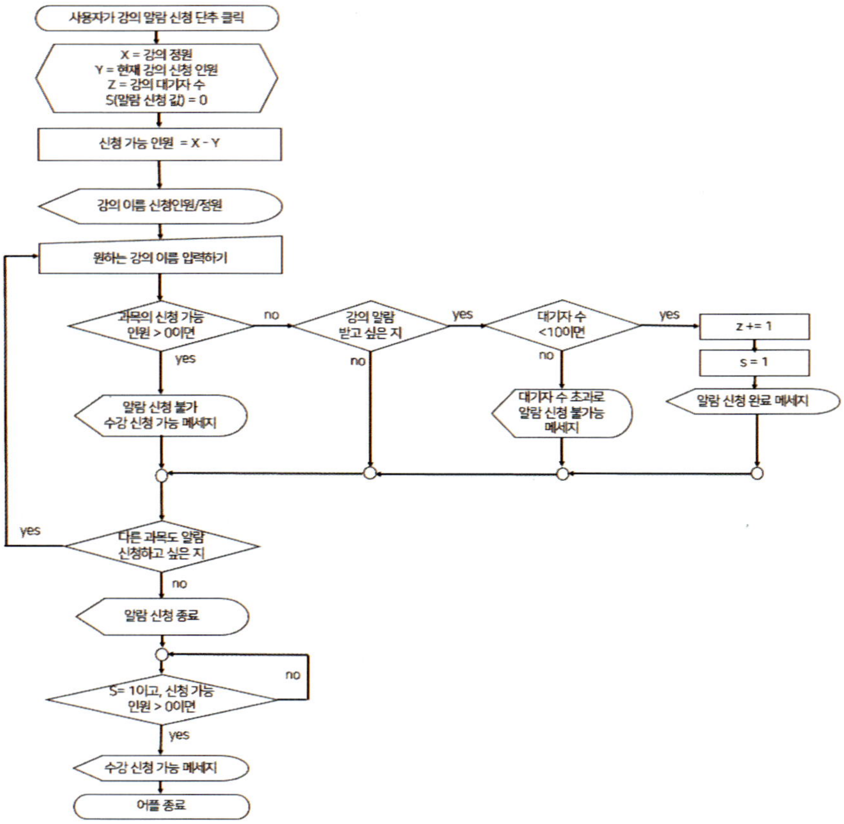

6 자동화

알고리즘에 따라 파이썬으로 코드 작성하기

- 전체 코드는 파이썬 코드의 특성상 전부를 담을 수 없어 별도로 제공합니다.
- 전체 코드는 URL과 QR코드를 참고하기 바랍니다.

전체 코드

http://infinitybooks.co.kr/b/dwu_12.1.zip

도전

파이썬으로 작성된 코드를 스크래치로 구현해보세요. 같은 알고리즘이므로 스크래치 문법에 따라 작성해보되 동기들과 함께 협업해보는 것도 좋습니다.

02 결정이 어려운 당신을 위한 자동 선물 고르미

살아가면서 우리는 다양한 사람들과 관계를 맺으며 살아간다. 서로에게 마음을 쓰는 좋은 관계에서 흔히 선물은 상대방에게 마음을 전하기 위한 수단으로 사용되곤 한다.이렇게 좋은 의미에도 불구하고 언제나 선물을 고르는 일은 생각보다 매우 고민스러운 일이다. 사회생활을 하며 인간관계는 확대되고, 그 종류는 다양해진다. 그리고 그에 따라 선물을 할 상황도 다양해지기 마련이다. 또한 상대방이 기뻐하면서 부담스러워 하지 않을, 적절한 가격대의 흔하거나 뻔하지 않은 선물을 고르는 일은 생각보다 어려운 일이다. 특히 상대방과 알고 지낸지 얼마되지 않아 상대방에 대한 정보가 부족하다면 상대가 무엇을 좋아할지 더더욱 잘 모를 것이다. 또한 상대방과 오랫동안 알고 지낸 사이라 하더라도 더 이상 새로운 무언가를 선물할지 잘 모르겠을 때가 있다. 이렇듯 일생 생활 속에 흔히 존재하는 선물을 고르는 문제는 생각보다 큰 탐색비용을 동반해왔다.

그림 12.1 한 잡지사의 연말 추천 선물 기사

여러 사람들의 고민이였을까? 네이버 기프트윈도, 카카오톡 선물하기 같은 선물 추천 플랫폼들이 있다. 하지만 이러한 플랫폼들은 정말로 '선물 추천'에 초점을 맞추기 보다는 자신들의 플랫폼을 통한 제품 판매에 더욱 중점을 두는 듯 보인다. 이러한 플랫폼들의 가장 큰 문제점으로는 자신들이 제휴를 맺어 판매를 연계하지 않는 비 입점 브랜드의 상품 추천은 받아볼 수 없다는 점이다. 또한 입점 브랜드의 상품 중에서도 판매하는 제품의 종류가 크게 제

한되어 있어 고려하지 못하는 선물 선택지들이 존재한다. 그리고 브랜드 자체에서 진행하는 이벤트 등은 잘 적용되지 않으며, 같은 상품을 더 저렴하게 구매할 수 있는 다른 플랫폼이 존재하는 경우가 많다. 이렇듯 수익성과 상품 판매에 중점을 둔 광고성 추천과, 고려되지 않는 선택지들을 기존 선물추천 플랫폼의 문제점으로 확인해볼 수 있다.

자~ 지금부터 우리는 상업적 목적이 없고, 모든 브랜드를 아우를 수 있으며, 상품 종류를 고려하는, 그리고 선물을 하려는 상황과 선물을 받을 사람의 특징(성별, 연령대 등)을 모두 함께 고려해 선물을 추천해주는 시스템을 만들어보자.

1 문제를 정의해보면

현재 상태와 목표 상태를 정리해보고 해결할 문제를 정의해보자.

목표 상태

선물을 주는 상황(선물의 용도), 선물을 하는 사람의 관계, 선물을 받는 대상의 특성(연령대, 성별), 선물의 예산 범위를 모두 고려하여 적절한 선물을 추천해준다.

현재 상태

상대방에게 줄 선물을 선택하는 데에 있어 너무 많은 비용(시간)을 소모하거나, 적절한 선물을 선정하지 못하는 상태가 빈번하다. 따라서 상황에 적절한 선물을 선정하지 못하고 고민하거나, 실례되는 선물을 고르게 되는 경우가 있다. 그리고 이에 대해서 많은 이들이 불편함을 느끼고 있다.

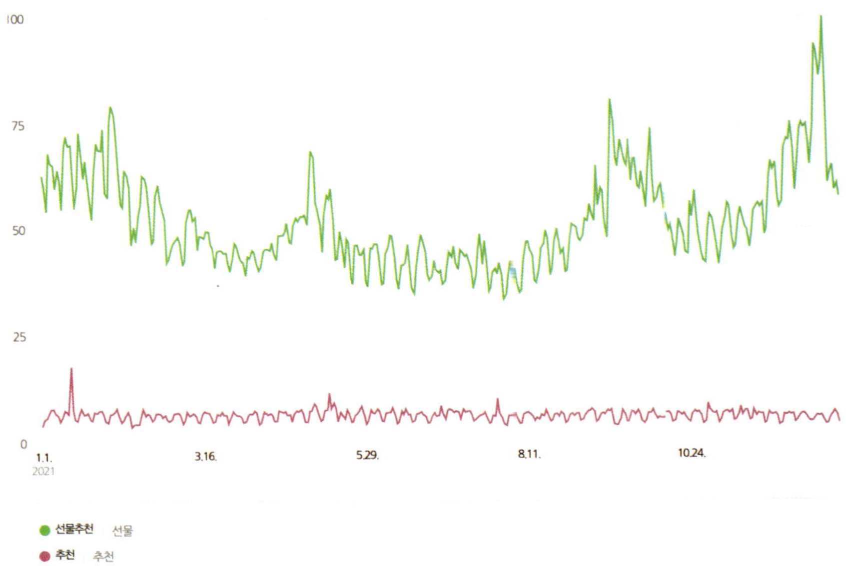

그림 12.2 네이버 DATALAB에서 2021년도 선물추천에 대한 데이터 추이

사람들이 적절한 선물을 선정하는 데에 있어서 대형 포털사이트 검색 이외에도 쇼핑몰이나 SNS를 통한 검색, 지인을 통한 탐색 등의 방법도 이용하는 것을 고려하여 보았을 때, 많은 사람들이 적절한 선물을 선정하는 데에 있어 어려움을 겪고 있다는 것을 추론하여 볼 수 있었다.

2 문제 분해

해결하고자 하는 문제를 분해해보거나 문제해결의 결정적인 역할을 하는 구성요소와 절차를 적어보자.

분해된 문제	분해된 문제에 대한 설명
선물의 용도를 파악하는 문제	용도에 따라 카테고리를 분류하여 선택하도록 한다. ex) 축하,응원
선물 대상과 이용자(선물하는 사람) 와의 관계를 파악하는 문제	선물 대상자와 이용자 관계 카테고리를 분류하여 선택하도록 한다. 단, 프로토타입으로 구현하는 것이므로 분류는 간단하게 한다. ex) 가족, 친구 또는 선후배
선물 대상의 연령을 파악하는 문제	선물 대상의 연령을 분류하여 선택하도록 한다. 단, 프로토타입으로 구현하는 것이므로 분류는 간단하게 한다. ex) 미성년자, 성인
선물 대상의 성별을 파악하는 문제	남성과 여성을 분류하여 선택하도록 한다.
이용자 예산을 파악하는 문제	희망 가격대에 따라 적절한 사이트로 이동하도록 한다. 단, 프로토타입으로 구현하는 것이므로 분류는 간단하게 한다. ex) 고가, 저가
파악한 정보를 토대로 적절한 선물 추천을 표시하는 문제	비슷한 상황에서 다른 이용자들이 주로 어떤 선물을 골랐는지를 표시하여 추천한다.
이용자가 원하는 추천 선물이 나올 때까지 반복해서 추천하는 문제	이용자가 추천 상품에 만족하지 않을 경우, 알고리즘을 반복하여 추천을 제공한다.
이용자의 예산에 맞는 구매 사이트를 추천하는 문제	예산에 따라 추천해주는 구매 사이트가 다르다.

3 패턴인식

반복되는 패턴, 규칙을 찾기

1	선물 용도
2	선물 대상과 이용자와의 관계
3	선물대상자 연령
4	선물대상자 성별
5	선물을 고르는 사람의 예산
6	추천 선물
7	추천 구매 사이트

4 추상화

꼭 필요한 것들을 추출하고 이들 간의 관계를 도식화 한다.

1. 문제를 해결하는데 꼭 필요한 것들(일종의 주요 변수라고 할 수 있다): 선물의 용도, 관계, 연령, 성별, 예산, 추천 선물, 추천 구매사이트
2. 주요 변수들 간의 관계를 그림으로 나타내거나 수식으로 표현해보기

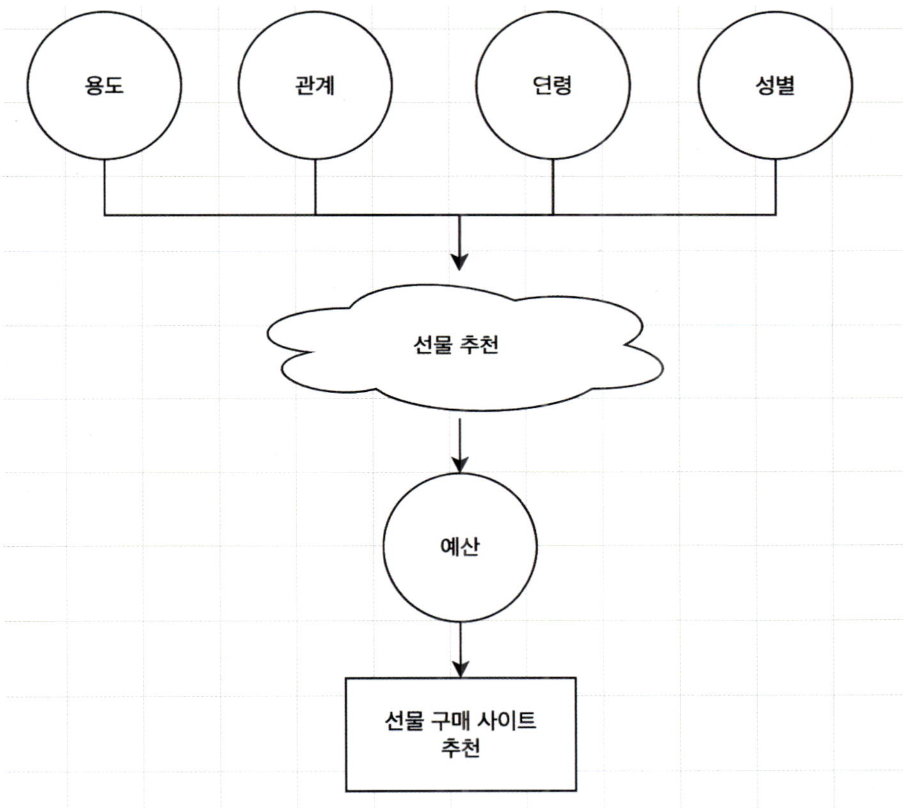

5 알고리즘

문제를 해결하기 위한 일의 단계나 절차를 순서도나 의사코드로 적어보기

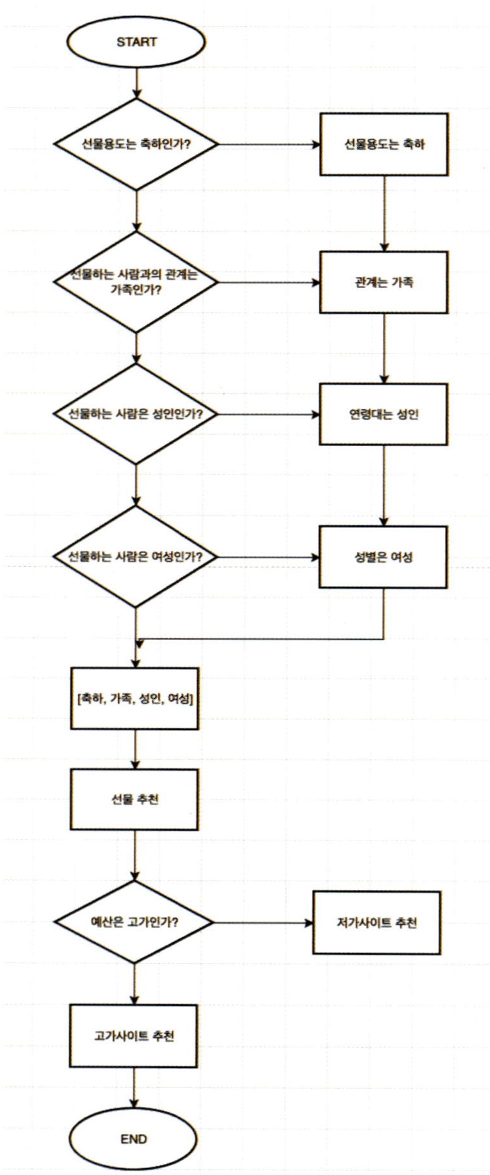

이와 같은 알고리즘을 가지 경우의 수가 16개

- 프로토타입으로 프로그래밍하는 것이므로 각각의 카테고리별로 임의로 16개의 선물을 선정함

6 자동화

알고리즘에 따라 파이썬으로 코드 작성하기

- 전체 코드는 파이썬 코드의 특성상 전부를 담을 수 없어 별도로 제공합니다.
- 전체 코드는 URL과 QR코드를 참고하기 바랍니다.

전체 코드

http://infinitybooks.co.kr/b/dwu_12.2.zip

잠깐!

선물에 대한 카테고리를 추가하거나 변화시켜서 프로그래밍을 다시 작성해보자.

도전

파이썬으로 작성된 코드를 스크래치로 구현해보세요. 같은 알고리즘이므로 스크래치 문법에 따라 작성해보되 동기들과 함께 협업해보는 것도 좋습니다.

03 다급한 이를 위한 가까운 화장실은 어디?!

갑자기 찾아온 생리현상! 집이나 카페, 식당이나 쇼핑몰과 같이 화장실을 바로 찾을 수 있는 곳이면 상관이 없지만 길 한 복판이거나 낯선 곳에서는 적잖게 당황하기 마련이다. 이 때 주변을 둘러보며 화장실을 찾게 되지만 쉽게 찾아지지 않는 경우가 많다. 최근에는 화장실에 잠금장치를 한 건물도 많기 때문에 무작정 건물로 뛰어들어간다고 해도 화장실을 이용할 수 있다는 보장이 없다.

이렇게 당황스러운 상황은 누구나 겪게 되는 상황인가보다. 구글 플레이스토어나 앱스토어에 보면 화장실 위치를 알려주는 각종 어플이 쉽게 검색된다. 대표적인 것으로는 PooPee, 뿡뿡이, 긴급! 화장실 정보 공유맵군!, 서울 화장실 찾기, 전국화장실 정보 등이 있다. 그런데 이 어플을 살펴보니 화장실 위치를 알려주거나 화장실에 몇 개의 칸이 있는지는 알려주고 있으나 화장실에 비어있는 칸이 몇 개인지 즉, 사용가능한 칸에 대한 정보는 어디에도 나타나지 않았다.

다급한 사람을 위해 어플이 준비되어 가까운 화장실을 찾았다고 해도 비어있는 칸이 전혀 없다면 어플의 활용도가 매우 떨어질 것이다. 그래서 우리 팀은 다급한 사람들이 가까운 화장실을 찾았을 때 화장실에 비어있는 칸을 알려주고 비어있는 칸이 있는 경우에만 그 화장실을 선택하여 길찾기 프로그램과 연동되는 화장실 어플의 알고리즘을 일부 구현해보려는 마음을 먹었다. 우리 팀에서 가장 중요하게 생각했던 것은 컴퓨팅 사고를 통해 배운 내용을 기반으로 한다는 것이었다. GPS를 통해 현재위치를 파악하고 공중화장실의 정보를 불러오는 것은 배우지 않았기 때문에 우리는 배운 문법 안에서 최대한 프로토타입으로 구현해보는 것을 목표로 삼았다.

자~ 지금부터 다급한 여러분을 위해 가까운 화장실 정보를 알차게 알려주기 위한 시스템의 일부를 구현해보자.

1 문제를 정의해보면

현재 상태와 목표 상태를 정리해보고 해결할 문제를 정의해보자.

목표 상태

현재 위치에서 가장 가까운 화장실의 정확한 위치와 현재 사용가능한 칸이 있는지 확인하고 화장실까지 가는 길을 알려주는 길찾기 프로그램과 연동하는 시스템을 만들어보자.

※ 이 과제에서는 프로토타입을 만들 것이므로 실제 구현 목표는 다음과 같다.

1. 현재 위치와 가까운 순서대로 화장실 4곳 중 한 곳을 사용자가 선택하도록 하고
2. 화장실의 비어있는 칸은 랜덤 함수를 사용해서 0부터 5까지 설정한다.
3. 사용 가능한 칸이 있을 경우 사용자에게 길 찾기기능을 제공하기 위해 네이버 지도 링크를 보내준다.

현재 상태

현재 사용되고 있는 어플리케이션에서는 화장실 위치와 그 화장실의 칸 수, 개방 시간, 공중화장실여부 정도의 정보가 대부분이며 지도 위에 화장실 위치를 알려주고 있었다.

구글 플레이스토어에 9개 이상, 앱스토어에 3개 정도의 화장실 위치 검색 어플이 있었으나 모두 비어있는 칸의 정보를 실시간으로 알려주는 기능은 찾을 수 없었다.

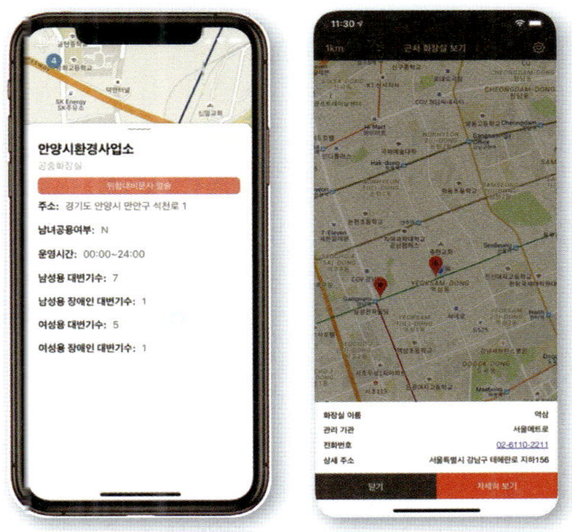

그림 12.3 화장실 찾기

2 문제 분해

해결하고자 하는 문제를 분해해보거나 문제해결의 결정적인 역할을 하는 구성요소와 절차를 적어보자.

분해된 문제	세부 내용
현재 위치를 확인하는 문제	GPS를 활용하여 현재 위치를 파악한다.
현재위치에서 가까운 화장실을 찾는 문제	가까운 순으로 5개의 화장실을 제시한다.
비어있는 칸이 어느정도인지 확인하는 문제	비어있는 칸이 1개 이상인 화장실을 확인한다.
화장실까지 경로를 안내하는 문제	화장실을 가기로 결정하면 그 곳까지 가는 방법을 지도를 통해 상세히 알려준다.
화장실을 선택하지 못했을 때의 문제	새로고침을 통해 재 검색을 하거나 화장실을 재검색한다.(선택할 수 있음)

3 패턴인식

반복되는 패턴, 규칙을 찾기

1	현재 위치 검색
2	가까운 화장실 검색
3	비어있는 칸 여부
4	화장실 선택 여부
5	재검색
6	길안내

4 추상화

꼭 필요한 것들을 추출하고 이들 간의 관계를 도식화 한다.

1. 문제를 해결하는데 꼭 필요한 것들(일종의 주요 변수라고 할 수 있다): 가까운 화장실 종류, 비어있는 칸 수, 선택, 길찾기.
2. 주요 변수들 간의 관계를 그림으로 나타내거나 수식으로 표현해보기.

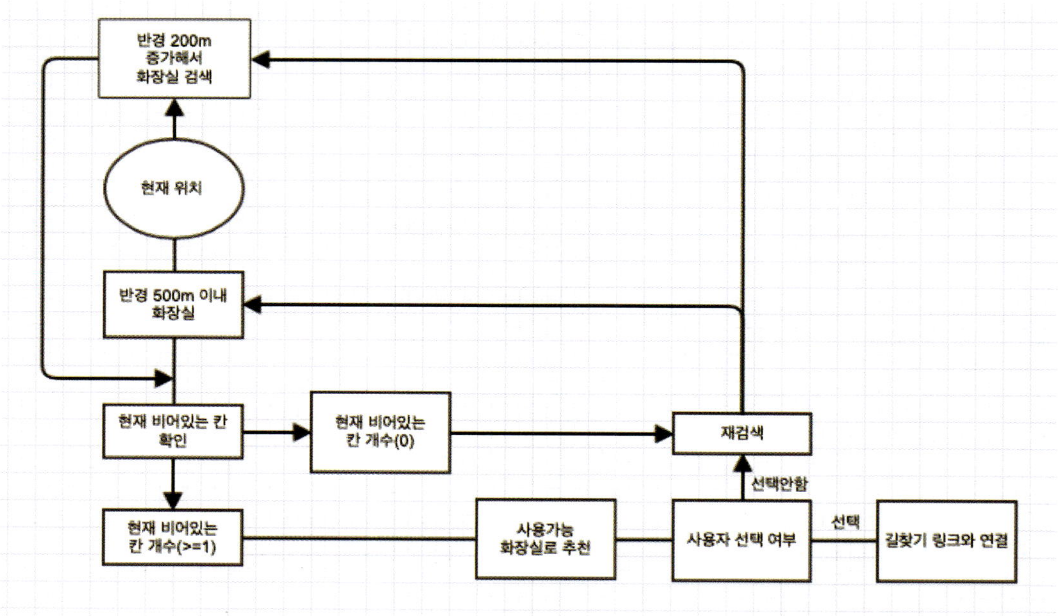

5 알고리즘

문제를 해결하기 위한 일의 단계나 절차를 순서도나 의사코드로 적어보기.

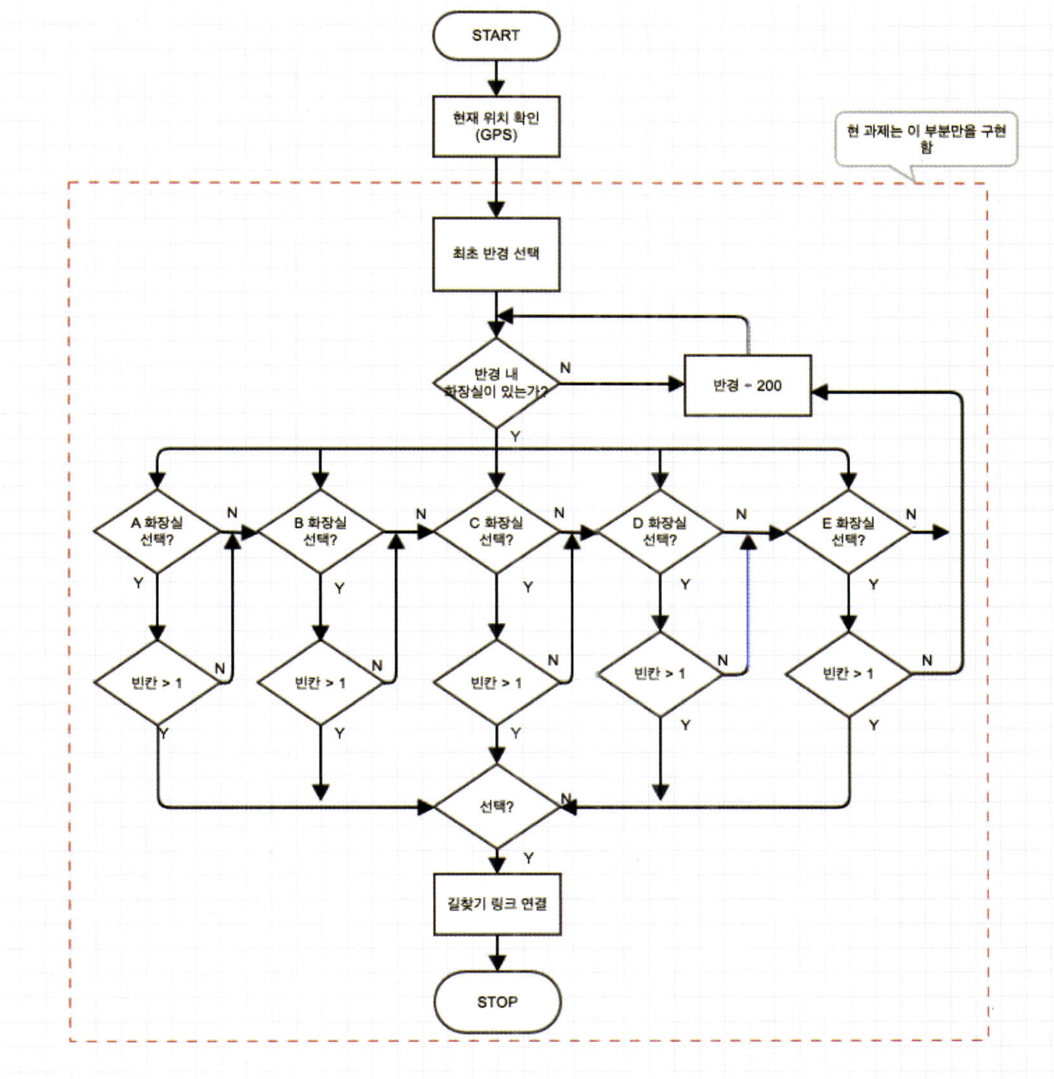

화장실을 선택하여 길찾기를 하게 되는 전체과정을 구현한다는 것에 초점을 맞춰 랜덤함수를 활용하여 빈칸을 제시하고자 함.

6 자동화

알고리즘에 따라 파이썬으로 코드 작성하기

- 전체 코드는 파이썬 코드의 특성상 전부를 담을 수 없어 별도로 제공합니다.
- 전체 코드는 URL과 QR코드를 참고하기 바랍니다.

전체 코드

http://infinitybooks.co.kr/b/dwu_12.3.JPG

잠깐!

화장실 칸을 알려줄 때 랜덤함수를 사용하지 말고 사용에 따라 빈 칸이 실시간으로 변화되도록 프로그래밍해보자.

도전

파이썬으로 작성된 코드를 스크래치로 구현해보세요. 같은 알고리즘이므로 스크래치 문법에 따라 작성해보되 동기들과 함께 협업해보는 것도 좋습니다.

04 지하철 혼잡도 알림은 내게 맡겨라!

이른 아침, 좀 더 자고 싶은 생각을 뒤로한채 피곤한 상태로 출근 혹은 등교를 하기 위해 집을 나서서 지하철역에 도착했다. 평균 한 시간 걸리는 출퇴근길 또는 등하교길, 지하철 속은 마치 콩나물 시루 같다. 사람들은 몸이 겹쳐있고 환승역에서는 엄청나게 많은 승객들이 들어오면서 뒤엉키기 일쑤이다.

그림 12.4 출퇴근 시간대의 지하철 풍경

더불어, 취업포털 잡코리아 알바몬이 직장인과 대학생 837명을 대상으로 설문조사에 따르면 직장인 중에는 78.0%, 대학생들의 85.1%가 출퇴근, 통학 시 대중교통을 이용한다고 하니 사람이 붐빌 수밖에 없다. 이렇게 출퇴근 시간대의 혼잡한 지하철을 비꼬는 말로 '지옥철'이라는 말까지 등장했을 정도이다.

승객들의 건강에도 영향을 끼친다. 실제 지하철을 이용하던 한 승객이 호흡곤란 증세를 보이다 실신해 구급대원들이 출동한 경우도 있었다. 단순한 불편함과 불쾌함을 넘어 타박상과 호흡 곤란, 압사 등의 안전사고 문제까지 우려된다.

조금이라도 덜 혼잡한 좌석칸에서 여유롭게 하루를 시작할 수는 없을까? 각 좌석칸의 혼잡도를 알 수 있게 하면, 특정 칸으로만 사람이 몰리는 현상을 방지할 수 있지 않을까? 특히 코로나 시대인 지금은 건강까지 위협받고 있다.

자~ 지옥철로부터의 해방을 외치며 지하철 혼잡도를 알려주는 시스템을 개발해보자.

1 문제를 정의해보면

현재 상태와 목표 상태를 정리해보고 해결할 문제를 정의해보자.

목표 상태

지하철의 좌석 칸마다 차내 혼잡도를 알려주는 프로그램을 만드는 것

현재 상태

지하철의 특성 중 하나는 각 차량이 여러 칸으로 연결되어 있다는 점이다. 이에 따라 각 칸마다 혼잡도가 다를 수밖에 없다. 즉, 우리나라 지하철은 시간대와 칸별로 인원수 차이가 크다. 각 칸에 대한 혼잡도의 정보를 제공받지 못하는 상태에서 승객이 탑승한 특정한 칸이 매우 혼잡할 수 있다. 자리가 적은 임산부 좌석과 노약자 좌석 또한 자리가 있는지 확인할 수 없는 것 또한 불편함으로 이어질 수 있다. 이는 공간을 비효율적으로 사용하는 것이다.

버스의 경우에는 대부분의 앱에 혼잡 정도를 알려준다. 그러나 지하철의 경우, 일부 노선만 혼잡도 정보를 제공하거나 정보를 제공하는 소수의 앱 조차도 시각적으로 복잡해 잘 이용하지 않게 되는 등 사용에 있어 매우 제한적이다.

2 문제 분해

해결하고자 하는 문제를 분해해보거나 문제해결의 결정적인 역할을 하는 구성요소와 절차를 적어보자.

분해된 문제	분해된 문제에 대한 설명
지하철 각 칸마다 혼잡도를 파악하는 문제	지하철 좌석에 무게 감지 센서를 붙여 사람이 얼마나 있는지를 예측해본다.
각 칸의 일반 좌석 이용 현황	각 좌석에 있는 무게 감지 센서를 통해 각 칸마다 채워진 일반 좌석 수를 파악한다.
각 칸의 수용 가능 인원 정도를 파악하는 문제	전동차 1량의 전체 수용 인원은 대략 160명, 좌석은 7인용 6개(이 중 6개는 임산부 전용석). 노인 및 임산부석 3인용 4개로 총 54석이고 입석은 92명 정도임을 파악한다.
일반 좌석의 이용 가능한 좌석 표시하는 문제	이용 가능한 좌석이 전체의 2/3 정도인 경우 초록색으로 '여유' 표시, 1/3 정도인 경우 주황색으로 '보통' 표시, 그 이하인 경우 붉은색으로 '혼잡' 표시
노약자 및 임산부 좌석 이용 가능한 좌석 표시하는 문제	이용 가능한 좌석이 전체의 2/3 정도인 경우 초록색으로 '여유' 표시, 1/3 정도인 경우 주황색으로 '보통' 표시, 그 이하인 경우 붉은색으로 '혼잡' 표시
입석 가능한 공간 정도를 표시하는 문제	입석 가능한 좌석이 전체의 2/3 정도인 경우 초록색으로 '여유' 표시, 1/3 정도인 경우 주황색으로 '보통' 표시, 그 이하인 경우 붉은색으로 '혼잡' 표시

3 패턴인식

반복되는 패턴, 규칙을 찾기

1	혼잡도 여부 확인
2	좌석 표시(색깔 표시 방법)
3	각 좌석의 이용 현황
4	센서를 이용한 각 좌석의 승객 수 확인 *과제에서는 센서를 이용한 부분을 표현하기 어려움

4 추상화

꼭 필요한 것들을 추출하고 이들 간의 관계를 도식화 한다.

1. 문제를 해결하는데 꼭 필요한 것들(일종의 주요 변수라고 할 수 있다): 혼잡도(색깔 표시), 입석 및 좌석 이용현황
2. 주요 변수들 간의 관계를 그림으로 나타내거나 수식으로 표현해보기

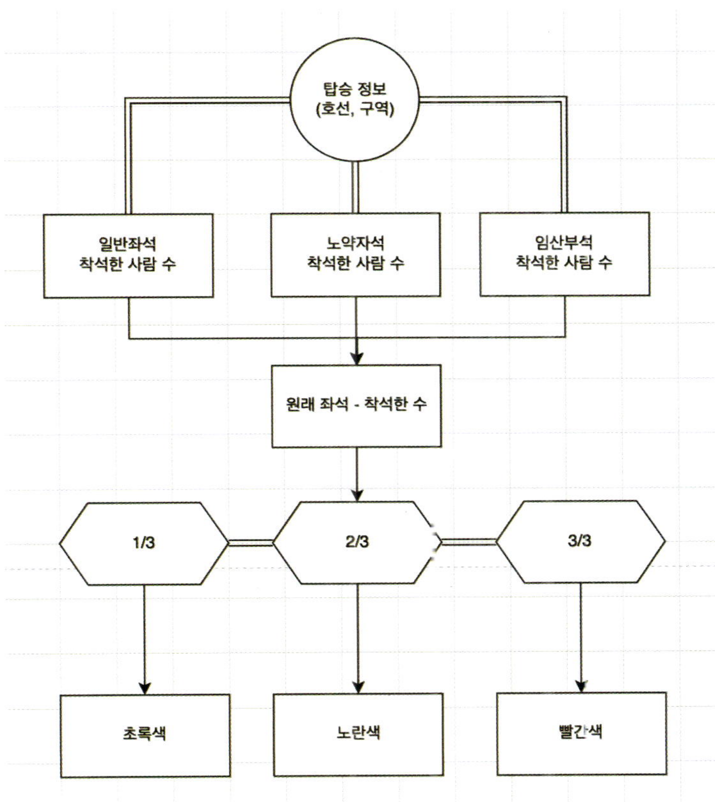

5 알고리즘

문제를 해결하기 위한 일의 단계나 절차를 순서도나 의사코드로 적어보기

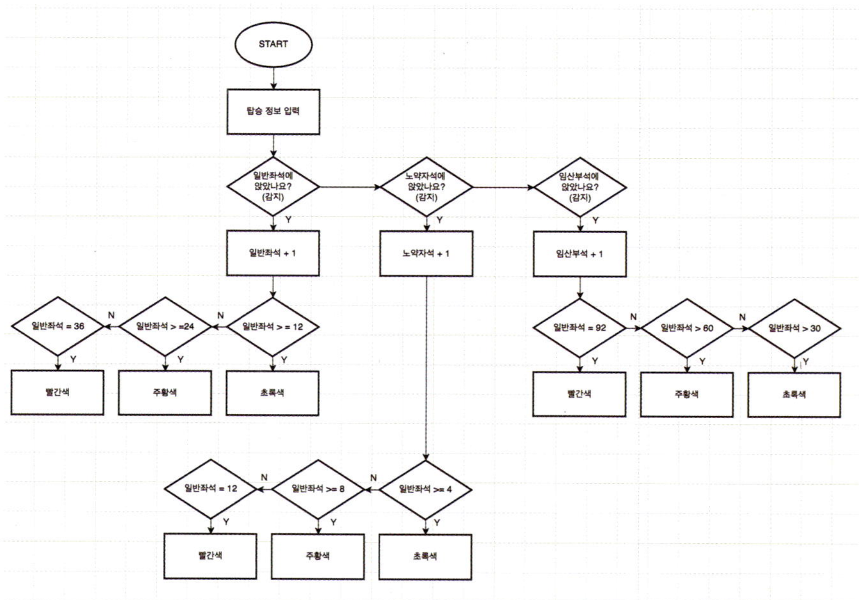

좌석에서 센서를 감지하는 것 대신에 랜덤으로 좌석에 몇 명이 있는지 파악하도록 했다.

6 자동화

알고리즘에 따라 파이썬으로 코드 작성하기

- 전체 코드는 파이썬 코드의 특성상 전부를 담을 수 없어 별도로 제공합니다.
- 전체 코드는 URL과 QR코드를 참고하기 바랍니다.

전체 코드

http://infinitybooks.co.kr/b/dwu_12.4.zip

도전

파이썬으로 작성된 코드를 스크래치로 구현해보세요. 같은 알고리즘이므로 스크래치 문법에 따라 작성해보되 동기들과 함께 협업해보는 것도 좋습니다.

05 아동급식카드 가맹점 정보를 알려줘~

지역 아동의 결식을 막기 위해 2005년부터 각 지자체에서 시행하고 있는 '아동급식카드'. 아동급식카드의 사용처로 등록된 가맹점 중 일반 음식점의 비중이 낮고 편의점의 비중이 많게는 72.8%까지 높기 때문에 영양 불균형의 문제도 지속적으로 제기되고 있기에 아동급식카드 가맹점을 확대해야 한다는 목소리가 계속되고 있다. 심지어 버스로 3~40분을 이동해야 사용할 수 있는 가맹점으로 가야하는 곳도 있으며 그렇게 간다고 하더라도 국민권익위원회의 조사 결과 지자체의 68%가 6000원 미만인 경우 살 수 있는 품목 또한 매우 제한 되는 등 여러 가지 문제점이 지속적으로 제기되고 있다.

이러한 제한점으로 인해 집에서 라면을 끓여먹다가 화재 사고르 이어지는 일도 증가하는 추세이다. 이에 미리는 아동급식카드를 사용하는 아이들이 조금은 편리할 수 있는 시스템을 만들어보고 싶다는 생각을 해보았다. 검색해보니 서울시, 부산시, 춘천시, 원주시의 경우에는 가맹점의 위치를 쉽게 찾을 수 있도록 일원화된 사이트가 있었으나 경기도의 경우에는 불편하게 설계되어 있었으며 인천은 리스트만을 제시하고 있었다. 이에 우리나라 전국의 아이들이 서울시, 부산시, 춘천시, 원주시와 같이 쉽게 가맹점 위치를 찾을 수 있도록 도와주고 싶었다.

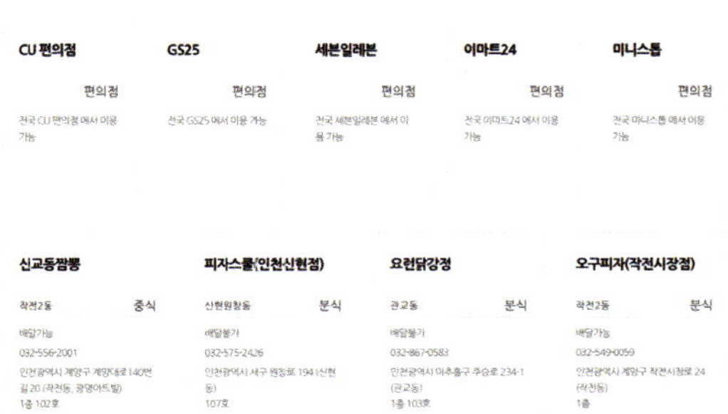

인천광역시의 경우

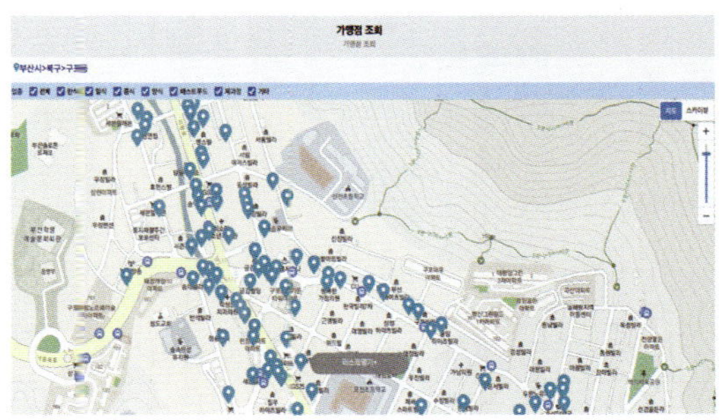

부산광역시의 경우

그림 12.5 아동급식카드 가맹점 위치를 보여주는 사이트

자~ 지금부터 아동급식카드를 사용하는 아이들이 사용할 수 있는 가맹점 위치와 정보를 한 번에 알 수 있는 도우미 시스템을 만들어보자.

1 문제를 정의해보면

현재 상태와 목표 상태를 정리해보고 해결할 문제를 정의해보자.

목표 상태

아동급식카드를 사용하는 전국의 모든 아이들이 사용할 수 있는 가맹점을 보다 편리하게 찾을 수 있도록 가맹점 위치와 정보를 한 눈에 알 수 있도록 도와주는 시스템 만들어 보자. 이 때 서울시, 부산시, 춘천시, 원주시의 경우를 모델로 삼아 프로그래밍해보자.

현재 상태

아동급식카드를 사용할 수 있는 가맹점에 대한 홍보도 부족할 뿐 아니라 등록과정도 복잡하고 세금 감면과 같은 혜택도 적어 등록되어 있는 가게의 수가 매우 적다. 그리고 아이들은 이러한 음식점의 위치를 몰라 편의점으로 가거나, 집에서 라면을 끓여먹거나, 혹은 굶는 경우도 많이 발생하고 있다.

서울시, 부산시, 춘천시, 원주시의 경우에는 가맹점을 쉽게 찾을 수 있도록 일원화된 사이트가 있고, 경기도와 인천의 경우에는 단일 조회 사이트가 있다. 인천의 예를 들면 아래 그림과 같이 제시되어 있기 때문에 위치를 찾기 위해서는 다시 모바일 지도 앱 등을 통해 다시 그 주소를 검색해야 하는 불편함이 있다.

2 문제 분해

해결하고자 하는 문제를 분해해보거나 문제해결의 결정적인 역할을 하는 구성요소와 절차를 적어보자.

분해된 문제	세부 내용
가맹점 정보를 표시하는 문제	가맹점 명: 가맹점 이름을 알려주기
	별점: 0~5까지 소숫점 둘째 자리까지의 점수로 나타내기
	주소: 주소 알려주고 지도에 매장 위치를 표시하기
	음식 분류: 한식집/빵집/분식집 선택하도록 하기
나의 거주지역을 입력하는 문제	나의 거주지역을 입력하기(프로토타입을 만들 때에는 지역을 정해서 시작할 예정)
나의 거주지역 지도에 가맹점을 표시하는 문제	나의 거주지역 안에 있는 가맹점을나의 거주 지역 지도로 표시하기

3 패턴인식

반복되는 패턴, 규칙을 찾기

1	나의 거주 지역
2	나의 거주 지역 지도
3	가맹점 정보(음식점명)
4	가맹점 정보(지도에 표시되는 위치)
5	가맹점 정보(별점)
6	가맹점 정보(주소)
7	가맹점 정보(음식 분류(카테고리))

4 추상화

꼭 필요한 것들을 추출하고 이들 간의 관계를 도식화 한다.

1. 문제를 해결하는데 꼭 필요한 것들(일종의 주요 변수라고 할 수 있다): 나의 거주 지역, 나의 거주지역 지도, 가맹점 정보(음식점명, 지도에 표시되는 위치, 별점, 주소, 음식점 분류)
2. 주요 변수들 간의 관계를 그림으로 나타내거나 수식으로 표현해보기

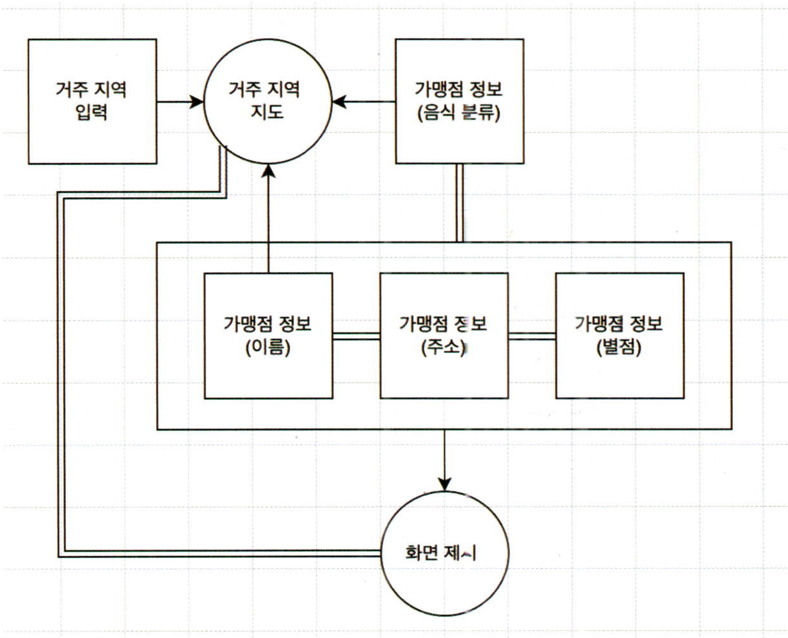

5 알고리즘

문제를 해결하기 위한 일의 단계나 절차를 순서도나 의사코드로 적어보기

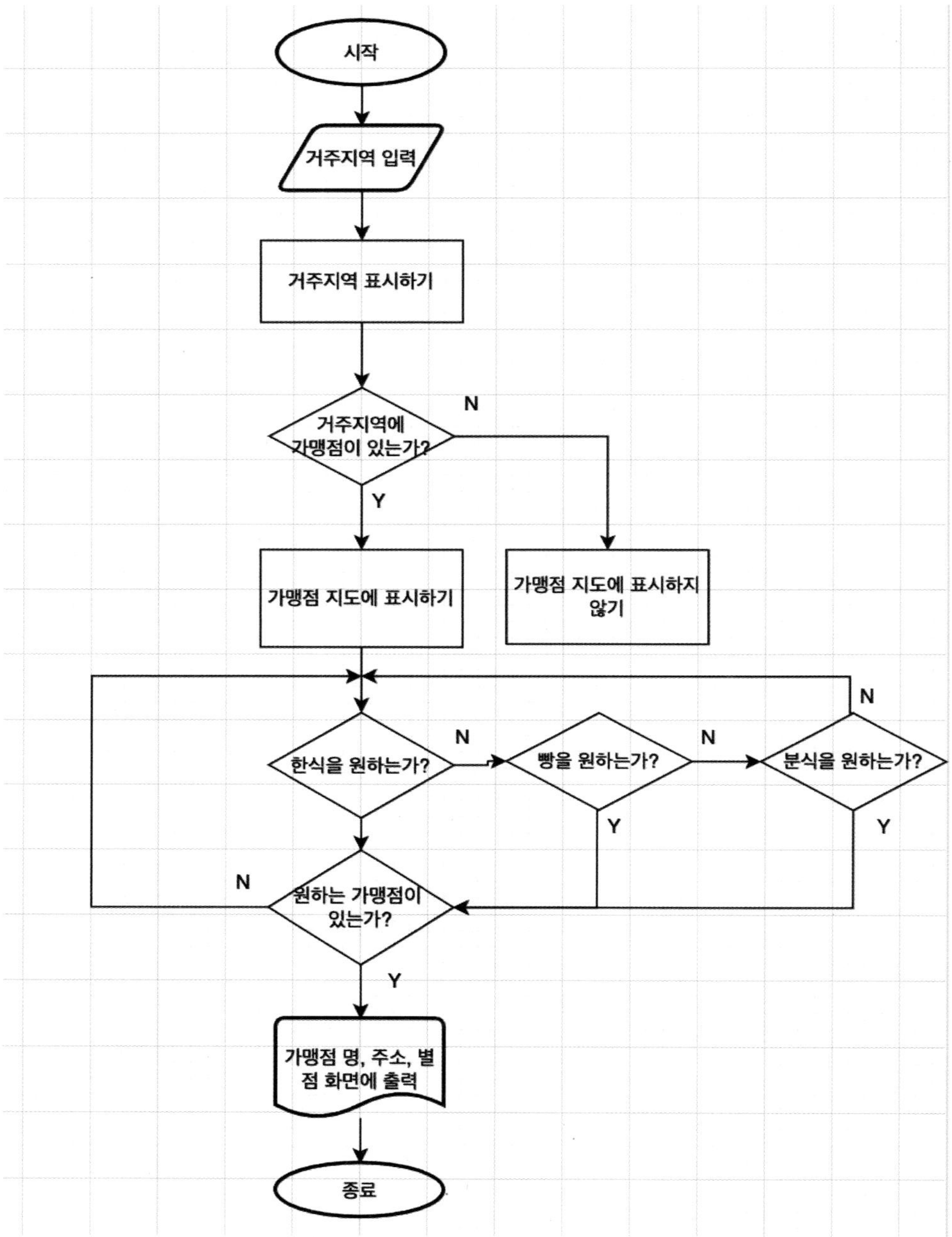

6 자동화

알고리즘에 따라 파이썬으로 코드 작성하기

- 전체 코드는 파이썬 코드의 특성상 전부를 담을 수 없어 별도로 제공합니다.
- 전체 코드는 URL과 QR코드를 참고하기 바랍니다.

전체 코드

http://infinitybooks.co.kr/b/dwu_12.5.zip

도전

파이썬으로 작성된 코드를 스크래치로 구현해보세요. 같은 알고리즘이므로 스크래치 문법에 따라 작성해보되 동기들과 함께 협업해보는 것도 좋습니다.

찾아보기

Introduction to **Computational Thinking**